KB122288

송시열, 그대의 목에는 칼이 안 들어간답니까?

박 지 훈

法 文 社

머리말

조선은 세계사에 그 유례를 찾을 수 없을 만큼 완벽한 문치(文治)를 실현한 나라였습니다. 권력투쟁은 정교한 논리와 문학적 완성도를 갖춘 글과 문장을 통해서만 이루어졌으며, 사람을 죽이고 살리는 권한도 칼이 아닌, 오로지 사대부의 붓 끝에서만 나올 수 있었습니다.

또한 조선은 동시대 지구상에 존재한 그 어느 나라보다도 세련된 민주정치를 구현한 나라였습니다. 나라의 크고 작은 일들은 모두 공론화되어 사대부라면 그 누구라도 자신의 의견을 피력할 수 있었으며, 이 모든 것들은 공개된 장(場)에서 논의되고, 결정되었습니다. 주권(主權)은 온전히 임금에게 있었으나, 예외적인 몇몇 경우를 제외하고는 임금은 자신에게 주어진 권력을 남용하려 하지 않았습니다.

"당쟁"은 위와 같이 조선이 이룩한 "문치"(文治)와 민주주의가 작동되는 절제된 메커니즘이었습니다. 때로는 정치보복의 성격을 띠기도 했고, 이에 따라 때로는 패자에게 가혹한 형태로 나타나기도 했지만, 어떤 경우에도 "문치"(文治)와 "민주주의"라는 본질에서 벗어난 적은 없었습니다. 우리가 "당쟁"이 갖는 의의와 가치를 결코 폄하해서는 안 되는 이유입니다.

이 책은 조선의 사대부들이 벌인 당쟁에 대해 맹목적인 찬사를 보내고 있지는 않습니다. 단지 당쟁의 본질을 명확히 하고, 아울러 이에 대해 "제대로 된" 비판을 가하는 데에 집필의 목적이 있을 뿐입니다. 과거의 경험으로부터 배우지 못하는 자만큼 어리석은 자는 없기 때문입니다.

이 책을 쓰는 데 많은 도움을 주신 윤여갑 선생님과 아내, 그리고 아들 융(隆)에게 존경과 감사의 마음을 표합니다.

2016. 7.

변호사 박지훈

차 례

제4장 서인의 대반격, 인조반정(仁祖反正)

- 성공한 쿠데타도 처벌되어야 하는가 -

제5장 권력쟁취보다 어려운 권력의 파이 나누기

- 이괄의 실패한 두 번째 반역 -

제6장 윤선거의 죽음, 리얼 서바이벌 당쟁의 시작

- 윤선거의 "죽지 못한 죄" -

제7장   집안싸움이 당파싸움으로

         - 「가례원류」의 소유권을 둘러싸고 펼쳐지는 노론과 소론의 진검승부 -

제8장   송시열, 그대의 목에는 칼이 안 들어간답니까?

                   - 이경석을 향한 송시열의 잔혹한 비난 -

제 1 장

사화(士禍)에서 잉태된
당쟁(黨爭)의 씨앗

- 왕권에 도전한 대간(臺諫) 권력을 기소하다 -

공소장

피고인 관련사항

1. 피 고 인   이집(李諿, 58세)
              직업: 정치인(대사헌)
              주거: 한양
   죄   명   직무유기 및 동 교사, 직권남용
   적용법조   형법 제122조, 제123조, 제31조, 제37조, 제38조,
              제40조

2. 피 고 인   이인형(李仁亨, 60세)
              직업: 정치인(대사간)
              주거: 한양
   죄   명   직무유기 및 동 교사, 직권남용
   적용법조   형법 제122조, 제123조, 제31조, 제37조, 제38조,
              제40조

형법 제122조(직무유기)
공무원이 정당한 이유없이 그 직무수행을 거부하거나 그 직무를 유기한
때에는 1년 이하의 징역이나 금고 또는 3년 이하의 자격정지에 처한다.

형법 제123조(직권남용)
공무원이 직권을 남용하여 사람으로 하여금 의무없는 일을 하게 하거나
사람의 권리행사를 방해한 때에는 5년 이하의 징역, 10년 이하의 자격정
지 또는 1천만원 이하의 벌금에 처한다.

형법 제31조(교사범)
① 타인을 교사하여 죄를 범하게 한 자는 죄를 실행한 자와 동일한 형으
   로 처벌한다.
② 교사를 받은 자가 범죄의 실행을 승낙하고 실행의 착수에 이르지 아

니한 때에는 교사자와 피교사자를 음모 또는 예비에 준하여 처벌한다.
③ 교사를 받은 자가 범죄의 실행을 승낙하지 아니한 때에도 교사자에
대하여는 전항과 같다.

공소사실

　　피고인 이집은 사헌부의 장(長)인 대사헌(大司憲)인 자, 피고인 이인형
은 사간원의 장인 대사간(大司諫)인 자이다.

1. 윤탕로에 대한 사면을 이유로 한 직무유기

　　연산군은 1495년 6월 28일, 외숙부인 윤탕로를 사면하겠다는 교지를
반포하였는바, 피고인들이 이에 대해 상소를 통해 반대의 뜻을 밝혔음에
도 연산군은 위 사면을 강행하였다.

　　이에 피고인들은 공모하여, 사직서를 제출하고 그 무렵부터 약 1개월
간 출근을 거부함으로써 직무를 유기하고, 아울러 사헌부와 사간원의 전
공무원으로 하여금 사직서를 제출하고 위 기간 동안 일체의 업무를 수행
하지 않도록 함으로써 직무유기를 교사하였다.

2. 정문형의 우의정 임명을 이유로 한 직무유기 및 직권남용

　　피고인들은, 1496년 2월 4일, 연산군이 정문형을 우의정에 임명하자,
연산군으로 하여금 위 임명결정을 철회하도록 압력을 행사할 것을 결의
하였다.

　　이에 피고인들은 공모하여, 사직서를 제출하고 그 무렵부터 약 2개월
간 출근을 거부함으로써 직무를 유기하고, 아울러 사헌부와 사간원의 전
공무원으로 하여금 사직서를 제출하고 위 기간 동안 일체의 업무를 수행
하지 않도록 함으로써 직무유기를 교사하였다.

　　피고인들은 나아가 위와 같은 방법으로 압력을 행사하여 연산군으로
하여금 정문형에 대한 우의정 임명결정을 철회하도록 함으로써 그 직권
을 남용하였다.

변호인의 변론요지서

1. 직무유기 및 동 교사죄에 관하여

직무유기죄는 정당한 이유없이 직무수행을 거부하거나 직무를 유기한 경우에 성립하는 범죄입니다. 그러나 이는 내부적 징계사유에 해당하는 모든 직무상의 의무위반을 벌하는 것이라고 할 수 없으며, 직무유기죄가 성립하기 위해서는 형법에 의한 처벌가치가 인정될 정도로 중대한 직무위반이 인정되어야 합니다. 대법원 역시, "형법 제122조의 직무유기죄는 공무원이 법령·내규 등에 의한 추상적인 충실근무의무를 태만히 하는 일체의 경우에 성립하는 것이 아니라, 구체적으로 특정한 직무를 수행하여야 할 작위의무가 있는데도 불구하고 그 직무를 저버린다는 인식하에 직무수행의무를 이행하지 아니함으로써 성립한다"고 하여(대법원 2013. 6. 27. 선고 2011도797 판결 등), 해석에 의해 직무유기죄의 성립범위를 제한하는 태도를 취하고 있습니다.

그러나 본건의 경우, 기본적으로 "유기" 또는 "거부"의 대상인 직무행위가 구체적으로 특정되지 않았기 때문에, 직무유기죄가 성립할 수 없습니다. 즉 직무유기죄가 성립하기 위해서는 직무의 내용이 성문법상의 근거가 있거나 적어도 구체적인 지시 또는 명령에 의해 고유의 직무내용이 특정되어 있어야 하나(대법원 1976. 10. 12. 선고 75도1895 판결), 본건 공소사실의 경우 단순히 "대사헌 또는 대사간으로서 업무를 수행하지 않았다"(또는 "무단 결근하였다")는 정도에 불과하여 유기 또는 방기(放棄)의 대상이 특정되었다고 볼 수 없습니다.

더욱이, 대사헌이나 대사간은 국왕의 국정운영에 대한 논박과 간쟁을 본질적 직분으로 한다는 점을 생각한다면, 오히려 본건 행위는 국왕(연산군)의 구체적 업무수행(윤탕로에 대한 사면, 정문형의 우의정 임명)에 대한 적극적 비판행위로서, 피고인들이 수행해야 할 직무 그 자체에 해당한다고 볼 수 있습니다. 즉 피고인들은 출근을 거부하고 사직서를 제출하는 형태로 연산군의 국정운영에 대해 반대의견을 제시하면서 그 결정의 철회를 요구한 것으로서, 공소사실이 적시한 피고인들의 행위는 대사헌 또는 대사간으로서의 충실한 업무수행 그 자체에 해당할 수는 있을지언정, 결코 "직무유기"에 해당한다고 볼 수는 없는 것입니다. 공무원의 직무수행이 반드시 어떠한 "작위"나 "거동"에 의하여만 이루어져야 하는 것은 아니기 때문입니다.

물론, 피고인들이 사직서를 제출하고 출근하지 않음으로써 사헌부나 사간원이 처리해야 할 다른 안건(윤탕로에 대한 사면 및 정문형 우의정 임명 이외의 안건)에 대한 업무수행이 이루어지지 않았을 수도 있으며, 검사는 바로 이러한 점을 지적하고 있는 것으로도 해석할 수 있습니다. 그러나 사헌부와 사간원의 수장인 대사헌과 대사간이라면, 사헌부나 사간원이 처리해야 할 현안 중 어느 안건에 우선순위를 두어야 하는지에 대한 판단권한을 보유한다고 보는 것이 합리적입니다. 국왕의 국정행위 중 구체적으로 무엇을 비판하고 논박하여야 하며, 무엇을 지지하고 지원하여야 할지, 그리고 만일 이를 비판하거나 다툰다면 그 수준은 어느 정도가 되어야 할지에 대한 판단 자체가 사헌부와 사간원에게 맡겨져 있다고 여겨지기 때문입니다.

위와 같이 피고인들에 대하여는 직무유기죄가 성립한다고 볼 수 없습니다. 나아가 피고인들에게 직무유기죄의 정범의 죄책을 지울 수 없다면, 법리 문제를 따지기에 앞서 적어도 피고인들에게 직무유기죄의 교사범의 죄책을 묻는 것은 타당하지 못하다고 해야 합니다. 피고인들이 자신의 출근을 거부한 행위와, 사헌부(또는 사간원) 직원들로 하여금 출근하지 않도록 한 행위는 하나의 목적에서 이루어진, 사실상 하나의 행위로서, 이에 대한 불법성 판단이 서로 달라져서는 안되기 때문입니다.

2. 직권남용죄에 관하여

직권남용죄는 공무원이 직권을 남용하여 다른 사람으로 하여금 의무 없는 일을 하게 하거나 다른 사람의 권리행사를 방해한 경우에 성립됩니다. 여기서 "직권남용"이란 공무원이 자신의 직무권한에 속하는 사항에 관하여 실질적으로 위법한 조치를 취하는 것을 의미하므로, 당해 공무원이 취한 조치가 (설사 형식적으로는 위법하더라도) 실질적으로 위법하다고 볼 수 없는 경우에는 직권남용죄가 성립되지 않습니다. 또한 공무원이 취한 조치가 "직권남용"에 해당한다고 하더라도, 다른 사람의 권리행사를 방해한 사실이 없다면(또는 의무 없는 일을 하도록 한 사실이 없다면), 직권남용죄의 미수범에 해당할 수는 있을지언정, 직권남용죄의 기수범으로 처벌할 수는 없다고 해야 합니다.

본건 공소사실의 내용은, "연산군이 정문형을 우의정에 임명하자, 피고인들이 사직서를 제출하고 다른 일체의 업무수행을 거부하는 등의 방법으로 압력을 행사하여 연산군으로 하여금 정문형의 우의정 임명을 철회하도록 하였다"는 것입니다. 그러나 본건의 경우 다음과 같이 직권남용죄가 성립한다고 볼 수 없습니다.

첫째, 피고인들의 행위가 실질적으로 위법하다고 볼 수 없습니다. 피고인들은 임금이 시행하는 정책 또는 처분에 대한 논박, 간쟁 등 언론기능을 담당하고 있는 사헌부 및 사간원의 수장이므로, 본건의 경우 오히려 피고인들이 본래의 직분에 충실하였던 것으로 볼 수는 있을지언정, 피고인들의 행위를 위법한 것으로 볼 수는 없습니다.

한편 검사는, "피고인들이 '정문형의 우의정 임명'이라는 처분에 대하여 논박, 간쟁한 것 자체에는 문제가 없다고 보더라도, 피고인들이 취한 구체적 행위내용이 논박, 간쟁의 방법으로서 부적법하다"는 취지로도 주장하고 있는 것으로 보입니다. 그러나 근로자가 스스로의 의사에 따라 사직서를 제출하는 것은 그 이유 또는 동기에 관계없이 당연히 허용되는 것이며, 이를 위법하다고 볼 수는 없습니다. 검사의 주장은 사직서 제출의 이유 또는 동기에 따라 사직서 제출의 위법성 여부가 결정된다는 뜻에 다르지 않은바, 이는 그 자체로서 강제노동을 금지하는 헌법규정에 반할 뿐 아니라, 특히 본건의 경우로 한정해서 본다면 피고인들의 내심의 의사를 이유로 직권남용죄의 성립을 인정하는 것에 다름아니므로, 죄형법정주의에도 위반된다고 하지 않을 수 없습니다.

생각컨대, 피고인들이 자신들이 제출한 견해가 받아들여지지 않는다고 하여 사직서를 제출하고 출근을 거부한 행위를, 한마디로 "너무 나간" 행위로 볼 수는 있어도, 이를 법률에 위반되는 것으로 볼 여지는 없는 것입니다.

둘째, 직권남용죄가 성립하기 위해서는 피고인이 취한 행위가 위법할 뿐만 아니라, 나아가 다른 사람의 권리행사를 방해하여야 하는바, 본건의 경우 설사 피고인들의 행위를 위법한 것으로 보더라도 다른 사람(연산군)

의 권리행사를 방해했다고 볼 수는 없습니다. 임금은 대간(臺諫)의 견해에 구속되지 않으며, 따라서 대간의 반대에도 불구하고 얼마든지 자신의 뜻대로 인사권을 행사할 수 있기 때문입니다. 본 사안의 경우 결국 연산군이 정문형의 우의정 임명결정을 철회하였으나, 이는 연산군의 정치적 판단에 따른 것일 뿐, 그 임명권한이 피고인들에 의하여 침해당한 결과가 아닌 것입니다.

결국, 본건의 경우 법리상 '권리행사 방해'라는 결과발생이 애당초 불가능한 것이므로, 설사 피고인들의 행위가 위법하다고 하더라도 이른바 "불능범"[1])에 해당되어 처벌할 수 없다고 해야 합니다.

---

1) 형법 제27조는 '불능범'이라는 표제 하에, "실행의 수단 또는 대상의 착오로 인하여 결과의 발생이 불가능하더라도 위험성이 있는 때에는 처벌한다. 단 형을 감경 또는 면제할 수 있다"고 규정하고 있습니다. 불능범에 관하여는 '제7장 집안싸움이 당파싸움으로' 편에서 상세히 언급되어 있습니다.

Issue & Debate

1. 당쟁[2]의 뿌리

보통 조선의 당쟁은 1575년 김효원과 심의겸의 대립에서부터 기인하였다고 설명됩니다. 그리고 이에 대한 전제로서, 중종(中宗, 재위 1506~1544)조와 명종(明宗, 재위 1545~1567)조 외척과 권신에 의한 정치로 나라가 피폐해질 대로 피폐해진 상황에서 선조(宣祖, 재위 1567~1608)가 즉위와 함께 사림(士林)을 대거 중앙정치에 등용함으로써 사림정치가 막을 올린 것으로 설명되고 있습니다. 즉, 역사학계의 통설적인 견해는 선조 즉위 이전의 정치와 이후의 정치를 뚜렷이 구분하고 있으며 그 기준이 되는 것이 바로 "사림(士林)의 집권" 여부인 것입니다.

그러나 이렇게 도식적·기계적인 구분이 이론상 적절한지 의문일 뿐만 아니라, 과연 사림(士林)을 그 이전의 훈구(勳舊)세력과 달리 구별지을 만한 결정적인 표지가 있는지조차 의심스럽습니다. 이에 관하여는 뒷장에서 자세히 언급하겠지만, 사림과 훈구는 모두 성리학을 모

---

2) "당쟁"이라는 용어는 일본 학자들이 한국인을 비하하기 위하여 쓴 용어이므로, "당쟁" 대신 "붕당정치"라는 용어를 사용해야 한다고 주장하는 학자도 있습니다(이태진, 「조선시대 정치사의 재조명」 범조사, 1996, 16면). 그러나 "붕당정치"라는 용어에, "붕당 간의 싸움"이라는, 명백히 존재하는 역사적 사실을 담아 낼 수 없을 뿐만 아니라, "당쟁"이라는 용어 자체는 무미건조하여 어떠한 가치도 내포하고 있지 않다는 점에서, 위와 같은 견해에 동의하기 어렵습니다. 오히려, "당쟁이라는 용어를 일본 학자가 만들어냈으니 사용하면 안된다"는 식의 천박한 인식구조는 도저히 학자로서 취할 바가 아니며, 현재 우리 사회가 안고 있는 모든 병폐가 여기에서 비롯된 것이 아닌가 싶습니다. 따라서 이하에서는 붕당(당파) 간의 싸움을 의미하는 용어로서 "당쟁"이라는 단어를 사용하도록 하겠습니다.

태로 하는 학문공동체로서, 양자 사이에서 어떠한 본질적인 차이를 발견할 수는 없기 때문입니다. 즉 "훈구파"(勳舊派)가, 조선 개국에 참여하여 조금씩 권력을 축적하다가 세조의 집권을 발판삼아 중앙정계를 장악한 일종의 기득권 세력을 일컫는다면, 사림(士林)은 조선개국과정에서 권력투쟁에 패배하여 오랜 기간 권력으로부터 소외되어 온 세력을 의미할 뿐으로서, 양자의 뿌리와 바탕은 "성리학"이라는 점에서 전혀 차이가 없는 것입니다.3) 선조의 등극과 함께 집권한 사림 역시 곧바로 권력투쟁에 돌입하여 200여 년간 피비린내 나는 당쟁을 일으켰다는 사실이, 이들의 근본이 다르지 않음을 입증합니다.

훗날 (사림 출신의) 역사가들에 의해 조선을 대표하는 권간(權奸)4)이자, 중종 후반기 나라 전체를 피폐하게 만든 장본인으로 평가받은 김안로! 그런데 당시 그를 지지하고 그의 전횡을 방조한 자들이 바로 사림이었습니다. 김안로가 정적을 죽음으로 몰아넣기 위해 내세운 명분 역시 "충"(忠)이라는 한 글자였으며 그가 이 경우 빼놓지 않고 인용한 말도 언제나 주자(朱子)의 글이었습니다. 뒤에서 상세히 언급하겠지만, 김안로가 그토록 탐했던 권력과 이를 얻기 위한 그의 투쟁 방식이, 훗날 송시열의 그것들과 본질적으로 어떠한 차이가 있는 것일까요. 나아가, (물론 사림들의 평가에 의할 경우) 왕권강화를 위해 수많은 (사림 출신의) 인재들을 죽음으로 몰아넣었다는 비판을 받는 숙종(肅宗,

---

3) 김굉필과 조광조로 대표되는 초기 사림(士林)이, 사장(詞章, 즉 시가와 문장)보다는 경학(經學, 유교 경전에 대한 탐구)을 중시했다는 점에서 기존 훈구세력과 큰 차이가 있다고 설명하는 견해가 적지 않습니다. 하지만 이 또한 사림과 훈구를 구별짓기 위한 억지스런 설정으로밖에는 이해되지 않습니다. 조광조를 비롯한 초기 사림이 경학 위주의 학문을 강조한 것은 사실이나, 선조 등극 이후 실제로 집권하게 되는 사림은 특별히 경학과 사장에 있어 경중의 차이를 두었다고 보기 힘들기 때문입니다.

4) 권간(權奸)이란 문자 그대로 "권력을 가진 간신"이라는 의미입니다. 후대의 역사가들은 중종(재위 1506~1544)조과 명종(재위 1545~1567)조의 정치를 권신과 척신의 시대라 하여 선조(재위 1567~1608)조 사림의 집권 이후의 정치와 크게 구분하나, 사실상 양자 사이에는 본질적인 차이가 없어 보입니다.

재위 1674~1720)의 "환국정치"(換局政治)가, 중종이 김안로에게, 명종
이 윤원형에게 가했던 가혹한 처벌과 어떤 점에서 구별될 수 있는 것
일까요.

요컨대, 조광조와 율곡을 필두로 하는, "청렴하고 사심없는" 사림이,
어찌하여 집권 이후 200여 년간에 걸쳐 세계사적으로 유례없는 정치투
쟁인 당쟁을 벌였는지에 대해, 조금의 의문도 가질 필요는 없습니다.
뒷장에서 상세히 설명하겠지만, "당쟁"이란 붕당정치 체제 아래에서 애
당초 피할 수 없는 것이며, 이를 부끄럽게 생각할 이유도 전혀 없습니
다. 우리로서는 당쟁의 모습과 형태를 면밀히 분석하여, 취할 것은 취
하고, 아쉬운 점은 다시금 반복하지 않도록 노력하면 될 뿐입니다.

이러한 맥락에서, 흔히 이야기하는 "4대 사화"에 대하여도 조금 다
른 관점에서 접근할 필요가 있지 않을까 생각합니다. 통상 무오사화
(戊午史禍, 1498), 갑자사화(甲子士禍, 1504), 기묘사화(己卯士禍, 1519),
을사사화(乙巳士禍, 1545)를 일컬어 "4대 사화"라고 하는데, 그 대강의
내용은 각각 다음과 같습니다.

무오사화(戊午史禍, 1498)

수양대군(世祖, 재위 1455~1468)이 조카인 단종(檀宗, 재위 1452
~1455)을 죽이고 왕위를 찬탈한 것을 비난한 김종직의 글인 "조의
제문"(弔義帝文)이 발단이 되어 일어난 사화입니다.

임금이 죽으면 당해 임금의 재위기간 동안에 일어난 사건에 관한
자료들을 모아 실록을 편찬하게 되는바, 이와 같이 실록편찬의 기초
가 되는 자료를 "사초"(史草)라 합니다. 성종(成宗, 재위 1469~1494)
이 죽고 연산군이 즉위하자 역시 실록청(實錄廳)이 설치되어 곧바로
성종실록의 편찬작업이 시작되었는데, 실무자로서 성종실록 편찬업무
를 수행하던 김일손은 자신의 스승인 김종직이 지은 "조의제문"을 사
초로 제출하여 이를 성종실록 초안에 삽입하였습니다. 조의제문(弔義
帝文)은, 형식적으로는 항우에 의하여 살해 당한 초(楚)나라 의제(義

帝)를 조문(弔問)하는 내용의 글이었으나, 사실 김종직은 조의제문을 통해 수양대군(세조)을 항우에, 단종을 의제에 비유함으로써 세조의 왕위 찬탈을 비난하고자 했던 것입니다.[5]

위와 같이 세조를 비난하는 내용의 사초(조의제문)가 성종실록 초안에 실린 것을 알게 된[6] 연산군은, 조의제문을 지은 김종직을 부관참시에 처하고, 김종직의 제자로서 위 조의제문을 성종실록에 싣고자 한 김일손, 권경유를 비롯, 김종직의 제자 10여 명을 처형하였는데, 이를 무오사화라 합니다.[7]

참고로, 조의제문을 입수하여 이를 연산군에게 바침으로써 무오사화를 확대시킨 자가 유자광이었기 때문에, 무오사화는 (남이의 역모사건과 더불어) 훗날 유자광이 조선을 대표하는 간신으로 낙인찍히는 데 결정적인 근거(?)로 작용하게 됩니다.

---

5) 연산군은 세조의 직계 증손자입니다. 따라서 세조의 왕위계승을 문제삼는다는 것은, 연산군의 정통성을 부정한다는 의미로 해석할 수 있습니다. 이것이 연산군이 세조에 대한 비난, 특히 "조의제문"에 대해 민감하게 반응하였던 이유입니다.

6) 사실 "조의제문"이 무오사화의 진행과정에서 핵심 쟁점으로 떠오른 것은 사화가 이미 시작된 이후입니다. 엄밀히 말하면, 무오사화는 김일손이 세조의 비리(非理) 또는 악행을 비난하는 에피소드들을 사초로 제출하여 실록에 실음으로써 시작되었고, 그 중 하나가 바로 조의제문이었던 것입니다. 그런데 조선은 역사서술의 공정성을 확보하기 위해 임금이라 하더라도 사초(또는 실록의 내용)를 볼 수 없도록 엄격하게 제한하고 있었기 때문에, 연산군이 어떻게 위와 같은 (세조의 악행을 기록한) 사초의 내용을 보게 되었는지에 대해 견해가 엇갈리고 있습니다. 이에 관한 역사학계의 통설적 견해는, 실록청 총 책임자인 이극돈이 김일손에게 (사적인 일로) 앙심을 품고 김일손이 제출, 편집한 사초를 (유자광을 통해) 유출하였다고 보고 있습니다. 그러나 상식적으로, 실록청의 장(長)으로서 재상(宰相)의 지위에 있는 자가, 단지 "개인적 원한관계" 때문에 국법을 어겨가면서까지 김일손의 사초를 유출하였다고 보는 것은 아무리 생각해도 납득이 되지 않습니다. 특히 (i) 조선 개국이래 이 때까지 단 한 번도 이와 같은 "사초유출 사건"이 일어난 적이 없었을 정도로, "사초를 유출한다"는 것은 감히 상상하기 어려운 중범죄였다는 점, (ii) 역사학계의 통설적 견해는 이극돈이 김일손에 대해 "개인적인 원한"을 품게 된 이유가, 김일손이 이극돈 개인의 비행(非行)에 관한 일을 사초로 제출하였기 때문이라고 설명하나, 당해 사초가 유출될 경우 속된 말로 "망신"을 당하는 것은 바로 유출자인 이극돈 자신이라는 점 등을 고려한다면, 이극돈이 (김일손이 제출한) 사초를 유출함으로써 무오사화가 시작되었다는 통념적 견해는 받아들이기 어렵습니다. 필자의 개인적인 의견으로는 무오사화의 발단 또는 원인의 경우 역사학계의 좀 더 심도깊은 연구가 필요한 부분이라고 생각됩니다.

7) 위와 같이 무오사화는 "사초"(史草)가 원인이 되어 일어났기 때문에, "士禍"가 아닌 "史禍"로 표시하는 것이 일반적입니다.

갑자사화(甲子士禍, 1504)

성종은 세자(훗날의 연산군)의 생모인 폐비 윤씨를 폐위한 뒤 사사(賜死)하였는데, 역사학계의 통설적 견해는 갑자사화를 "연산군이 생모의 죽음에 관여한 사람들을 대거 처형하거나 귀양 보낸 사건"으로 규정하고 있습니다.

그러나 갑자사화 당시 연산군의 생모의 죽음에 연루되었다는 이유로 처형된 자(부관참시된 자 포함)는 한명회, 정인지, 한치형, 윤필상, 이극균, 성준, 이세좌 등인데, 이들은 본래 신진 사림(士林)에 의해 낡은 훈구(勳舊)세력으로 지목된 자들이었으므로, 갑자사화를 "사화", 즉 "사림(士林)이 화(禍)를 입은 사건"이라는 카테고리로 묶는 것은 지극히 편의적일 뿐만 아니라 "틀린" 분류방법이라 하겠습니다. 특히 역사학계에서는 일반적으로 임사홍이 연산군에게 폐비 윤씨(연산군의 생모)가 사약을 받고 죽었다는 사실을 밀고함으로써 갑자사화가 시작되었다고 설명하고 있으나, 「조선왕조실록」 중 〈연산군일기〉의 기록에 의할 경우 연산군이 생모의 죽음을 알게 된 시점은 즉위 직후인 1495년 3월이고, 갑자사화가 일어난 시점은 그보다 한참 후인 1504년이므로, 위와 같은 학계의 설명은 타당하다고 할 수 없습니다.

필자의 개인적인 의견으로는, 갑자사화의 본질은 왕권(王權)과 신권(臣權)이 정면충돌한 사건이라는 데에 있으며, 따라서 (신권 vs. 신권 구도의) 다른 사화(士禍)들과는 그 성격을 근본적으로 달리한다고 생각됩니다.

기묘사화(己卯士禍, 1519)

조광조를 필두로 한 신진 사림(士林)의 개혁정치에 염증을 느낀 중종(中宗, 재위 1506~1544)이 조광조 등을 제거한 사건입니다.

박원종이 주도한 중종반정(中宗反正)으로 연산군이 폐위됨에 따라 왕위에 오른 중종은 100명에 가까운 대규모의 공신을 책봉하였습니다. 이 때의 공신을 정국공신(靖國功臣)이라고 하는데, 이들에게는 포상으로 엄청난 양의 토지와 노비를 비롯, 각종 혜택이 내려졌습니다. 그러나 당시 정국공신으로 책봉된 자 가운데에는 중종반정에 있어서 별다른 역할을 하지 않거나 심지어 연산군의 총애를 받던 자들도 상당수 포함되어 있었기 때문에, 조광조를 비롯한 신진 사림들은 국가

재정문제 등을 이유로 정국공신을 대폭 개정·축소할 것을 주장하였습니다.

조광조의 이러한 주장은 구 공신세력, 즉 훈구세력과의 정면충돌을 의미하는 것이었고, 남곤, 홍경주, 심정 등 훈구세력은 중종의 마음을 움직여 조광조 등 신진 사림을 전격적으로 제거하는 데에 성공합니다.

기묘사화는 중종이 조광조에 대한 신뢰를 거둬들였기에 가능하였음은 물론이나, 사림에 대한 중종의 드라마틱한 태도 변화를 이끌어낸 것이 남곤, 홍경주 등 훈구세력이기 때문에 전형적인 사화에 해당한다고 할 수 있습니다.

을사사화(乙巳士禍, 1545)

중종의 계비 장경왕후 윤씨가 아들(세자, 훗날의 인종)을 낳고 산후병으로 죽자, 중종은 세번째 부인인 문정왕후 윤씨를 왕비로 맞아들였습니다. 그런데 문정왕후가 뒤늦게 아들(경원대군, 훗날의 명종)을 낳자, 조정은 세자의 외가(즉, 죽은 장경왕후의 친정)와 경원대군의 외가(즉 문정왕후의 친정)가 왕위계승권을 놓고 극단적으로 대립하게 됩니다. 그런데 세자의 외가와 경원대군의 외가가 모두 윤씨였으므로, 장경왕후의 오라비(세자의 외숙부)인 윤임을 따르는 무리를 "대윤"(大尹), 문정왕후의 오라비(경원대군의 외숙부)들인 윤원형, 윤원로 형제를 따르는 무리를 "소윤"(小尹)이라 불렀습니다.

1544년 중종이 죽고 세자인 인종(仁宗, 재위 1544~1545)이 왕위를 계승하였으나 9개월만에 세상을 떠나고 말았습니다. 결국 인종의 뒤를 이어 경원대군이 12살의 나이로 즉위하였고(明宗, 재위 1545~1567), 이에 수렴청정을 하게 된 문정왕후는 윤임 등 "대윤"세력을 제거하는데, 이를 을사사화라고 합니다.

을사사화로 인해 숙청된 자 중 일부(유관, 유인숙)가 사림계열로 분류되는 자들이었고, 또한 을사사화의 확대를 막는 데 기여한 사람 중 하나가 (훗날 문묘에 배향된[8]) 이언적이었기 때문에, 을사사화는 지금

---

8) 문묘(文廟)란 공자를 모시는 사당으로서, 문묘에 배향(配享)된다는 것은 유학자(儒學者)로서 누릴 수 있는 최고의 영예라 할 수 있습니다. 조선의 학자로서 문묘에 배향되어 있는 자는 김굉필, 정여창, 조광조, 이언적, 이황 등입니다.

까지 "사화"(士禍)의 하나로 분류되어 왔습니다. 그러나 을사사화의 본질은 위에서 언급한 바와 같이 외척 간의 권력투쟁 그 이상도 이하도 아닌 바, 이에 대한 연구가 다시 이루어져야 할 것으로 생각됩니다.

위와 같이, "사화"(士禍)란 통상 훈구(勳舊)세력이 신진 사림의 중앙 정계 진출을 저지하기 위해 사림에게 억울한 누명을 씌워 화(禍)를 입힌 사건이라고 설명되고 있으나, 앞서 상세히 언급한 바와 같이 위와 같은 개념정의에 그런대로 부합하는 사건이라고 해 봐야 위 4건의 사화 가운데 기묘사화 정도에 불과하다고 보여지며, 나머지 사화의 경우 조선왕조실록에 등장하는 수많은 옥사(獄事)와의 사이에서 뚜렷한 차이점을 발견하기 어렵습니다. 전혀 다른 위 4개의 사건을 "사화"(士禍)라는 이름으로 하나로 묶은 것 자체가 훗날 역사의 승자인 사림에 의한 억지스런 이론구성으로밖에는 이해되지 않습니다. 마치 성공한 사람이 자서전을 쓸 때, 자신이 겪은 그동안의 역경과 고난을 최대한 과장하고 부풀리면서, 아울러 고난의 극복과정이 조금이라도 더 극적으로 보여질 수 있도록 작가적 상상력을 극대화시키듯이 말입니다.

2. 사화(士禍) vs. 당쟁(黨爭)

유교 정치는 그 본령에 충실할수록 왕권을 제약하게 됩니다. 주권은 온전히 임금에게 있으나 임금은 이를 결코 함부로 행사할 수 없으며, 자잘한 처분 하나하나까지 대신(大臣)들의 의견수렴을 거치고, 또 과거와 현재의 규례(規例)에 좇을 것을 요구합니다. 즉 유교정치는 모든 국정현안이 공개된 장(場)에서 논의되고 토론될 것을 요구하였습니다. 물론 이는 전 국민을 대상으로 한 것이 아닌, 사대부 사회를 대상으로 한 것이었습니다. 따라서 (조선의 설계자의 의도에 따르면) 조선이 지향한 유교정치는 현대의 완전한 민주주의까지는 아니더라도, 적어도 제한된 민주주의의 형태는 띠고 있었습니다. 즉 유교를 국시로 하는 조선의 임금의 역할은 원칙적으로 사대부의 공론을 수렴하여 최종적인 결정을 내리는 판단자 내지 중재자에 머물러야 하는 것이었습니다.

의견수렴과 공론을 중시하는 유교정치가 특히 중시한 것은 언로(言路)였습니다. "아래로부터의 언로를 여는 일"은 유교정치의 핵심강령으로서, 조광조, 율곡, 송시열 등 당대 유현(儒賢)들을 비롯, 평범한 유자(儒者)들이 임금께 올리는 상소문(上疏文)에서도 언제나 빠지지 않는 명제가 바로 이것이었습니다. 임금은 외적의 침입, 재난 등으로 인해 나라가 어려울 때면 으레 구언(求言)의 교지를 내리곤 했습니다. 어떤 말을 해도 벌을 내리지 않을 테니 기탄없이 의견을 내라는 것이었습니다. 물론 이러한 임금의 약속이 언제나 지켜진 것은 아니었습니다. 그러나 적어도 "누구나 자기 의견을 말할 수 있어야 한다"는 유교정치의 원칙 자체가 부정된 적은 조선조 500년간 거의 없었습니다. 즉 경우에 따라 벌을 받을지언정, 어쨌든 "유자(儒者)라면 목에 칼이 들어오더라도 할 말은 해야 한다"는 인식은 모두가 공유하고 있었던 것입니다.

그런데 문제는, 위와 같은 유교정치의 원리가 작동될지 여부는 사실상 임금의 선택에 달려있다는 점이었습니다. 왕이 무한권력을 추구하는 순간, 위와 같은 유교정치는 간단히 휴지통에 버려질 수 있는 것이었습니다. 유교정치는 임금으로 하여금 끊임없이 수신(修身)하여 군자가 될 것을 요구하였으나, 이를 강제할 수단은 갖지 못했던 것입니다. 왕권을 구속하고자 한 유교정치는 사실상 임금 자신이 허락한 범위 내에서만 효력을 발휘할 수 있었던 것입니다. 이는 "왕정"(王政)이라는 정치체제의 특성상 어쩔 수 없는 것이기는 합니다만.

우리가 성군으로 칭송하는 세종(世宗, 재위 1418~1450)과 성종(成宗 재위 1469~1494)의 재위기는 위와 같은 유교정치의 원리가 가장 충실히 작동된 시기였습니다. 세종과 성종은 조그만 처분을 내릴 때에도 항상 법률이나 옛 제도에서 근거를 찾으라 명했고, 아무리 사소한 일도 대신과 대간(臺諫)⁹⁾의 의견을 물어 처리했습니다. 만일 반대가 있으면 밤을 새워서라도 신하들을 설득하려고 했고, 설득하지 못하면 그들의 의견을 따랐습니다. 유교정치의 꽃을 피운 시기라 할 만합니다. 그러나 유교정치의 구현을 향한 사대부들의 오버페이스는 곧바로 세조(世祖, 재위 1455~1468)와 연산군(燕山君, 재위 1494~1506)이라는 반동을 맞게 되었습니다. "깐깐한 신하들에게 권력을 다 내어준" 부왕세종과 성종을 보며 문제의식을 키워 온 세조와 연산군은 위와 같은 유교정치의 원리를 하나하나 부정해 가기 시작합니다. 그 핵심은 물론 "언론 통제"이며, 이는 자연히 왕권의 강화로 이어졌습니다. 임금이 스스로 유교정치의 작동원리를 부정하자, 이를 막을 수 있는 실효성 있는 방법이 거의 존재하지 않는다는 것을 깨닫는 것은 어려운 일이 아니었습니다.

4대 사화(士禍), 즉 무오사화(戊午史禍, 1498), 갑자사화(甲子士禍, 1504), 기묘사화(己卯士禍, 1519), 을사사화(乙巳士禍, 1545)는 이러한 맥락에서 이해되어야 합니다. 즉 "사화"의 본질은, 흔히 알고 있는 것과 같이 사림(士林)을 저지하기 위한 훈구(勳舊)세력의 반동이 아니라, 신

---

9) 대간(臺諫)이란 사헌부(司憲府)와 사간원(司諫院)의 관리들을 통틀어 일컫는 말로서, 양사(兩司)라고도 합니다. 사헌부와 사간원은 모두 언론을 담당한 기관으로서, 소속 관리들의 품계는 낮았지만 유교정치의 구현을 위해 핵심적인 역할을 부여받은 자들이 었습니다. 이는, 철저한 문치주의 국가인 조선에서 권력을 장악하기 위해서는 우선 대간 권력을 장악하는 것이 가장 중요한 일이었다는 의미도 됩니다. 실제로 조선 후기 당쟁이 격화되면서, 대간은 본래의 기능을 상실하고 권력을 장악한 당파의 여론공작 도구로 전락하는 모습을 보여줍니다.

권(臣權)을 제압하기 위한 임금의 친위쿠데타 또는 당쟁의 원시적 형태에 불과합니다. "당쟁의 원시적 형태"라고 칭한 것은, 소위 "사화"라는 것이 아직 "붕당"이 형성되기 이전에 발생한 (王權 대 臣權 또는 臣權 간의) 권력투쟁이기 때문입니다. 즉 "당쟁"과 "사화"는 단지 권력투쟁의 주체가 누구인지에 형식적으로 구별될 뿐 본질적으로 아무런 차이가 없는 것입니다. 그렇다면, 우선 "4대 사화"라는 용어부터 역사책에서 지워버려야 하겠습니다.

제 2 장

사림(士林)의 첫 번째 제물, 유자광

- 학사루 현판 소각 사건 -

공소장

피고인 관련사항

      피 고 인   김종직(金宗直, 40세)
                   직업: 함양군수
                   주거: 경남 함양
      죄   명   공용서류 등 무효죄(예비적 죄명: 특수손괴죄)
      적용법조   형법 제144조 제1항, 제141조 제1항
                   (예비적으로 「폭력행위 등 처벌에 관한 법률」 제2
                   조 제2항 제1호, 형법 제366조)

형법 제144조(특수공무방해)
① 단체 또는 다중의 위력을 보이거나 위험한 물건을 휴대하여 제136조, 제138조와 제140조 내지 전조의 죄를 범한 때에는 각조에 정한 형의 2분의 1까지 가중한다.

형법 제141조(공용서류 등의 무효)
① 공무소에서 사용하는 서류 기타 물건 또는 전자기록 등 특수매체기록을 손상 또는 은닉하거나 기타 방법으로 그 효용을 해한 자는 7년 이하의 징역 또는 1천만원 이하의 벌금에 처한다.

「폭력행위 등 처벌에 관한 법률」 제2조
② 2인 이상이 공동하여 다음 각호의 죄를 범한 사람은 형법 각 해당 조항에서 정한 형의 2분의 1까지 가중한다.
   1. 형법 제366조(재물손괴 등)의 죄

형법 제366조(재물손괴 등)
타인의 재물, 문서 또는 전자기록 등 특수매체기록을 손괴 또는 은닉 기타 방법으로 그 효용을 해한 자는 3년 이하의 징역 또는 700만원 이하의 벌금에 처한다.

공소사실

주위적 공소사실 - 공용서류 등 무효죄

공소외 유자광(柳子光)은 1471년 모월(某月) 모일(某日) 경남 함양을 방문하여 시를 짓고 이를 현판에 새겨 '학사루(學士樓)'라는 정자에 걸어 두었다.

그런데 그 무렵 함양군수로 부임한 피고인 김종직은 관원 수 명을 대동하고 학사루를 방문하였다가 공소외 유자광이 지은 시가 걸려 있는 것을 발견하고, 수행중인 관원에게 즉시 위 현판을 떼어 불사를 것을 명하였다. 이에 명령을 받은 위 관원은 곧바로 위 현판을 떼어 내 그 자리에서 소각하였다.

이와 같이 피고인 김종직은 다중의 위력으로써 공무소인 학사루에서 보관중인 현판을 손상하여 그 효용을 해하였다.

예비적 공소사실 - 재물손괴죄

피해자 유자광은 1471년 모월(某月) 모일(某日) 경남 함양을 방문하여 시를 짓고 이를 현판에 새겨 '학사루'(學士樓)라는 정자에 걸어두었다.

그런데 그 무렵 함양군수로 부임한 피고인 김종직은 관원들을 대동하고 학사루를 방문하였다가 공소외 유자광이 지은 시가 걸려 있는 것을 발견하고, 수행중인 관원(성명불상자)에게 즉시 위 현판을 떼어 불사를 것을 명하였다. 이에 명령을 받은 위 관원은 곧바로 위 현판을 떼어 내 그 자리에서 소각하였다.

이와 같이 피고인 김종직은 성명불상자인 관원과 공동하여 피해자 유자광 소유의 재물인 위 현판을 손괴하여 그 효용을 해하였다.

변호인의 변론요지서

1. 주위적 공소사실(공용서류 등 무효죄)에 대하여

가. 학사루는 '공무소'에 해당하지 않음

형법 제141조는 "공무소에서 사용하는 서류 기타 물건"을 손상하여 효용을 해하는 것을 처벌하고 있습니다. 여기서 공무소란 공무원이 직무를 집행하는 관공서를 의미합니다. 즉 국유재산법상의 '국유재산'이라 하더라도 공무원이 직무를 집행하는 장소로 사용되는 곳이 아니라면 형법 제141조에 규정된 '공무소'라 할 수 없습니다.

이에 관한 국유재산법의 관련 규정을 살펴보면 다음과 같습니다.

> 국유재산법 제6조(국유재산의 구분과 종류)
> ① 국유재산은 그 용도에 따라 행정재산과 일반재산으로 구분한다.
> ② 행정재산의 종류는 다음 각 호와 같다.
>   1. 공용재산: 국가가 직접 사무용·사업용 또는 공무원의 주거용(직무수행을 위하여 필요한 경우)으로 사용하거나 대통령령으로 정하는 기한까지 사용하기로 결정한 재산
>   2. 공공용재산: 국가가 직접 공공용으로 사용하거나 대통령령으로 정하는 기한까지 사용하기로 결정한 재산
>   3. 기업용재산: 정부기업이 직접 사무용·사업용 또는 그 기업에 종사하는 직원의 주거용(직무수행을 위하여 필요한 경우)으로 사용하거나 대통령령으로 정하는 기한까지 사용하기로 결정한 재산
>   4. 보존용재산: 법령이나 그 밖의 필요에 따라 국가가 보존하는 재산
> ③ "일반재산"이란 행정재산 외의 모든 국유재산을 말한다.

국유재산법 제6조의 분류에 의할 경우 '행정재산' 중 '공용재산'(公用財産)만이 형법 제141조가 규정한 '공무소'에 해당하며, 그 이외의 행정재산 또는 일반재산은 '공무소'에 해당하지 않는다고 해야 합니다.

본건에서 문제되는 '학사루'의 경우 본래 일반인의 휴식을 위해 지어진 정자(亭子)로서, 국유재산법상 '공공용재산'(公共用財産) 또는 '보존용

재산'에 해당합니다. 즉 학사루는 국가(또는 지방자치단체)가 사무용·사업용 또는 공무원의 주거용으로 사용하는 건물이 아니므로, 형법 제141조에서 말하는 '공무소'에 해당하지 않음은 명백합니다. 따라서 피고인 김종직에게 공용서류 등 무효죄(형법 제141조)가 성립될 여지는 없습니다.

나. 유자광이 지은 시를 새겨 놓은 현판은 공무소가 "사용하는" 물건에 해당하지 않음

위에서 설명한 바와 같이 학사루가 '공무소'에 해당하지 않음에는 의문의 여지가 없습니다. 그러나 만에 하나 학사루가 '공무소'에 해당하는 것으로 보더라도, 유자광이 지은 시를 새겨 걸어 둔 현판(이하 '본건 현판')은 공무소가 "사용하는" 물건이라 볼 수 없으므로 피고인 김종직에게 공용서류 등 무효죄는 성립하지 않는다고 해야 합니다.

우리 대법원은 공무소에 제출되어 있는 서류의 경우 법률상의 절차를 밟아 접수된 문서인지, 법률상 유효한 문서인지 여부 등을 불문하고 공무소가 보관하고 있는 이상 공무소가 사용하는 문서라고 판시하고 있고[1], 물건의 경우 소유권이 누구에게 있는지에 상관없이 이에 해당하는 것으로 보고 있습니다. 그러나 이는 서류나 물건의 형식적 유효성 또는 소유권 귀속 여하에 관계없이 공무원의 직무집행에 실질적으로 활용되는 것이면 '공용서류 등 무효죄'의 객체로 보겠다는 취지일 뿐, '공무소'라는 장소 내에 존재하는 물건 일체가 '공용서류 등 무효죄'의 객체가 된다는 의미는 아닙니다. 예컨대 공무소의 앞마당 뜰에 심어져 있는 꽃을 꺾었다고 하여 '공용서류 등 무효죄'가 성립하지는 않는 것입니다.

본건 현판은 공소외 유자광이 함양의 경치에 대한 감상을 시로 지어 걸어둔 것으로서, 단지 학사루라는 정자의 미관을 더해주는 역할을 할 뿐, 공무원의 직무집행에 실질적으로 사용되는 물건이라 할 수 없습니다. 따라서 피고인 김종직이 본건 현판을 훼손하였다고 하더라도, '공용서류 등 무효죄'가 성립하지는 않는다고 해야 합니다.

2. 예비적 공소사실(재물손괴죄)에 대하여

위와 같이 피고인 김종직에게 공용서류 등 무효죄(형법 제141조 제1항)

---

1) 대법원 1981. 8. 25. 선고 81도1830 판결; 대법원 2006. 5. 25. 선고 2003도3945 판결.

가 성립하지 않음은 물론이고, 재물손괴죄(형법 제366조) 역시 다음과 같은 이유로 성립하지 않습니다.

재물손괴죄는 "타인 소유의 재물"을 손괴한 경우에 성립하며, 어느 누구의 소유도 아닌, 이른바 '무주물'(無主物)에 대하여는 성립될 여지가 없습니다.

그런데 본건 현판의 경우, 유자광이 공공용재산(일반 국민의 사용을 위해 바쳐진 재산)인 학사루에 "기증"한 재산으로서, 유자광의 소유물이라고 보기 어렵습니다. 또한 학사루는 국민 누구나 이용할 수 있는 공공용물(公共用物)이므로, 여기에 걸려 있는 본건 현판이 어느 특정인의 소유에 해당한다고 보기도 어렵습니다. 따라서 본건의 경우 피고인 김종직에게 재물손괴죄 역시 성립될 수 없습니다.

검사의 반박의견서

1. 주위적 공소사실(공용서류 등 무효죄)에 대하여

변호인은, 국유재산법상의 공용재산(公用財産)만이 '공무소'에 해당한다는 전제하에, 학사루의 경우 공공용재산(公共用財産) 또는 보존용재산에 해당하므로 '공무소'에 해당하지 않는다고 주장합니다.

그러나 오직 국유재산법상의 '공용재산'만이 '공무소'에 해당한다고 해야 할 근거가 전혀 없습니다. 공공용재산 또는 보존용재산이라도 공무원의 직무집행이 이루어지는 곳이라면 공무소에 해당한다고 해야 하기 때문입니다. 변호인의 주장은 형법 제141조에 규정된 '공무소'의 범위를 합리적 이유없이 자의적으로 좁게 해석하는 것으로서 받아들이기 어렵습니다.

설령 변호인의 주장과 같이 국유재산법상의 '공용재산'만이 공무소에 해당한다고 보더라도, 본건의 경우 피고인 김종직에게 '공용서류 등 무효죄'(형법 제141조 제1항)가 성립됨에는 아무런 지장이 없습니다. 학사루를 '공용재산'으로 보지 못할 아무런 이유가 없기 때문입니다. 학사루는 함양군 관아에 부속되어 있는 건물로서 본래 관원들의 휴식을 위해 지어진 누각입니다. 비록 시간이 지나며 일반인도 이용할 수 있게 되었다고 하더라도, 관아의 부속건물인 학사루의 용도가 '공용재산'에서 '공공용재산'으로 바뀌는 것은 아닙니다.

또한 변호인은 본건 현판이 공무소가 "사용하는" 것이 아니므로 공용서류 등 무효죄가 성립될 수 없다는 취지로도 주장하고 있습니다. 즉 형법 제141조 제1항은 "공무소에서 사용하는 서류나 물건"의 효용을 해한 경우 죄가 성립된다고 규정하고 있는데, 여기서의 "사용"이란 공무원의 직무집행에 실질적으로 활용되는 것을 의미한다고 주장하고 있는 것입니다.

그러나 이 역시 합리적 근거없이 법률규정의 해석 범위를 좁히는 것으로서, 받아들이기 어렵습니다. 관공서에 있는 어떠한 물건이 공무원의 직무집행에 "실질적으로" 활용되는 것인지 자체를 판단하기 어려울 뿐만 아니라, 그것이 "실질적으로" 또는 "직접적으로" 특정 업무를 위해 쓰여지는 물건이 아니더라도 법률상 보호가치 있는 물건인 경우가 대부분이기 때문입니다. 예컨대 관공서에 걸려 있는 달력이나 시계가 직접적으로 특정 업무에 쓰여지는 것이 아니라고 하여 이를 파손한 경우에도 본죄로 처벌할 수 없다면, 심각한 법률의 공백상태에 놓이게 될 것입니다. 대법원 역시 공무소에서 "사용"하는 물건이라 함은 공무소에서 "보관"하고 있는 일체의 물건을 말한다고 해석하고 있습니다.[2] 이러한 판례의 해석론에 의할 경우 공무소인 학사루에 "보관"되어 있는 본건 현판이 "공무소에서 사용하는 물건"에 해당한다는 점에 더 이상 이견이 있을 수 없습니다. 변호인의 주장은 이와 같은 판례의 확립된 해석론과도 정면으로 배치되는 것으로서 허용될 수 없는 것입니다.

이와 같이 변호인의 항변은 모두 이유없으며, 따라서 피고인 김종직에게 공용서류 등 무효죄(형법 제141조 제1항)가 성립된다고 해야 합니다.

2. 예비적 공소사실(재물손괴죄)에 대하여

변호인은 본건 현판은 어느 누구의 소유에도 속하지 않는 '무주물'(無主物)이므로 재물손괴죄의 객체가 될 수 없다고 주장합니다.

---

2) 대법원 1982. 12. 14. 선고 81도81 판결 등.

그러나 피해자 유자광이 공무소인 학사루에 본건 현판을 걸어두었다고 하여 그 소유권을 포기한 것이라 단정할 수는 없습니다. 오히려 특별한 사정이 없는 한 피해자 유자광이 본건 현판의 소유권을 계속 보유하되, 학사루가 일정기간 이를 점유 또는 보관하는 관계라고 보는 것이 자연스럽습니다.

만일 피해자 유자광이 본건 현판의 소유권을 포기했다고 보더라도, 국유재산이자 관공서인 학사루에 본건 현판이 보관되어 있는 이상, 적어도 국가가 본건 현판의 소유권을 가진다는 점은 부인할 수 없습니다. 즉 만에 하나 유자광을 피해자로 하는 재물손괴죄가 성립되지 않는다고 보더라도, 이 경우 국가를 피해자로 하는 재물손괴죄가 성립된다는 점에는 의문의 여지가 없는 것입니다.

따라서 만일 피고인 김종직에게 공용서류 등 무효죄(형법 제141조 제1항)가 성립되지 않는다고 하더라도, 적어도 재물손괴죄(형법 제366조)의 성립은 피할 수 없다고 해야 합니다.

1. "간신 유자광", 조작된 역사

사화(士禍)란 "사림(士林)이 입은 화(禍)"를 의미합니다. 즉 조선 개국 이래 권력을 독점해온 훈구(勳舊)세력에 의해, 성리학으로 무장한 신진 사류(士類)인 사림이 큰 화를 입었다는 것입니다. 그리고 사화의 본질은 "개혁적 성향의 사림에 대한 보수 기득권층의 반격"으로 통상 설명되고 있습니다. 그러나 앞서 제1장 '사화에서 잉태된 당쟁의 씨앗' 편에서 상술한 바와 같이, 이와 같은 식의 도식화된 설명은 타당하지 않습니다. 4대 사화를 하나로 묶어 "사림 vs 훈구"의 권력투쟁으로 간단히 정리해 버리기에는, 각각의 사화의 성격과 내용이 너무도 상이하기 때문입니다.

4대 사화 중 첫 번째로 거론되는 것이 바로 "무오사화"(戊午史禍, 1498)입니다. 일반적으로 무오사화의 뿌리는 김종직과 유자광의 원한 관계에서 비롯되었다고 설명됩니다. 즉, "학사루 현판 사건으로 김종직에게 원한을 품게 된 유자광이, 연산군(燕山君, 재위 1494~1506)을 부추겨 김종직의 제자들에게 복수를 했다 … "는 식의 이야기입니다. 그리고 유자광이 연산군을 충동질하는 데 활용한 소재는 김종직이 지은 조의제문(弔義帝文)이라고 합니다. 조의제문은, 세조(世祖, 재위 1455 ~1468)가 조카인 단종(端宗, 재위 1452~1455)을 죽이고 왕위를 찬탈한 것을 비판한, 아주아주 유명한 글이지요.

아무튼 무오사화를 일으킨 "주역"인 유자광은 조선을 대표하는 간

신으로 역사에 악명을 남기게 되었습니다. 그런데 중요한 것은, 무오
사화 이전부터 유자광은 사림으로부터 이미 간신으로 지목되어 철저
히 배척되어 왔다는 것입니다. 이를 보여주는 좋은 예가 바로 본건
"학사루 현판 사건"입니다. 유자광이 지은 시를 걸어 둔 현판을 보자
마자 떼어 내 불살라 버릴 정도로 김종직과 그를 따르는 사림은 유자
광을 철저히 경멸하고 있었습니다.

왜 이토록 사림(士林)은 유자광을 경멸하였던 것일까요.

표면적인 이유는 그가 남이(南怡)가 역모를 꾸민다고 무고하여 남
이를 죽음으로 몰아넣었다는 것입니다. 이를 그럴싸하게 설명하기 위
해, 야사는 남이가 지은 시 중 "男兒二十未平國"(남자 나이 스물에 나
라를 평정하지 못하면)이라는 문구를, 유자광이 "男兒二十未得國"(남자
나이 스물에 나라를 얻지 못하면)으로 고쳐서 임금에게 남이의 역심(逆
心)을 입증하였다고 전하고 있습니다. 그러나 "나라를 평정한다"는 표
현보다 "나라를 얻는다"라는 표현이 어찌하여 더 중하다는 것인지, 아
무리 생각해도 납득하기 어렵습니다. 뿐만 아니라, 위 에피소드는 야
사로만 전해질 뿐, 조선왕조실록이나 승정원일기 등 공적 문서에는 전
혀 나타나고 있지 않습니다. 역모죄의 경우 예외 없이 임금이 직접 엄
히 신문하여 그 진술 내용을 모두 기록으로 남긴다는 점을 생각하면,
위와 같이 중요한 진술이 조선왕조실록에 남아 있지 않다는 점은 이
해하기 어렵습니다.

역모를 고변하였다는 이유로 간신(奸臣)이라는 낙인이 찍혀진 사례
도 조선사 500년을 통하여 찾기 힘듭니다. 세조에게 사육신의 단종복
위계획을 고한 정창손과 김질(金礩)은 평생 영화를 누렸습니다. 1575
년 사림이 동인(東人)과 서인(西人)으로 분당(分黨)된 이래, 상대 당파
를 역적으로 몰아 고변한 사례는 이루 헤아리기 어려우나, 고변한 자

에게 간신이라는 오명이 씌워진 예는 없습니다. 또 하나 매우 중요한
사실은, 일반 백성들 사이에서 "남이가 억울한 누명을 쓰고 죽었다"고
인식되기 시작한 시점이 임진왜란(1592) 이후라는 점입니다. 즉, 사림
의 집권 이전에는, 유자광이 남이를 무고한 것이 아니라, 실제로 남이
가 반역을 도모했었다고 인식되었던 것입니다. 다시 말해, 유자광은
생태적·본태적 간신이 아닙니다. 유자광은 사림으로부터 간신으로 지
목받은 것에 불과합니다.

　조선왕조실록을 아무리 뒤져보아도, 유자광이 학사루 현판 사건 이
전에 왜 간신의 대명사가 되었는지 납득할 만한 근거를 찾을 수 없었
습니다. 그러나 그가 사림으로부터 배척받게 된 이유는 쉽게 찾을 수
있었습니다. 서얼(庶孼)로서 과거 응시자격조차 갖지 못했던, 궁궐을
지키는 갑사(甲士)에 불과한 유자광이 이시애의 난(1467)[3]을 계기로
세조의 눈에 들어 정5품 병조정랑으로 특채되었던 것입니다. 이는 엄
격한 신분사회의 질서를 뿌리 채 흔드는 일로서, 사대부로서는 결코
받아들일 수 없는 일이었습니다. 유자광의 특채에 대해, 당시 조정에
진출해 있던 사림은 적지 않게 반발하였으나, 천하의 세조가 하는 일
을 되돌릴 수는 없었습니다. 되돌릴 수 없었을 뿐만 아니라, 대놓고
두 번 세 번 반대하기조차 어려운 일이었을 것입니다. 한술 더 떠 세
조는 이듬해 유자광을 정3품 병조참지로 특진시키기에 이릅니다. 일개
갑사가 1년 만에 당상관(堂上官)[4]의 지위에 오르는, 조선 역사상 전무

---

3) 중앙정부가 함경도의 지방관을 파견하자, 함경도의 토호세력인 이시애가 불만을 품고
　일으킨 반란입니다. 이전까지는 지방토호세력을 당해 지방의 지방관(수령)으로 임명
　하는 것이 관행이었으나, 세조 집권기에 이르러 모든 지방관을 중앙정부가 임명하여
　내려보내게 됩니다.
　"이시애의 난"은 중앙집권적 근대국가수립을 위한 산통(産痛)과도 같은 것이었습니
　다. 즉, "이시애의 난"은, 조선 세조대에 이르러 비로소 한반도에 근대국가가 완성되
　었음을 의미하는 것이라 하겠습니다.
4) 당상관(堂上官)이란 정3품 이상의 벼슬아치를 일컫는 말로서, 당청(堂廳) 위에서 임금

후무한 일이 일어난 것입니다.

결국, 유자광에 대한 사림의 격렬한 배척은, 서얼(庶孽)인 그가 "감히" 당상관의 지위에 올랐다는 데에서 그 원인을 찾을 수밖에 없습니다. 세조에 대한 불만을 몇 곱절 배가되어 유자광에게로 몰린 것입니다. 즉 유자광은 사림의 화풀이 대상, 그 이상도 이하도 아니라 하겠습니다.

여기서 우리는 사림(士林)이 잉태하고 있던 당파성의 맹아(萌芽)를 어렴풋이나마 볼 수 있습니다. 자기와 같은 당류(黨類)인 자는 군자(君子)이고, 다른 당류인 자는 소인(小人)이라는 식의, 그리고 아무리 눈을 씻고 찾아 봐도 인물은 자신이 속한 당에만 있더라는 식의 천박한 당파성의 조짐이 벌써부터 보이기 시작합니다. 이제 막 사림이 중앙 정계로 진출하기 시작한 바로 그 시점에서 말입니다.

과 직접 정사를 논할 수 있는 관직을 가리킵니다. 이는 오늘날 국무회의에 참석할 수 있는 공직자에 비견될 수 있습니다. 당상관 중 정2품 이상을 특히 '재상'(宰相)이라 합니다. 경국대전에 의하면, 재상은 대역죄를 범하지 않는 한 사형에 처해지지 않고, 만일 사형에 처해지더라도 능지처사(凌遲處死) 또는 참형(斬刑) 대신 신체를 보존할 수 있도록 사약을 받도록 되어 있는 등, 특별한 우대를 받았습니다.

제 3 장

나는 분열한다, 고로 존재한다

– 이언적(李彦迪) 전처(前妻)의 사기사건 –

공소장

피고인 관련사항

피 고 인   성명불상자
　　　　　　직업: 주부
　　　　　　주거: 불상
죄　　　명　 사기미수
적용법조　　 형법 제347조 제1항, 제352조, 제347조 제2항, 제
　　　　　　37조, 제38조

형법 제347조(사기)
① 사람을 기망하여 재물의 교부를 받거나 재산상의 이익을 취득한 자는
　10년 이하의 징역 또는 2천만원 이하의 벌금에 처한다.
② 전항의 방법으로 제3자로 하여금 재물의 교부를 받게 하거나 재산상
　의 이익을 취득하게 한 때에도 전항의 형과 같다.

공소사실

　피고인은 기녀(妓女)이던 자로서, 이언적(李彦迪)의 아이를 임신한 사
실을 숨기고 1510년 날짜불상경 피해자 조씨와 혼인하였다.
　그러나 피해자는 피고인이 이언적의 아이를 임신한 사실을 알았더라면
피고인과 혼인하지 않았을 것이므로, 피고인으로서는 위와 같은 사실을
사전에 피해자에게 알릴 작위의무가 있었다.
　하지만 피고인은 위와 같은 작위의무에 위반하여 피해자에게 그와 같
은 사실을 알리지 아니하는 방법으로 피해자를 기망하여 위 일시에 피해
자와 혼인함으로써 공동생활이익 등 일정한 재산상 이익을 취득하였다.
　나아가 피고인은 위와 같은 방법으로 아들인 이전인으로 하여금 피해
자 조씨의 재산에 대한 상속권을 취득하게 함으로써 제3자인 이전인으로

하여금 재산상 이익을 취득하도록 하였으나, 자신의 친부(親父)가 이언적이라는 사실을 알게 된 이전인이 상속권을 포기함으로써 미수에 그쳤다.

변호인의 변론요지서

1. 피고인 자신의 재물 또는 재산상 이익 취득으로 인한 사기 부분 (형법 제347조 제1항)

사기죄는 재물의 교부를 받거나 재산상 이익을 취득함으로써 성립되는 죄로서, 재물 또는 재산상 이익의 내용이 구체적으로 특정되어야 할 뿐 아니라 그 액수가 확정되어야 합니다. 즉 「특정경제범죄 가중처벌 등에 관한 법률」(이하 '특경법') 제3조[1]가 사기죄의 피해액에 따라 법정형을 달리하고 있는 것에서 알 수 있는 바와 같이, 사기죄에 있어 피해액은 엄격한 증명을 필요로 하는 구성요건요소를 이루는 것이나, 본건 공소사실에 의할 경우 피고인이 과연 어떠한 재물 또는 재산상 이익을 취득하였다는 것인지 그 내용이 불분명할 뿐 아니라, 그 금액이 특정되지 않고 있으므로, 사기죄가 성립한다고 보기 어렵습니다.

이에 관하여 검사는, 피고인이 피해자와 혼인하여 부부로서 공동생활 관계를 형성하게 됨으로써 주거비, 식비 등 생활비 상당의 이익을 얻었다고 볼 수 있다는 전제하에, 이러한 생활비 상당액을 "재산상 이익"으로 판단한 것으로 보입니다. 그러나 부부공동체를 형성함으로써 얻게 되는 이익은 어느 일방이 배우자에게 일방적으로 공여하는 것으로 볼 수 없습니다. 즉 혼인을 통하여 부부공동체를 형성함으로써 상호 유기적인 관계

---

1) 특경법 제3조(특정재산범죄의 가중처벌)
   ① 형법 제347조(사기), 제350조(공갈), 제351조(제347조 및 제350조의 상습범만 해당한다), 제355조(횡령·배임) 또는 제356조(업무상의 횡령과 배임)의 죄를 범한 사람은 그 범죄행위로 인하여 취득하거나 제3자로 하여금 취득하게 한 재물 또는 재산상 이익의 가액(이하 이 조에서 "이득액"이라 한다)이 5억원 이상일 때에는 다음 각 호의 구분에 따라 가중처벌한다.
   1. 이득액이 50억원 이상일 때: 무기 또는 5년 이상의 징역
   2. 이득액이 5억원 이상 50억원 미만일 때: 3년 이상의 유기징역

에서 권리의무를 갖게 되는 것으로 보아야 하며, 어느 일방만이 권리를 갖거나 의무를 부담하는 것으로 보는 것은 타당하지 못합니다. 그러므로, 혼인으로 인하여 복잡하게 교차하는 권리의무 가운데 어느 하나만을 포착하여 어느 일방이 상대방에게 일방적으로 이익을 제공하는 것으로 보는 입장은 인간 생활양식의 본태적 특성을 이해하지 못하는 데에서 비롯된 것이라 하지 않을 수 없습니다. 민법이 혼인에 관하여 당사자에게 부여하는 권리의무(민법 제826조, 제827조, 제833조 등)는 상호 유기적으로 결합되어 어느 하나만을 분리하여 이해할 수는 없기 때문입니다.

2. 제3자(이전인)에 대한 이익제공으로 인한 사기 부분(형법 제347조 제2항)

앞서 언급한 바와 같이, 사기죄가 성립하기 위해서는 재산상 이익의 내용 및 금액이 특정되어야 합니다.

그러나 피상속인의 사망 전 "상속권"이라 함은, 장차 피상속인이 사망할 경우 피상속인의 재산상 권리의무를 상속할 수 있는 "법률적 지위"를 의미하므로 그 자체로서 어떠한 경제적 이익이라고 보기 어렵습니다. 즉 "상속권"은 "피상속인의 사망" 및 "상속포기(상속결격사유)의 부존재"라는 각각의 요건이 존재할 경우에만 재산상 이익으로 구체화되는 것이며, 그 이전에는 일정한 법률적 지위를 의미할 뿐, 형법상의 재산적 이익이라고 볼 수 없습니다. 상속인에게는 피상속인의 재산상 권리뿐 아니라 의무까지도 포괄적으로 승계되는 것이므로, 피상속인의 사망 전에는, 상속권을 가진다는 그 자체만으로는 어떠한 이익을 취득한 것으로 보기 어렵기 때문입니다.

한편 사기죄가 성립하기 위해서는 피고인의 기망행위로 인한 피해자의 "처분행위"가 존재하여야 하며, 재산상 이익의 취득은 이러한 피해자의 "처분행위"로 인한 직접적인 것이어야 합니다(이른바 '처분행위의 직접성'). 즉 피해자의 처분행위 외에 다른 별개의 행위가 개입되어 재산상 이익이 취득된 경우, 이러한 처분행위의 직접성을 인정할 수 없으므로 사기죄가 성립할 수 없습니다. 예컨대 금은방에 들어가 물건을 살 것처럼 하며 고급시계를 착용해 보겠다고 하여 교부받아 이를 가지고 달아난 경

---

② 제1항의 경우 이득액 이하에 상당하는 벌금을 병과할 수 있다.

우, 피해자의 처분행위(시계 교부행위)와 재물 취득 사이에 다른 별개의 행위(시계를 들고 달아난 행위)가 개입되어 있으므로, 사기죄가 성립하지 않으며, 단지 절도죄의 성립만이 문제될 뿐입니다.[2]

공소사실에 의하면 검사는, 피고인과의 혼인을 피해자의 "처분행위"로, 피고인의 아들인 이전인의 상속권 취득을 "재산상 이익의 취득"으로 파악한 것으로 보입니다.

그러나 공소사실에 나타나 있는 바와 같이, 피고인과 피해자의 혼인시는 피고인이 아직 이전인을 출산하기 이전으로서, 피해자의 처분행위(혼인)와 제3자의 재산상 이익의 취득(상속권 취득) 사이에는 "이전인의 출생"이라는 별개의 사실이 필연적으로 개입되어야만 합니다. 나아가 앞서 언급한 바와 같이 본건의 경우 "재산상 이익"은 "피상속인(피해자)의 사망" 및 "상속권의 확정(상속결격 및 상속포기의 부존재)"이라는 법률요건이 존재할 경우에만 형법상 "재산상 이익"으로 구체화되는 것이므로, 이러한 점을 고려할 경우 피해자의 처분행위(혼인) 그 자체가 제3자(이전인)로 하여금 어떠한 경제적 이익을 취득하게끔 하는 것으로 볼 수는 없습니다. 즉 본건의 경우, 피해자의 처분행위와 재산상 이익의 취득 사이에는, 최소한 3개의 이질적 법률사실(이전인의 출생, 피해자의 사망, 상속권의 확정 등)이 개입되어야 하므로, 도저히 "처분행위의 직접성"을 인정할 여지가 없습니다.

결국 본건의 경우 "재산상 이익"이 구체화되지 않았거나 "처분행위의 직접성"이 결여되었으므로, 어느 경우에도 사기죄가 성립될 수는 없습니다.

---

2) "피고인이 피해자 경영의 금방에서 마치 귀금속을 구입할 것처럼 가장하여 피해자로부터 순금목걸이 등을 건네받은 다음 화장실에 갔다 오겠다는 핑계를 대고 도주한 것이라면 위 순금목걸이 등은 도주하기 전까지는 아직 피해자의 점유하에 있었다고 할 것이므로 이를 절도죄로 의율 처단한 것은 정당하다"(대법원 1994. 8. 12. 선고 94도 1487 판결).

검사의 반박의견서

변호인은 본건의 경우 "재산상 이익"의 내용 또는 금액이 특정되지 않았고, 특히 이전인의 경우 상속인이라는 "법률적 지위"를 갖게 된 것에 불과하므로 사기죄가 성립될 수 없다는 취지로 주장합니다.

그러나 사기죄의 편취대상인 "재산상 이익"의 경우 사법(私法)상 유효하게 취득되었을 것을 요하지 아니하며, 단지 외관상 재산상 이익을 취득하였다고 볼 수 있는 사실관계가 존재하면 족한 것입니다. 이에 따라, 통설과 판례는 재산상 이익의 내용 또는 금액이 현실적으로 확정되지 않더라도 구체적인 손해발생의 위험이 있는 경우 재산상 손해의 발생 및 재산상 이익의 취득을 인정하는 소위 "구체적 위험범설"을 취하고 있습니다. 즉 재산상 손해의 발생은 반드시 현실적으로 발생하여 확정적으로 계산될 필요는 없으며, 일응 구체적인 손해발생의 위험이 인정되면 사기죄는 기수에 이른다는 것입니다.[3]

특히 변호인은, 피해자의 처분행위(혼인)로 인해 이전인이 취득한 것은 상속인이라는 법률적 지위에 불과할 뿐, 이를 "재산상 이익"으로 볼 수는 없다고 주장합니다. 그러나 상속인으로서의 지위를 일종의 법률적 지위로 파악하더라도, 그러한 법률적 지위의 내용으로서 "피상속인의 재산을 포괄적으로 승계할 권리"가 포함되어 있는 이상, 그 재산적 이익으로서의 성격을 부인할 수는 없다고 해야 합니다. 즉 상속인으로서의 지위는 아직 재산적 이익으로서 현실적으로 구체화되거나 확정된 것은 아니나, 적어도 "기대권"으로서의 성격은 가지고 있는 것인바, 이러한 "기대권" 역시 법률이 보호하는 재산적 권리라는 것에는 의문의 여지가 없

---

3) "타인의 명의를 빌려 예금계좌를 개설한 경우, 통장과 도장은 명의인에게 보관시키고 자신은 위 계좌의 현금인출카드를 소지한 채 명의인을 기망하여 위 예금계좌로 돈을 송금하게 한 경우, 자신은 통장의 현금인출카드를 소지하고 있으면서 언제든지 카드를 이용하여 차명계좌 통장으로부터 금원을 인출할 수 있었고, 명의인을 기망하여 위 통장으로 돈을 송금받은 이상, 이로써 송금받은 돈을 자신의 지배하에 두게 되어 편취행위는 기수에 이르렀다고 할 것이고, 이후 편취금을 인출하지 않고 있던 중 명의인이 이를 인출하여 갔다 하더라도 이는 범죄성립 후의 사정일 뿐 사기죄의 성립에는 영향이 없다"(대법원 2003. 7. 25. 선고 2003도2252 판결).

으므로, 결국 본건의 경우 변호인의 주장을 따른다고 하더라도 사기죄의 성립에는 영향이 없다고 하지 않을 수 없습니다.

나아가 변호인은, 피해자의 처분행위(혼인)와 재산상 이익의 취득(상속재산의 취득) 사이에는 이전인의 출생, 피해자의 사망, 상속권의 확정 등 별개의 사실이 개입되어야 하므로 처분행위의 직접성이 인정될 수 없다고 주장하나, 위에서 언급한 바와 같이 상속의 내용이 구체적으로 확정되기 이전의 상속인으로서의 법률적 지위 자체에도 재산권성을 인정할 수 있는 것이므로 위와 같은 변호인의 주장은 타당하지 않습니다.

한편, 혼인 당시에는 아직 이전인이 출생하기 전이므로, 태아상태인 이전인이 상속권(상속인으로서의 지위)을 취득할 수는 없는 것이고, 따라서 이전인이 (구체적 권리든 또는 법률적 지위이든) 상속권을 취득하기 위해서는 최소한 "출생"이라는 별개의 사실이 존재해야 한다는 반론이 제기될 수 있습니다. 그러나 혼인 당시 피고인이 이전인을 임신하고 있었던 점이 명백한 이상, "출생"은 특단의 사정이 없는 한 일정한 시간의 경과에 따라 자연히 발생되는 사실일 뿐, 형법상 "별개의 행위"라고 할 수 없으므로, 이로써 처분행위의 직접성이 훼손되는 것은 아니라고 해야 합니다. 처분행위의 직접성을 단절시킬 수 있는 "별개의 행위"는 형법상의 행위개념을 전제로 하는데, 단지 "시간의 경과 + 어떤 사정의 불발생"이라는 내용에 불과한 경우, 이는 형법상의 행위개념에 포섭된다고 할 수 없기 때문입니다.

> 형법상의 "행위"는 범죄성립 여부 판단의 전제가 되는 것으로서, "인간의 의식적·목적적 거동"으로 이해하는 것이 통설적 입장입니다. 따라서 시간의 흐름과 같은 외부적 조건변동은 형법상의 행위개념에 포함되지 않습니다.

Issue & Debate

1. 사림(士林), 조선의 주인으로

고려 말 신유학인 성리학, 즉 주자학(朱子學)[4]으로 무장한 신진사대
부가 대거 등장하였습니다. 그런데 이들은 정도전, 권근, 조준 등을 중
심으로 한 역성혁명파와, 정몽주, 이색, 이숭인, 길재 등을 중심으로
한 반(反)역성혁명파로 나뉘게 되었습니다. 이들은 큰 틀에서는 새로
운 세상을 만들어야 한다는 당위성에 동의하면서도, 그 구체적 방안에
있어서 대립하기 시작하였습니다. 역성혁명파는 고려를 멸하고 새로운
왕조를 건국해야 한다는 입장을 취하였고, 반(反)역성혁명파는 고려
내에서의 개혁으로 충분하다고 보았습니다. 어찌되었든, 역성혁명파와
반(反)역성혁명파의 대결은 그 유명한 '위화도회군'을 계기로 사실상
역성혁명파의 승리로 마무리되었고, 그렇게 조선은 태어났습니다.

하지만 역성혁명파이든 반(反)역성혁명파이든, 그것은 정치적 격변
기에서의 개인의 정치적 입장의 차이를 의미하는 것에 불과할 뿐, 사
실 이들의 사상적·학문적 뿌리는 하나입니다. 그것은 바로 위에서 언
급한 '성리학'입니다. 그리고 이들 '신진사대부 1세대'들은 자신이 처한
상황에 맞춰, 각자 성리학의 이념이 사회 구석구석에 뿌리내리도록 하

---

4) 성리학(性理學)과 주자학(朱子學)은 엄밀히 말하면 다른 개념입니다. '성리학'이란 이
 (理)와 기(氣)라는 Tool로써 우주와 만물의 생성원리를 탐구하고, 이에 근거하여 유
 교 경전을 해석하는 유학(儒學)의 한 분파이고, '주자학'은 이와 같은 '성리학'에 대한
 주자(朱子)의 독자적 견해 내지 해석론에 불과한 것입니다. 다만 성리학에 대한 주자
 의 해석론이 차츰 통설로 인정받게 됨에 따라, 조선 중기 이후, '성리학'은 사실상 '주
 자학'을 의미하는 것으로 굳어지게 되었던 것입니다. 따라서 이하에서는 특별한 사정
 이 없는 한 '성리학'과 '주자학'을 동일한 의미로 사용하도록 하겠습니다.

는 데에 평생을 바쳤다는 점에서는 차이가 없습니다. 승리하여 조선을 건국한 역성혁명파는 곧바로 유교국가를 선포하고, 불교를 금지하였습니다. 20세기 대한민국에서 서울대학교에 가려면 「성문종합영어」와 「수학의 정석」을 공부하는 것은 필수였듯, 15세기 조선에서는 과거에 급제하기 위해 논어(論語), 맹자(孟子), 대학(大學), 중용(中庸)을 달달 암기해야 하는 상황이 된 것이죠.

그런데 '성리학'이라는 사상적 뿌리를 공유하는 역성혁명파와 반(反)역성혁명파는 이후 완전히 다른 길을 걷게 됩니다. 앞서 언급한 바와 같이, 역성혁명파는 기꺼이 혼탁한 현실정치의 세계로 들어갔습니다. 그러나 막상 현실정치에서 성리학을 구현해 내는 것은 녹록치 않았습니다. 역성혁명파의 상징적 존재인 정도전이 조선 건국 불과 6년만인 1398년 이방원에 의해 살해당함에 따라, 현실정치를 지배하는 것은 오로지 힘과 (이를 뒷받침하는 그럴싸한) 명분이라는 사실이 다시 한번 확인되었습니다. 현실정치는 고려와 마찬가지로, 여전히 치열한 권력투쟁의 장(場) 그 이상도 이하도 아니었던 것입니다. 정도전을 '역적'으로 몰아 제거하고 권력의 중심부로 진입한 이들은 이후 아들, 손자로 이어가며 더더욱 권력을 키워갔고, 세조(재위 1455~1468) 대에 이르러서는 '훈구파'(勳舊派)라는 다소 불명예스런 이름으로 불리게 되었습니다. 주로 세조의 집권을 도운 한명회, 신숙주, 권람, 정인지, 홍윤성 등을 가리키죠.

물론 세조 재위 당시에는 그들이 '훈구파'라고 불리지는 않았을 것입니다. 그들에게 '훈구파'라는 이름을 붙여 준 것은 후대 역사학자이겠지요. 여기서 중요한 것은, '훈구파'라는 명칭이 암시하듯, "이들이 누군가에 의해 대체되었다"는 것입니다. 이들을 대체한 자들은 바로 '사림(士林)'입니다. 바로 역성혁명파에게 패해 죽임을 당하거나 낙향한

정몽주, 길재, 이색, 이숭인 등이 길러낸 제자의 제자의 제자 … 들이
지요.

자신이 철저한 유학자로서 도학정치를 지향했던 성종(成宗, 재위
1469~1494)은 사림(士林)을 본격적으로 중앙정치에 기용하기 시작합
니다. 이 시기 사림(士林)의 상징과도 같은 인물이 바로 조의제문(弔義
帝文)을 지어 세조의 왕위찬탈을 비판한 것으로 유명한 김종직입니다.
곧은 절개와 성리학에 대한 깊은 이해로 무장한 사림(士林)의 등장은,
조선 땅에 유교적 이상국가가 실현될 날이 멀지 않았음을 의미하는
것으로 받아들여졌습니다. 도학군주 성종은 자신이 꿈꾸는 유교적 이
상국가를 함께 만들어 갈 파트너로 김종직으로 대표되는 사림(士林)을
선택하였고, 사림이 새 시대를 만들어 갈 적임자라는 것을 아무도 의
심하지 않았습니다.

그런데 앞서 언급한 바와 같이, '훈구파' 역시 사실 고려 말 역성혁
명파에서 기원하는 것으로, 그 뿌리는 사림(士林)과 다르지 않습니다.
즉 본래 똑같이 성리학으로 무장한 신진사대부였다는 것이죠. 단지 조
선의 건국을 둘러싼 권력투쟁의 승자(훈구파)와 패자(사림)라는 차이가
있을 뿐, 사상적·학문적인 면에서 이들에게서는 어떠한 본질적 차이
도 발견할 수 없습니다. 그렇다면, 사림(士林)을 향한 위와 같은 기대
는 과연 품어 볼 만한 것이었을까요. 오히려 조선 건국 이후 100년
가까이 철저히 권력에서 배제되어 온, 너무나 긴 시간 권력에 굶주려
온 그들이었기에, 갑작스런 그들의 집권을 우려스럽게 바라보는 시각
이 어쩌면 자연스러운 것이 아니었을까요.

주자학, 즉 성리학이 신유학으로서 입지를 완전히 굳힘에 따라, 유
학의 경전은 사서오경(四書五經, 또는 사서삼경(四書三經)) 체계로 정
리되었습니다. 오경(五經)은 원시 유교의 기초경전으로서, 시경(詩經),

서경(書經), 역경(易經), 예기(禮記), 춘추(春秋)를 일컬으며, 사서(四書)는 위 기초경전 가운데 중요한 것을 뽑아 편집하거나 후대의 학자들이 주해를 달아 놓은 것으로서, 논어(論語), 맹자(孟子), 대학(大學), 중용(中庸)을 가리킵니다. 이 사서(四書)에 대해 후대의 학자들 가운데 송(宋)나라 주희(朱熹, 즉 朱子)가 달아 놓은 주석(논어집주, 맹자집주, 대학장구, 중용장구)이 정론으로 자리를 굳혔고, 이것이 바로 주자학(朱子學)이 된 것입니다.

2. 집권하면 분열한다 - 1 (인조반정 이전의 붕당의 모습)

15세기 중반, 그러니까 명종 재위기(1545~1567)까지 권력을 독점한 훈구파와 척신5)세력(윤원형 형제 등)들은 명종의 죽음과 함께 함께 준엄한 역사의 단죄를 받게 되었습니다. 대부분의 역사가들은 명종 사후 선조 재위기(1567~1608)에 때마침 사림(士林)이 중앙정계에 등장한 것은 역사적 필연이며 거스를 수 없는 역사의 흐름이라 했습니다. 정몽주, 길재로부터 시작하여 김종직, 김굉필, 정여창, 조광조, 이언적, 이황, 이이로 이어지는 화려한 라인업. 그리고 오로지 지조와 절개로 이들을 따르는 수백만의 선비들. 도대체 이 멤버로 정치가 제대로 안될 수가 있을까요.

그런데 뜻밖의 사태가 전개됩니다. 김종직이 중앙정계에 발을 들여놓은 지 불과 50여 년밖에 안되는 기간 동안 끔찍한 4대 사화를 겪고도 꿋꿋이 살아남아 "역시 사림(士林)만이 희망이다!"라는 메시지를 전해주었던 바로 그 사림(士林)!!이 어처구니없게도 권력을 잡자 마자 스스로 분열합니다.

1575년 김효원과 심의겸의 "사사로운", 그리고 지극히 "사소한" 대

---

5) 척신(戚臣)이란 인척관계에 있는 신하를 의미합니다. 주로 임금이나 세자의 외가를 일컫는 경우가 많습니다. 역사상 척신세력에 의해 국정이 농단된 경우가 많기 때문에, 신진 사림(士林)세력은 외척의 정계등용을 막는 것이 중요한 문제라고 보았습니다.

립을 계기로 사림(士林)은 동인(東人)과 서인(西人)으로 분열되었습니다. 그 대립이란 것은, "김효원"이란 자가 "이조정랑(吏曹正郎)"[6]이라는 벼슬에 임명되는 것이 옳은지에 대한 논쟁[7]입니다. 동·서분당이 없었다면 결코 역사에 이름 석자를 남길 수 없었을 평범한 벼슬아치였던 "김효원". 그리고 마찬가지로 동·서분당이 없었다면 결코 역사가들의 글 속에서 회자될 리 없었을(실제로 그 이전이나 이후의 역사에서 거의 등장하지 않는), 그다지 중요하지도, 높지도 않은 정5품 "이조정랑"이라는 관직. 그 유명한 "4대 사화(士禍)"에도 기어이 "살아남았다는" 사림(士林)을 분열시킨 것은, 이와 같이 돌이켜보면 놀랄만큼 사소한, 한 줌 논란거리도 되지 못할 하나의 해프닝 같은 사건이었습니다.

초기에는 동인이 절대적으로 우세하였습니다. 퇴계 이황 계열의 유성룡·김성일, 화담 서경덕 계열의 허엽·이산해, 남명 조식 계열의 정인홍 등 명망있는 문신들이 대거 동인에 가담한 반면, 초기 서인으로 분류되는 인물은 정철, 윤근수, 박순 등 손에 꼽을 정도입니다. 기축옥사(1589)[8]와 같이 일시적으로나마 서인이 동인에게 타격을 준 사

---

6) 이조(吏曹)는 행정을 총괄하고 관리의 선발 및 인사 등을 담당하던 곳으로서, 그 중요도나 무게감에 있어 조정의 실무를 맡아 보던 6조(이조·호조·예조·병조·형조·공조) 중 첫머리에 오는 부서입니다.

7) 김효원이 이조정랑직의 물망에 오르자 심의겸은 김효원이 명종대의 척신(戚臣)으로 악명높은 윤원형의 집에 드나들었던 점을 들어 반대하였고, 이후 심의겸의 동생인 심충겸이 이조정랑에 천거되자 이번엔 김효원이 심의겸 형제가 외척인 점(심의겸의 누이가 명종비 인순왕후 심씨임)을 들어 반대하였습니다. 조정은 김효원을 지지하는 자와 심의겸을 지지하는 자로 나뉘었는데, 김효원의 집이 동쪽에 있어 김효원을 지지하는 자들을 동인(東人)이라고 부르게 되었고, 반대로 심의겸의 집이 서쪽에 있었으므로 심의겸을 지지하는 자들을 서인(西人)이라고 부르게 되었습니다.

8) 정여립의 모반사건입니다. 다만 정여립은 본래 율곡 이이의 제자였는데, 율곡의 사후 율곡을 비난하고 동인과 가까이 하자, 이를 비루하게 여긴 서인 정철 등이 모함하여 역모혐의를 씌웠다고 해석하는 견해가 있습니다. 원인이 어찌되었든, 기축옥사로 인해 정여립을 비롯, 최영경, 이발, 정개청 등이 처형됨으로써 동인은 큰 타격을 입었습니다. 정여립은 "천하공물론" 등을 주장하였고, 사병조직인 대동계를 조직하여 전라

건이 없지 않았으나, 선조(1567~1608)조 후반 이래 동인의 우세가 두 드러졌음은 부인할 수 없습니다.

그런데 위와 같이 서인에 대한 동인의 우세가 굳어진 선조 말엽, 동인은 이미 남인(南人)과 북인(北人)이라는 이질적인 그룹으로 나뉘어 져 있었습니다. 동인이 남인과 북인으로 분열된 것은, 기축옥사로 자 신들(동인)에게 타격을 가했던 서인들에 대한 입장차이였습니다. 기축 옥사로 실권했다가 곧바로 다시 집권하게 된 동인 인사 중, 서인들에 대한 강경한 정치보복을 주장했던 자들은 "북인"이, 상대적으로 서인 들에 대해 온건한 입장을 취했던 자들은 "남인"이 되었던 것입니다. 그 이외에 "북인"과 "남인"을 구별지을 만한 뚜렷한 차이점은 아무것 도 발견되지 않습니다. 동인이 북인과 남인으로 분열되었어야 할 필연 적인 이유도 찾아낼 수 없습니다.

이에 대해, 북인이 주로 화담 서경덕 계열 및 남명 조식 계열인 반 면, 남인에 퇴계 이황 계열의 인물이 다수 포진되었다는 점을 양자의 구별표지로서 거론하는 학자들이 많습니다. 그러나 이는 북인과 남인 이 분열된 "이후", 이런 저런 기준으로 그들의 출신성향을 분석해 본 자료에 불과합니다. 즉 화담 서경덕 계열이라든가, 퇴계 이황 계열이 라든가 하는 것이 "원인"이 되어 분열한 것이 아니라, "분열된 후 출 신성분을 분석해 보니 이러이러하더라"라는 결과론 이상의 의미를 갖 지 못하는 것입니다.

위에서 언급한 두 가지 케이스, 즉 사림이 동인과 서인으로 분열한

도 지역에 침입한 왜구를 격퇴하기도 하였으나, 그만큼 조정에서는 정여립을 위험한 인물로 보았습니다. 이러한 선조의 심리를 파고들어 서인이 정여립 일파를 역모로 몰 아 몰살시켰다고 보는 것이 일반적입니다. 다만 일설에 의하면 이 때 동인의 피해자 가 1,000여 명을 넘었다고 하는데, 이는 아무런 근거가 없으며, 실록에 의할 경우 처 벌된 조정신료(臣僚)는 10여 명 안팎인 것으로 보입니다.

사례와, 동인이 북인과 남인으로 분열한 사례를 관통하는 하나의 명제가 있습니다. 바로 "집권하면 분열한다"는 것입니다. 불행한 것은, 이러한 패턴이 조선반도에서 "붕당"이라는 것이 존재한 18세기 말까지 200년 이상 계속하여 반복되었다는 것입니다.

"집권하면 분열한다"는 붕당의 법칙의 정수(精髓)를 보여준 시기가, 선조(1567~1608)조 후기부터 광해군 재위기(1608~1623)에 이르는 북인(北人) 집권기입니다. 선조 말엽 집권한 북인은 곧바로 소북(小北)9) 과 대북(大北)10)으로 분열됩니다. 소북이 집권하자, 이번에는 소북은 영창대군을 지지하는 유영경당(소위 "유당(柳黨)" 또는 "탁소북(濁小北)") 과 이에 가담하지 않은 청소북(淸小北)으로 나뉘어집니다. 마치 세포 분열하듯, 단 한 차례의 예외도 없이 정교하게.

이후 짧은 대북(大北)의 독주시기를 거쳐, 1623년 인조반정으로 인해 드디어 서인(西人)이 역사의 전면에 나서게 된 것입니다.

3. 사기죄에 있어서의 "재산상 손해"란

본건의 경우, 사기죄의 성립 여부와 관련하여 앞서 논의한 바와 같이 처분행위의 직접성, 손해 또는 이익의 구체성 등 다양한 쟁점이 제기되고 있고, 또한 앞서 별도로 언급하지는 않았으나, "혼인" 그 자체를 처분행위로 볼 수 있는지의 문제 등 많은 쟁점이 논의될 수 있습니다. 그러나 본건에 있어 표면적으로 드러나지는 않았으나 위와 같은 다양한 쟁점을 관통하는 하나의 중요한 쟁점을 끄집어 낼 수 있습니다. 바로 처분행위의 대가로 상당한 대가물이 지급된 경우, 과연 손해

---

9) 유영경, 유희분, 박승종 등 세자시절의 광해군을 지지하지 않거나 또는 영창대군을 지지한 세력이 소북으로 분류되었습니다.
10) 이산해, 정인홍, 이이첨, 기자헌, 허균 등 세자시절의 광해군을 지지하던 자들이 대북으로 분류되었습니다.

액을 얼마로 보아야 하는 것인지의 문제입니다. 만일 피해자에게 처분
행위의 목적물 이상의 가치를 갖는 재물 또는 재산적 이익이 대가물
로서 교부된 경우, 이는 단순한 손해액의 산정을 넘어서 범죄의 성립
그 자체를 결정짓는 문제가 되는바, 사기죄에 관한 해석론에 있어 가
장 뜨거운 쟁점이라 하지 않을 수 없습니다.

이에 관한 대법원의 확고한 입장은, "기망행위로 인한 재물 교부가
있으면 그 자체로서 피해자의 재산을 침해한 것이 되어 사기죄가 성
립하는 것이며, 상당한 대가가 지급되었거나 피해자의 전체 재산상 손
해가 없다고 하더라도 사기죄의 성립에는 영향이 없다"는 것입니다.
그리고 이에 따라, 대법원은 대가가 일부 지급된 경우라도 편취액은
피해자로부터 교부된 재물의 가치로부터 그 대가를 공제한 차액이 아
닌, 교부받은 재물 전부라는 점을 명확히 하고 있습니다(대법원 2000.
7. 7. 선고 2000도1899 판결). 위 대법원 판결은 이후 수 많은 유사 사
건에서 이에 대한 진지한 논의 없이 전가의 보도(傳家의 寶刀)처럼 인
용되어 왔습니다. 본건 공소사실 역시, 혼인으로 인하여 피해자로부터
피고인에게 일정한 재산상 이익이 제공된 것이 명백한 이상, 피고인
역시 피해자로부터 혼인과 관련하여 어떠한 이익을 제공받았다고 하
더라도 사기죄의 성립에는 영향이 없다는 사고에 바탕하고 있습니다.

위와 같은 대법원 판례이론은, "기망행위가 없었다면 피해자로서는
당해 거래 자체를 하지 않았을 것이므로, 설령 피해자에게 대가물이
교부되었다고 하더라도 당해 대가물은 피해자에게 '제로(0)'의 경제적
가치를 갖는다"는 발상으로부터 비롯된 것입니다. 실제로, 위와 같은
판례이론이 적용된 구체적 사안들을 들여다보면, 거의 예외없이, 편취
물(피해자가 피고인에게 교부한 재물)은 "금전"이었으며, 대가물(피고인
이 피해자에게 교부한 재물)은 "금전 이외의 재물"이었다는 점을 확인

할 수 있습니다.

경제학상 재물의 경제적 가치는 사용가치(Use Value)와 교환가치
(Exchange Value)의 두 가지 측면을 갖습니다. 우선 재물을 용익하여
이로부터 효용을 얻고 있는 경우, 재물의 가치는 "사용가치"로 파악되
며 이러한 사용가치는 당해 재물을 사용하는 사람에 따라 다를 수밖
에 없습니다. 위 대법원 판례이론은 바로 이러한 "사용가치"의 개념을
염두에 둔 것입니다. 그러나 재물이 다른 재물과 교환되는 시점에 이
르러서는, "교환가치"의 측면이 전면에 나타나게 되며, 이 때 다른 재
물과의 교환비율로 측정되어 숫자로 표시되는 "교환가치"는 거래에
참여한 모든 당사자에게 동일한 의미를 갖습니다. 화폐경제는 이러한
전제하에 세워진 것입니다. 따라서 "교환가치"가 전면에 등장하는 경
우에는, 위 대법원 판례이론의 전제가 된 기본명제가 허물어지게 되는
것입니다.

위와 같이 재물이 가지는 "교환가치"의 측면이 가장 극단적으로 표
현된 것이 바로 "금전"의 경우입니다. 즉 금전은 교환가치만을 갖고,
또 오로지 교환가치만을 상징하기 위해 고안된 것이므로, 금전에 표시
된 숫자가 상징하는 교환가치는 모든 시장참여자에게 동일한 의미를
갖게 되며, 이는 화폐경제의 제1명제가 됩니다. 그렇다면, 편취한 재물
과 대가로 교부된 재물이 모두 금전인 경우에는, 사기죄의 성립 여부
및 편취액의 산정에 관하여, 위 대법원 판례이론이 그대로 적용될 수
는 없으며, 근본적인 재검토를 요한다고 하지 않을 수 없습니다. 만일
편취물과 대가물이 모두 금전인 경우에도 위 대법원 판례이론을 그대
로 적용하게 된다면, 예컨대 버스요금을 낼 목적으로 오락실 내에 설
치된 동전교환기에서 동전을 교환한 경우에도 사기죄가 성립한다는
결론에 이르게 되나, 이는 법리를 따지기에 앞서 명백히 상식에 반한

다고 하지 않을 수 없습니다.

그렇다면, 본건의 경우 역시 처분행위의 대가물로서 "금전"이 교부된 것이었다면, 당해 금액은 손해액에서 공제하여야 하며, 만일 대가물이 편취물보다 고액인 경우에는 사기죄의 성립 자체가 부정된다고보아야 합니다. 나아가, 대가물과 편취물이 설령 금전이 아니라고 하더라도 동종의 종류물일 경우, 금전과 달리 보아야 할 이유가 없는바, 혼인으로 인해 양 당사자가 누리는 이익은 (정도의 차이는 있을지언정) 동일한 내용의 개념으로 파악할 수밖에 없을 것이므로, 결국 본건의경우 사기죄가 성립할 가능성은 매우 낮아진다고 생각됩니다.

4. 단군 이래 최대의 사기꾼?

2006년, 당시 정상명 검찰총장이 TV에 나와 단군 이래 최대의 사기꾼으로 지목한 사람이 있습니다. 한국 토종 다단계회사로서는 처음으로 2005년 글로벌 업체인 암웨이를 제치고 업계 선두에 나선 JU그룹의 주수도 회장이었습니다. 검찰총수에 의해 체포 전 이미 단군 이래 최대의 사기꾼으로 되어 버린 주수도에 대한 수사는 검찰총장, 나아가 권력 핵심부의 확실한 눈도장을 받을 수 있는 너무나 좋은 찬스였고, 대어임을 직감한 검사는 거침없이 본능적으로 반응했습니다.

사실 주수도 재판의 핵심은, 회사에 납입한 물품대금보다 더 많은 판매수당(후원수당)을 받아 간 판매원들을 과연 법률상 "피해자"라고볼 수 있는가 하는 문제였습니다. 이는 예컨대, 부도 위기에 몰린 회사가 이러한 사실을 정확히 고지하지 아니하고 거래처와 물품공급계약을 체결한 후, 결국 부도로 인해 물품공급계약을 제대로 이행하지못한 경우 이를 사기죄로 처벌할 수 있는지의 문제와도 연결됩니다.

그런데 대법원은 종래부터 앞서 언급한 바와 같이, 다단계판매의 경우 지급된 물품 및 수당액에 관계없이 판매원들이 회사에 납입한 금액, 즉 매출액 전부를 피해액으로 보아, 설사 어떤 판매원이 회사에 납입한 금액보다 더 많은 금원을 수당으로 받아간 경우라도 그 전부를 편취액으로 간주하여 피해액에 산입하는 태도로 일관하여 왔으며, 이는 위 JU사건에서도 그대로 유지되었습니다. 다단계판매의 경우, 판매원들이 회사로부터 구매해 간 물품의 품질이 가격에 비하여 많이 떨어져 시장에서 상품으로서의 가치를 갖지 못하는 경우가 실제로 적지 않으며, 따라서 설령 판매원들이 물품을 지급받아 갔다고 하더라도 당해 물품가액을 편취액에서 공제해서는 안된다는 논리는 일응 타당할 수 있습니다. 그러나 판매원들이 회사로부터 수령한 것이 물품이 아니라 "금전"일 경우에는 이와 같은 논리는 그대로 적용될 수 없습니다. 앞서 논한 바와 같이, 금전은 누구에게나 공평한 가치를 갖는 무색투명한 것이므로, 대가물이 금전 그 자체라면 이는 마땅히 편취액에서 공제되어야 하기 때문입니다.

다단계업체 JU네트워크의 경우, 당초 일반에 공개된 마케팅플랜에 따라, 판매원들이 납입한 금원에 대한 물품(상품)이 모두 공급되었고, 판매금액에 따른 수당 역시 빠짐없이 지급되어, 거래내용과 관련하여 어떠한 기망적 요소도 존재하지 않습니다. 다만 JU네트워크 사건의 경우, 회사가 유동성위기에 처해 물품 또는 수당을 제대로 지급하지 못할 가능성이 있었음에도 이를 판매원들에게 모두 알리지 아니하고 물품판매계약을 체결하였다는 것이 사실상 판례가 설시한 유일한 기망행위인 것입니다. 그러나 그와 같이 "거래계약을 이행할 재정적 능력의 부족"이 기망행위의 주 내용이라면, 적어도 거래계약의 내용에 따라 판매원들에게 지급된 물품 및 수당은 편취액에서 공제하는 것이 논리적입니다. JU네트워크 사건 판결은 사회과학에 대한 이해의 빈곤

에서 비롯된 부끄러운 판결이라 하지 않을 수 없습니다.[11]

5. 재산범죄 피해액에 따른 가중처벌

앞서 언급한 바와 같이, 특경법 제3조는 사기, 횡령, 배임 등 재산범죄에 관하여, 이득액(피해액)에 따른 가중처벌을 규정하고 있습니다. 이에 의하면, 피해액이 50억원 이상인 경우 무기 또는 5년 이상의 징역에, 그리고 피해액이 5억원 이상 50억원 미만인 경우 3년 이상의 징역에 처해지게 됩니다.

어떠한 범죄행위를 구성하는 수많은 인자(因子)들 가운데 오로지 "피해액"만을 기준으로 삼아 법정형을 정해 놓는 것이 타당한지 여부는, 형법 학자라면 누구나 한마디씩 하고 지나가는 익숙한 주제이며, 동시에 입법론상 많은 비판을 받고 있는 부분이기도 합니다. 그런데 이를 따지기에 앞서, 위 법률규정의 경우 판례와의 사이에서 해석상의 뒤틀림 현상을 지적하지 않을 수 없습니다.

우선 대법원은 오래전부터 일관하여, 사기죄의 경우 수인의 피해자에 대해 각 피해자별로 기망행위를 하여 재물을 편취한 경우, 비록 범의가 단일하고 범행방법이 동일하다고 하더라도 포괄일죄가 성립하는 것은 아니며 피해자별로 1개씩 죄가 성립한다고 판시하여 오고 있습니다(대법원 1997. 6. 27. 선고 97도508 판결 등). 즉 피해자들이 하나의 동업체를 구성하는 등, 피해자들의 피해법익이 동일하다고 볼 특별한 사정이 없는 한, 피해자별로 수개의 죄가 성립하는 것이며, 피해자를 포괄하여 일죄(포괄일죄)가 성립되는 것으로 볼 수는 없다는 것입니다(대법원 2011. 4. 14. 선고 2011도769 판결 등).

---

11) JU네트워크 재심사건(서울동부지방법원 2014. 1. 27. 선고 2012재고합2 판결)의 판결문 전문은 본 책 말미에 첨부하였습니다.

한편 대법원은, 특경법 제3조 제1항에서 말하는 이득액이란 단순일죄의 이득액이나 포괄일죄의 이득액을 의미하는 것이며, 경합범으로 처벌될 수죄의 이득액을 합한 금액을 의미하는 것은 아니라는 점 또한 거듭 명확히 판시하여 오고 있습니다(대법원 1989. 6. 13. 선고 89도582 판결 등).

여기서, 일죄(一罪)와 수죄(數罪)의 개념을 짚고 넘어갈 필요가 있습니다.

"일죄(一罪)"란 본래 소송법상의 개념으로서, 일죄에는 단순일죄, 포괄일죄 및 상상적 경합이 포함됩니다. 일죄의 일부에 대한 공소제기의 효력은 그 전부에 미치므로(형사소송법 제248조 제2항), 공소제기에 의해 당해 일죄 전부가 잠재적인 심판의 대상이 되며, 공소장변경에 의해 당해 일죄 전부는 현실적인 심판의 대상이 될 수 있습니다. 즉 "일죄(一罪)"는 공소제기의 효력범위이자 기판력의 범위가 되는 것으로서, 일죄의 범위를 벗어나는 경우, 즉 수죄(數罪)에 해당하는 경우, 이는 이른바 실체적 경합범(형법 제37조)으로서, 경합범 중 일부에 대한 공소제기의 효력은 경합범의 다른 부분에 미치지 아니하고, 따라서 기판력의 범위 역시 거기에 미치지 못합니다. 이와 같이 "일죄(一罪)"의 범위를 판단하는 것은 소송법상 근본적으로 중요한 의미를 갖는 것입니다.

위와 같은 형법 일반론과 대법원 판례에 의할 경우, 사기죄에 있어 피해자가 수인일 경우에는 피해자별로 일죄가 성립되므로 피해자 수만큼 수죄의 경합범이 되고, 따라서 피해자가 하나의 동업체를 이루었다는 등의 예외적이고 특별한 사유가 없는 한, 특경법 제3조 해당 여부의 판단에 있어 피해자들의 피해금액을 합산하여서는 안된다는, 자연스러운 결론에 이르게 됩니다.

그러나 그리해서는 특경법 제3조를 굳이 만든 이유가 없어진다는,

지극히 현실적인 고민에 빠지지 않을 수 없습니다. 한 명을 상대로 50억원(또는 5억원) 이상을 등쳐 먹지 않는 이상, 특경법 제3조가 적용될 여지가 없게 된 것입니다. 특히 횡령이나 배임의 경우 일반적으로 피고인이 재벌총수, 피해자는 대기업계열사인 경우가 많으므로, 피해자별로 일죄가 성립한다고 하여도 특경법 제3조를 적용하는 데 별 무리가 없습니다. 그러나 사기죄의 경우 피해금액이 큰 케이스는 대부분 다수의 피해자가 발생된 경우이고, 이 경우 피해자별로 각 별죄가 성립한다는 논리를 일관할 경우 사실상 특경법 제3조 적용이 불가능해집니다.

결국 이와 같은 상황에서, 대법원은 포괄일죄 중 오직 상습사기의 경우에만 예외를 인정하는, 너무도 현실적인, 그러나 너무도 비논리적인 절충안을 내어 놓고 말았습니다. 해당 판결부분은 아래와 같습니다.

【대법원 2000. 7. 7. 선고 2000도1899 판결】
법리오해의 주장에 관하여 특정경제범죄가중처벌등에관한법률 제3조에서 말하는 이득액은 단순일죄의 이득액이나 혹은 포괄일죄가 성립하는 경우의 이득액의 합산액을 의미하는 것이고, 경합범으로 처벌될 수죄의 각 이득액을 합한 금액을 의미하는 것은 아니며, 수인의 피해자에 대하여 각별로 기망행위를 하여 각각 재물을 편취한 경우에는 범의가 단일하고 범행방법이 동일하더라도 각 피해자의 피해법익은 독립한 것이므로 이를 포괄일죄로 파악할 수 없고 피해자별로 독립한 사기죄가 성립되는 점은 상고이유의 주장과 같다.
그러나 이 사건 피고인들에 대한 특정경제범죄가중처벌등에관한법률위반(상습사기)죄는 상습범으로써 포괄일죄에 해당하므로 피해자별 이득액의 합산액을 기준으로 하여 특정경제범죄가중처벌등에관한법률위반죄를 적용한 원심의 조치는 옳고, 거기에 특정경제범죄가중처벌등에관한법률위반죄에 정한 이득액의 해석에 관한 법리오해의 위법이 없다.

　피해자의 법익은 각 독립된 것이므로 피해자별로 일죄가 성립한다고 하면서도, 한편으로는 이 경우 "전체 피해자들에 대한 사기죄가 포괄하여 상습사기죄로서 일죄가 된다"는 취지의 위 대법원 판결은, 죄수론을 논하기 앞서 우선 기본적인 논리구조를 갖추지 못한 것으로 보여집니다. 사실 이에 대한 원죄는 위 대법원 89도582 판결에 있습니다. 즉 위 89도582 판결이, "특경법 제3조 제1항의 이득액은 일죄에서의 이득액을 의미한다"고 선언함에 따라, 어떻게든 피해자가 여러명인 사기죄를 일죄로 간주하지 않으면 안되었던 것입니다. 사실 특경법 제3조 제1항의 이득액을 굳이 "일죄 범위 내에서의 이득액"으로 한정해야 할 논리적 필연성 따위는 존재하지 않습니다. 즉 특경법 제3조 제1항의 이득액을, "경합범이 성립하는 경우의 모든 피해액의 합계액"이라고 해도 다른 판례이론이나 규정과 충돌되거나 모순되지 않습니다. 그런데 위 89도582 판결이 구태여 위와 같이 선언하고, 이후 판례들이 아무 비판적 검토 없이 위 89도582 판결을 답습함으로써 위와 같이 괴물 같은 판례가 탄생하게 된 것입니다.

　향후 위와 같은 판례들 간의 모순에 관하여 실무계와 학계에서 반드시 진지한 검토가 이루어져야만 할 것입니다.

제 4 장

서인의 대반격,
인조반정(仁祖反正)

— 성공한 쿠데타도 처벌되어야 하는가 —

공소장

피고인 관련사항

1. 피 고 인   김개시(金介屎, 나이불상)

                    직업: 궁중 나인

                    주거: 창덕궁

     죄   명   알선수뢰

     적용법조   형법 제132조

2. 피 고 인   김류(金瑬, 52세)

                    직업: 정치인

                    주거: 한양

     죄   명   내란, 내란목적살인, 뇌물공여

     적용법조   형법 제87조, 제88조, 제133조 제1항,

                    제37조, 제38조, 제40조

3. 피 고 인   이귀(李貴, 66세)

                    직업: 정치인

                    주거: 한양

     죄   명   내란, 내란목적살인

     적용법조   형법 제87조, 제88조, 제37조, 제38조, 제40조

형법 제132조(알선수뢰)

공무원이 그 지위를 이용하여 다른 공무원의 직무에 속한 사항의 알선에 관하여 뇌물을 수수, 요구 또는 약속한 때에는 3년 이하의 징역 또는 7년 이하의 자격정지에 처한다.

형법 제133조(뇌물공여 등)

① 제129조 내지 제132조에 기재한 뇌물을 약속, 공여 또는 공여의 의사

를 표시한 자는 5년 이하의 징역 또는 2천만원 이하의 벌금에 처한다.

형법 제87조(내란)
국토를 참절하거나 국헌을 문란할 목적으로 폭동한 자는 다음의 구별에
의하여 처단한다.
  1. 수괴는 사형, 무기징역 또는 무기금고에 처한다.
  2. 모의에 참여하거나 지휘하거나 기타 중요한 임무에 종사한 자는 사
     형, 무기 또는 5년 이하의 징역이나 금고에 처한다. 살상, 파괴 또는
     약탈의 행위를 실행한 자도 같다.
  3. 부화수행하거나 단순히 폭동에만 관여한 자는 5년 이하의 징역 또
     는 금고에 처한다.

형법 제88조(내란목적의 살인)
국토를 참절하거나 국헌을 문란할 목적으로 사람을 살해한 자는 사형, 무
기징역 또는 금고에 처한다.

공소사실

피고인 김개시는 광해군의 총애를 받고 있는 궁녀(궁중 나인)로서 광
해군의 정치적 의사결정에 실질적인 영향력을 미칠 수 있는 지위에 있
던 자이며, 피고인 김류와 피고인 이귀는 각 지방행정관의 직위에 있던
자이다.

피고인 김류와 피고인 이귀는 평소 광해군의 정사운영에 불만을 품어
오던 중, 마침 선조(宣祖)의 서손(庶孫)인 능양군이 자신의 친동생인 능창
군이 귀양 도중 목숨을 끊은 사건으로 인해 반역을 결심하게 되자, 1623
년 초경, 능양군, 공소외 이서, 공소외 신경진 등과 함께, 광해군을 폐위
시키고 능양군으로 하여금 보위에 오르게 할 것을 계획하였다.

1. 피고인 김개시의 알선수뢰 및 피고인 김류의 뇌물공여

피고인 김류는 위와 같이 자신이 내란을 꾀하고 있다는 소문이 퍼지
자, 광해군이 절대적으로 신임하는 피고인 김개시를 통해 위와 같은 풍문
을 무마할 것을 계획하게 되었다.

이에 피고인 김개시는 1623년 1월경, 광해군을 설득하여 광해군으로

하여금 김류 등의 내란죄에 관한 수사에 착수하지 않도록 하여 달라는 알선 명목으로 피고인 김류로부터 금전 불상액을 수수하였다.

위와 같이 피고인 김개시는 다른 공무원인 광해군의 직무에 속한 사항의 알선에 관하여 피고인 김류로부터 금전 불상액을 수수하고, 피고인 김류는 동액을 뇌물로 제공하였다.

2. 피고인 김류와 피고인 이귀의 내란 및 내란목적살인

피고인 김류와 피고인 이귀는 위와 같이 공소외 이서, 신경진 등과 함께 광해군의 폐위를 모의한 후, 1623년 3월 13일 새벽 3시경 군사 수백 명을 이끌고 창덕궁으로 진입하여 창덕궁을 호위하던 군사 수십여 명을 살해하고, 창덕군 보위책임자 이홍립의 항복을 받아 창덕궁을 점령하여, 곧바로 인목왕후로 하여금 광해군의 폐위를 명하는 교서를 반포하게 하고, 능양군으로 하여금 보위에 오르게 하였다.

위와 같이 피고인 김류와 피고인 이귀는 국토를 참절하거나 국헌을 문란할 목적으로 군사 수십여 명을 살해하고, 광해군을 강제폐위시키고 능양군으로 하여금 왕위에 오르게 함으로써 국토를 참절하고, 아울러 국헌을 문란하였다.

변호인의 변론요지서

1. 피고인 김개시에 관하여

형법상 알선수뢰죄는, "공무원이 그 지위를 이용하여 다른 공무원의 직무에 속한 사항의 알선에 관하여 뇌물을 수수한 경우"에 성립됩니다 (형법 제132조). 즉 알선수뢰죄가 성립하기 위하여는 (i) 알선의 대상이 다른 공무원의 직무범위에 속한다는 점, (ii) 다른 공무원의 사무처리에 법률적으로 또는 사실상 영향을 줄 수 있는 관계에 있다는 점이 모두 인정되어야 합니다.

그러나 피고인 김개시의 경우 다음과 같이 알선수뢰죄가 성립한다고 보기 어렵습니다.

공소사실에 의하면, 본건의 경우 "알선의 대상"은 "내란죄의 수사에 착수하지 않는 것"이라는 것입니다. 그러나 범죄혐의의 규명 등 수사진행에 관한 업무는 사헌부 및 의금부의 관할로서, 소문 또는 풍문 등 일응 범죄 혐의가 포착된 경우 수사에 착수할 것인지 역시 사헌부의 수장의 대사헌의 직분이라고 볼 수 있을 뿐, 국왕이 직무범위에 속하는 사항이라고 볼 수는 없습니다. 물론 국왕은 국정의 총괄책임자로서 입법·행정·사법에 있어 최종적이고 궁극적인 권한을 가짐은 물론이나, 형법규정은 엄격히 해석되어야 하므로 구체적 사건의 수사진행 여부까지 국왕의 직무범위에 속한다고 볼 수는 없는 것입니다. 대법원 역시, 「특정범죄 가중처벌 등에 관한 법률」(이하 '특가법')상 알선수재죄[1]에 관하여, "구체적인 행위가 공무원의 직무에 속하는지 여부는 그것이 공무의 일환으로 행하여졌는가 하는 형식적인 측면과 함께 그 공무원이 수행하여야 할 직무와의 관계에서 합리적으로 필요하다고 인정되는 것이라고 할 수 있는가 하는 실질적인 측면을 고려하여 결정하여야 한다"고 하여(대법원 2002. 6. 11. 선고 2000도5701 판결), 알선의 대상이 되는 "공무원의 직무범위"를 통상적인 수뢰죄의 경우보다 제한적으로 파악하고 있습니다.

사헌부(司憲府)는 직무감찰, 범죄수사를 담당하던 기관으로서, 오늘날의 검찰 내지 감사원과 유사한 기능을 담당하였으며, 한편 사간원(司諫院)과 함께 양사 또는 대간(臺諫)이라 불리며 언론기관으로서 중요한 역할을 수행하였습니다. 사헌부의 수장은 종2품 대사헌(大司憲)이었는데, 언로의 중요성을 강조하는 유교정치에 있어 대사헌이 가지는 직분의 의미는 단순한 품계를 뛰어넘는 것이었습니다.

또한 검찰은, 피고인 김개시의 경우 광해군의 총애를 받고 있었기 때문에 광해군의 의사결정에 사실상 영향을 미칠 수 있었다고 주장하나, 이는 구성요건의 무리한 확장해석으로서 허용될 수 없다고 할 것입니다. 즉 피고인 김개시는 후궁의 첩지조차 받지 못한 일개 궁중 나인에 불과

---

1) 특가법 제3조(알선수재)
   공무원의 직무에 속한 사항의 알선에 관하여 금품이나 이익을 수수·요구 또는 약속한 사람은 5년 이하의 징역 또는 1천만원 이하의 벌금에 처한다.

하므로, 설사 국왕의 총애를 받고 있었다고 하더라도 나아가 국왕의 국
정에 관한 의사결정에 어떠한 영향을 미칠 수 있었다고 보는 것은 상식
에 반한다고 하지 않을 수 없습니다. 더욱이 내란 사건에 대한 수사착수
는 국왕 단독으로 결정할 수 있는 사안이 아니며, 비변사의 논의 및 의
결을 거치는 것이 통례였으므로, 설령 피고인 김개시가 광해군과의 친분
관계를 이용하여 "어떤 식으로든" 광해군에게 당해 안건을 설명할 수 있
었다고 하더라도 이것만으로 법률이 금하는 "알선"의 단계에 이르렀다고
평가하기는 어렵습니다.

  참고로, 만에 하나 위 두 가지 점이 모두 인정된다고 하더라도, 판례
가 단순한 기계적·육체적 노무를 제공하는 공무원의 경우 뇌물죄의 주
체인 "공무원"에 해당되지 않는다고 일관되게 판시하고 있으므로(대법원
2002. 11. 22. 선고 2000도4593 판결 등),[2] 본건의 경우 특가법 제3조
위반 또는 변호사법위반죄[3]가 성립함은 별론으로 하고, 형법상 알선수뢰
죄가 성립할 여지는 없다고 해야 합니다. 위 판례는 형법 제129조에 관
한 판시이나, 형법 제132조의 주체인 "공무원"을 형법 제129조의 "공무
원"과 달리 볼 이유가 없기 때문입니다.[4]

---

[2] "형법 제129조에서의 공무원이라 함은 법령의 근거에 기하여 국가 또는 지방자치단체
  및 이에 준하는 공법인의 사무에 종사하는 자로서 그 노무의 내용이 단순한 기계적·
  육체적인 것에 한정되어 있지 않은 자를 말한다".
[3] 변호사법 제111조
  ① 공무원이 취급하는 사건 또는 사무에 관하여 청탁 또는 알선을 한다는 명목으로
  금품·향응, 그 밖의 이익을 받거나 받을 것을 약속한 자 또는 제3자에게 이를 공
  여하게 하거나 공여하게 할 것을 약속한 자는 5년 이하의 징역 또는 1천만원 이하
  의 벌금에 처한다.
[4] 특가법 제3조와 변호사법 제111조에 의한 형량의 상한선은 징역 5년으로서 형법 제
  132조(알선수뢰)보다 무거우나, 특가법 제3조 및 변호사법 제111조는 형법 제132조와
  달리 벌금형을 규정하고 있으므로, 위와 같은 주장은 일응 필요하다고 판단됩니다. 특
  히 특가법 제3조 및 변호사법 제111조가 형법상 알선수뢰죄보다 법정형이 높은 것은,
  금품수령자의 금품공여자에 대한 기망행위적 요소(사기죄적 성격)를 포함하고 있기
  때문이나, 본건의 경우 김개시(금품수령자)의 김류·이귀(금품공여자)에 대한 기망행
  위적 요소가 존재하지 않으므로, 실질적인 죄질의 측면에서 보더라도, 형법상 알선수
  뢰죄보다는 특가법상 알선수재 또는 변호사법위반죄로 의율하는 것이 피고인에게 보
  다 유리할 것입니다.

2. 피고인 김류 및 피고인 이귀에 관하여

형법상 내란죄와 내란목적 살인죄는 국토를 참절하거나 국헌을 문란할 목적으로 폭동한 경우에 성립하는데, 여기서 "국헌을 문란할 목적"이란, (i) 헌법 또는 법률이 정한 절차에 의하지 아니하고 헌법 또는 법률의 기능을 소멸시키는 것 또는 (ii) 헌법에 의하여 설치된 국가기관을 강압에 의하여 전복시키거나 그 권능행사를 불가능하게 하는 것을 의미합니다 (형법 제87조, 제88조, 제91조). 본건의 경우 피고인 김류와 피고인 이귀가 이서, 신경진 등과 공모하여 그 수하의 군대를 동원, 창덕궁으로 침입하여 국가기관인 국왕(광해군)을 폐위함으로써 그 권능행사를 불가능하게 하였으므로, 일응 내란죄 및 내란목적 살인죄에 해당하는 것으로 볼 여지가 있습니다. 특히 근래 대법원이 일관하여 "성공한 쿠데타라도 처벌되어야 한다"는 입장을 취하고 있는 점에서, 위와 같은 해석론은 설득력을 갖는 것처럼 보입니다.

그러나 위와 같이 "성공한 쿠데타라도 처벌되어야 한다"는 목소리는 주권이 국민에게 있음을 전제로 한 것이므로, 이것이 조선과 같이 주권이 온전히 국왕에게 귀속되는 절대왕정체제에 그대로 적용될 수 있는 논리인지 극히 의문입니다. 즉 공화정에서의 "국가기관"이란 주권자인 국민으로부터 권력을 위임받아 행사하는 기관에 불과하므로, 그러한 권력담당자의 폭력적 교체는 어떠한 경우라도 주권자인 전체 국민의 이익에 반한다고 하는 논리가 성립되는 것이나, 만일 주권 자체가 국왕 1인에게 귀속되어 있는 경우라면, "성공한 쿠데타"는 주권자의 변경에 해당하여 그 자체로 정당하며 형사처벌의 영역을 벗어난다고 하지 않을 수 없습니다. "광해군의 폐위 - 인조의 등극"이라는 사건은, 조선의 건국(1392) 또는 대한민국의 건국(1948)과 본질적으로 다르지 않은, 주권자의 혁명적 교체에 해당하기 때문입니다. 이와 같은 이유에서, 연산군을 폐위하고 중종을 보위에 올린 박원종, 성희안 등의 쿠데타(중종반정, 1506) 역시 사법적 심사의 대상이 될 수 없다고 할 것입니다.

그렇다면, 피고인 김류의 뇌물공여 역시 실질적으로는 인조반정을 위한 예비행위로서의 성격을 갖는바, 위와 같이 성공한 쿠데타를 처벌할 수 없다는 논리를 따르는 이상, 이 역시 형사처벌의 대상에서 벗어난다고 해야 합니다. 다만, 김류의 뇌물공여죄와 대향범의 관계에 있는 김개시의 알선수뢰죄 역시 위와 같은 논리에 따라 처벌되지 않는 것인지 문제되나, 김개시의 경우 쿠데타(인조반정)의 공모자가 아니라는 점에서 위와 같은 개념을 적용할 수는 없을 것입니다.

> 대향범(對向犯)이란 간통죄(형법 제241조), 배임수재·증재죄(형법 제357조), 수뢰죄(형법 제129조) 등과 같이, 방향을 마주보는 2인 이상의 협력에 의하여 성립하는 범죄를 의미합니다. 그러나 대향범은 개념상 상대방의 존재를 필요로 한다는 것일 뿐, 양 당사자의 행위의 형법적 의미나 각각에 대한 처벌이 반드시 같지는 아니하고, 또한 어느 한 당사자에게만 협력·가담한 경우에도 형법상의 공범규정이 적용되므로, 형법상 특별한 취급을 할 필요는 없다고 생각됩니다. 따라서 본건의 경우 역시, 비록 김류에 대해서는 "성공한 쿠데타는 처벌하지 않는다"는 논리에 따라 처벌할 수 없다고 하더라도, 이와 대향범의 관계에 있는 김개시를 처벌하는 데에는 어떠한 지장도 있을 수 없습니다.

1. 권력은 붓끝에서 나온다

종주국 중국이 역사의 고비마다 어김없이 수많은 환관이 그 오명을 남긴 데 반하여, 조선의 경우 500년 역사를 통틀어 그러한 사례를 찾기 힘들 정도로, 동시대 어느 국가보다 문명화되고 세련된 문치(文治)를 이룩하였습니다. 물론 문정왕후나 정순왕후와 같이 역사의 혹독한 평가를 받는 여성권력자가 없지 아니하였으나, 이는 어디까지나 조선이 허락한 수렴청정이라는 독특한 제도에 기인한 것이었습니다. 즉 조선의 권력은 아주 예외적인 상황을 제외하고는, 글을 읽고 문학과 철학을 논할 줄 아는 사대부에게만 허락된 것이었으며, 사대부라면 누구나 (물론 때로는 목숨을 걸어야 했지만) 붓으로 자기의 의견을 임금에게 전달할 수 있는 그런 시스템이었던 것입니다.

즉 조선은 붓을 잡을 수 없는, 즉 환관(내관)이나 여성들의 정치참여는 엄격하게 제한되어 있었습니다.

특히 조선 조정의 내관에 대한 단속은 완벽에 가까웠습니다. 조선사를 통틀어 조금이라도 권력을 휘두르거나 말썽을 일으킨 내관은 사실 전혀 없다고 보아도 무리가 아닙니다. 조선 조정이 내관에 대해 이토록 완벽한 통제를 가할 수 있었던 것은, 다름아닌 "거세(去勢)"에 그 비밀이 있습니다.

본래 내관은 임금에게 있어 가장 위험한 존재입니다. 신하들은 일을 마치고 퇴청하지만, 내관들을 가장 가까운 곳에서 임금의 먹는 것,

입는 것, 잠자리 등을 모두 관장합니다. 임금이 잘 때에도 내관은 임금의 침소 곁을 지켜야 합니다. 이는, 내관이 마음만 먹으면 언제든지 임금을 시해할 수 있는 상황에 있었다는 의미가 됩니다.

그러나 내관이 임금을 시해할 이유를 완전히 차단해버린다면 이야기는 달라집니다. 내관으로 하여금 물욕이 없는 상태에 이르도록 하는 것입니다. 이것을 위한 방법이 바로 "거세"입니다. 인간의 삶은 유한하지만, "나"의 존재는 내 자식을 통해서, 그리고 내 자식의 자식을 통해서 … 영원히 계속됩니다. 이것이 바로 인간의 모든 세속적 욕구의 근원입니다. 즉 어려서[5] 거세당하여 자손을 생산할 수 없는 내관은 권력, 재물, 여색 등 모든 세속적 욕구로부터 해방되는 것입니다.

내관을 거세했던 것은, "왕의 여자"인 궁녀와의 스캔들을 방지하기 위함이라고 설명하는 견해들이 있으나 이는 미디어가 흥미위주로 만들어낸 "가설"에 불과할 뿐, 전혀 타당하지 않습니다. 다시 확인하거니와, 세속적 권력에 대한 욕구를 원천적으로 차단함으로써 왕권에 대한 잠재적 위협요소를 제거하기 위하여, 나이 어린 내관 후보자들을 대상으로 거세가 이루어졌던 것입니다. 궁녀의 경우 비록 생물학적 거세가 이루어지지는 않았으나, 설령 출궁(出宮)하는 경우에도 평생 결혼이 금지되었던 점에서, 위와 같은 해석은 타당하다고 하지 않을 수 없습니다. 즉 조선의 설계자들은, "자손을 통하여 나의 존재는 영속된다"는 인간의 잠재의식이 모든 세속적 욕망의 출발점이라고 완벽하게 진단하였고, 이를 토대로 어린 내관을 거세함으로써 왕권에 대한 위협을 완벽하게 제거할 수 있었던 것입니다.

---

5) 조선은 6~8세 가량의 남자아이를 데려다가 거세한 후 내관으로 양성하였는데, 거세한 나이가 성적 정체성이 확립되기 이전인 6~8세 가량이라는 점 역시 중요한 포인트입니다. 즉 "물욕"의 출발은 "성욕"인데, "성욕"이 무엇인지 알기 전인 어린 나이에 거세함으로써 평생 "성욕"을 경험해 보지 못한 상태로 두는 것입니다.

어쨌든 설계자의 의도는 적중되었고, 조선 역사상 어떠한 내관도 권력에 접근하지 못했습니다. 다만 권력의 맛을 보았던 여인들은 더러 존재했는데, 그 중 첫번째 부류는 앞서 언급한 바와 같이 조선이 허용한 수렴청정 제도에 따라 "합법적으로" 권력을 손에 쥐게 된 케이스로서, 문정왕후(중종비), 정순왕후(영조비) 또는 명성황후(고종비)[6] 등이 그 예입니다. 그러나 일부 야사에서 전해지는 것과 달리 이들의 권력은 실제로 매우 제한적이었던 것으로 생각되며, "어전 회의에서 발을 치고 어린 임금 뒤에 앉아 임금을 대신하여 모든 것을 결정하는" 여제(女帝)의 모습은 사실상 영화에서나 존재하는 것입니다. 즉 이들은 정책결정에 있어 어떠한 실질적인 권한을 가지고 있었던 것은 아니며, 단순히 왕실의 상징적인 존재로서 역할을 했던 것으로 파악됩니다. 그럼에도 불구하고, 이들에 대한 역사의 평가는 대체로 매우 박(薄)하거나, 경우에 따라서는 모든 시대의 모순이 이들로부터 기인하는 것으로 서술될 정도로 부정적이기까지 합니다.

한편 권력을 잡았던 또 하나의 그룹은 임금의 총애를 받은 후궁 또는 궁녀들입니다. 그러나 문정왕후나 정순왕후 등과는 달리, 이들의 최후는 하나 같이 매우 비참했습니다. 붕당을 만들어 생사를 걸고 치열하게 권력을 다투었던 이들도, 위와 같은 후궁이나 궁녀를 처단하는 데 있어서는 예외없이 한 목소리를 냈습니다. 위와 같은 부류로 엮을 수 있는 여인들은 연산군(1494~1506) 시절의 장녹수나 전비, 인조(1623~1649) 때의 조소용, 그리고 광해군(1608~1623) 때의 김개시 등입니다. 실제로 본건의 피고인 김개시는 인조반정이 일어나자 반정세력에 의해 가장 먼저 처형된 인물로 기록되고 있습니다. 그녀가 광해군의 폭정에 얼마나 기여했는지는 명확히 알 수 없습니다. 다만 일개

6) 현종(재위 1659~1674)비 명성왕후와 구별하여, 이하 "명성황후"라 합니다.

궁녀인 그녀가 권력을 갖는다는 것은 정파를 떠나 전체 사대부들에게는 참을 수 없는 모욕으로 느껴졌으며, 이로 인해 그녀가 인조반정의 칼날을 가장 먼저 받게 되었을 것이라는 점은 능히 예상할 수 있습니다.

본건의 경우 김개시에 대하여 적용된 "알선수뢰죄"는 실제로 조선에서는 "분경(奔競)죄"라는 이름으로 불리었고, 경국대전에 명시되어 엄격하게 금지된 행위였습니다. "분경"이란 "이권 청탁을 위해 관리(官吏)의 집을 드나드는 것"을 의미하는바, 조선사회는 친인척 이외의 자가 관리의 집을 출입하는 것 자체를 금지함으로써, 공무집행의 공정성 확보를 위해 형법상 "뇌물죄"보다 훨씬 더 강력한 제도적 장치를 마련해 놓고 있었던 것입니다. 이와 같은 "분경"죄의 연혁과, 공무원의 직무집행의 공정성 확보라는 뇌물죄의 이념에 비추어 보면, 피고인 김개시가 단순 육체적·기능적 노무에 종사하는 자라고 하더라도 알선수뢰죄를 적용하는 것이 법률의 체계적 해석에 부합한다고 하지 않을 수 없습니다. 판례가 수뢰죄의 주체에서 육체적 노무에 종사하는 자를 제외하는 것은, 그러한 단순 육체적·기능적 노무의 경우 어떠한 의사결정과정 또는 판단과정이 개입되는 것이 아니므로 업무의 공정성이 문제될 여지가 적다는 고려에서 비롯되는 것으로서, "다른 공무원"의 직무에 속한 사항의 알선이 문제되는 경우, 응당 당해 "다른 공무원"의 직무내용을 기준으로 그 침해가능성을 판단하여야 하기 때문입니다.

2. 광해군에 대한 역사의 평가

어느 인물에 대한 평가는 평가 당시의 시대적 요구나 필요성에 의해 종종 뒤바뀌곤 합니다. 이러한 극적 반전은 당해 인물이 세상을 떠난 후 즉시 일어나기도 하지만, 때로는 수백 년의 텀(term)을 두고 아주 천천히 이루어지기도 합니다. 그 대표적인 예가 광해군입니다.

1623년의 인조반정은 조금 과장하여 "왕조의 교체"로 보아도 무리가 없을 만큼, 지배세력의 혁명적 변화를 가져왔습니다. 우선 왕실의 혈통이 크게 변동되었습니다. 사실상 선조(1567~1608)의 적장자나 다름없었던 광해군 대신에 왕위에 오른 자는 선조의 후궁 인빈 김씨의 3남인 정원군의 아들이었던 능양도정(후에 능양군으로 개칭됨) 이종(李倧)이었습니다. 결코 왕좌를 꿈조차 꾸어보지 못했을 곁가지였던 자가 나무의 줄기가 되고, 훗날 기어코 뿌리가 되었던 것입니다.

그런데 이보다 더 중요한 것은, 사대부 내에서의 권력변동이었습니다. 즉 선조 말기부터 광해군 때에 이르기까지 권력을 독점한 북인(범동인)이 완전히 몰락하고, 오랜 기간 소외되어 있던 서인(西人)이 권력의 중심에 등장하게 된 것입니다. 인조반정으로 권력을 잡은 서인은 조선이 멸망하는 시점까지 이를 빼앗기지 않았습니다. 장희빈을 등에 업은 남인이 변덕스런 숙종의 덕으로 잠시 집권한 것을 제외하면, 스스로 분열하면 했을지언정, 서인은 한번 잡은 권력을 끝내 내려놓지 않았습니다(이에 관해서는 후술하도록 하겠습니다).

따라서 조선이 멸망하는 그 순간까지, 광해군은 연산군과 다름없는 폭군으로 기록될 수밖에 없었습니다. 인조반정 이후의 사대부사회가 더욱 보수화되고, 서인 권력의 사상적 기반이 공고해지면 해질수록, 광해군에 대한 사관(史官)의 평가 역시 더욱 인색해질 수밖에 없었던 것입니다.

그런데 조선이 멸망하고, 일제 강점기를 거쳐 대한민국 정부가 수립되면서, 광해군에 대한 평가는 반전의 계기를 마련하게 됩니다. 바로 미국, 소련, 일본이라는 강대국의 틈바구니에서 힘겹게 독립을 쟁취하고 기어이 나라를 세운 대한민국의 모습이, 300여 년 전 명(明)과

후금 사이에서 끼어있던 조선의 모습과 너무도 흡사하다는 사실을 깨닫게 된 것입니다. 300여 년 전 한반도는 광해군의 빛나는 외교에 의해 그 독립이 유지되고 있었고, 신생 대한민국에 꼭 필요한 것은 바로 그러한 지혜였던 것입니다.

그러나 광해군에 대한 조선의 사관들의 일방적이고 혹독한 평가 역시 타당하지 않듯, 광해군에 대한 현대 역사가들의 찬사 역시 다소 과할 뿐 아니라 때로는 맹목적이라는 느낌을 지울 수 없습니다.

광해군에게서 "실리외교"라는 훈장을 떼고 나면, 사실 남는 것은 전형적인 폭군의 모습 그 자체입니다. 광해군 시절 옥사(獄事)로 처형되거나 고문당하여 죽은 사람의 수는 연산군 시절의 수를 능가하는 것으로 추산됩니다. 또한 유교를 국시로 하는 나라에서, 모후인 인목대비를 폐하여 서궁에 감금하고, 형제인 영창대군과 임해군을 살해하는 등 오늘날의 잣대로 보아도 패륜적인 행위를 서슴지 않았습니다(특히 허균을 시켜 인목대비를 살해하려는 시도도 한 적이 있지요). 국정운영 역시 기본적으로 백성을 긍휼히 여기는 자세와는 거리가 멀었습니다. 대동법 시행에도 일관되게 반대했고, 군역의 부담을 덜어주지도 못했습니다. 시대를 경영할 만한 특별한 비전도, 의지도 없었습니다. 오로지 백성의 고혈을 짜내어 왕실의 권위만을 세우려고 하는, 전형적인 암군(暗君)의 모습이었던 것입니다.

광해군의 외교정책은 뛰어난 것이었습니다. 이것을 부인할 수는 없습니다. 그러나 이것이 다른 모든 악행을 가려서도 안됩니다. 교과서에 공식처럼 나와 있는 "광해군 = 실리외교"식의 얄팍한 국사지식만으로는 우리가 역사를 공부하는 목적을 조금도 달성할 수 없습니다.

3. 뇌물죄에 관한 법리적 검토

앞서 언급한 바와 같이, 공무원의 직무수행의 공정성을 확보하기 위한 방안은 이미 수백 년 전 치열하게 고민되었던 것들로서, 이에 대해 조선이 내어 놓은 대책들은 오늘날의 것과 비교하여 전혀 가볍지 않은 것들이었습니다. 조선이 군주제 국가로서, 비록 주권은 국왕에게 있었다는 사실은 부인할 수 없으나, 그 공권력은 오로지 "백성을 위해서만" 행사되어야 한다는 왕도정치의 이념은 당시의 모든 공권력 담당자를 구속하는 절대적인 것이었습니다.

뇌물죄는 이와 동일한 관점에서 출발합니다. 즉 국민(백성)의 위임을 받아 공권력을 행사하는 공무원이 직무와 관련하여 금품을 수수하는 것은 그 자체로서 위임자의 이익을 침해한다는 발상입니다. 위임인에게 어떠한 현실적이거나 또는 실질적인 손해가 발생했는지 여부를 묻지 않습니다.

이는 다음의 두 가지 명제를 전제로 합니다.

첫째, 하나의 단일한 공동체가 상정됩니다. 그 단일한 전체공동체 외부의 다른 공동체 또는 제3자는 존재하지 않는 것으로 간주합니다.

둘째, 위와 같은 단일한 전체공동체가 위임한 공권력은 기본적으로 중재(仲裁)적 권력으로서의 성격을 갖습니다. 즉 공동체 내부의 이해관계를 조절하고, 구성원 상호 간의 분쟁을 해결하여 질서를 유지하는 것이 가장 주된 임무인 것입니다.

위와 같은 전제하에서, 공권력의 담당자가 금품을 수수하는 것은 당연히 전체공동체의 이익을 침해하는 것이 됩니다. 운동경기의 심판이 어느 한편으로부터 돈을 받았다는 것을 상대편 또는 관중이 알게 된다면, 운동경기가 성립할 수 없는 것과 같은 이치입니다.

그런데 위임인인 공동체 외부의 제3자가 존재하고, 수임인인 공권력 담당자가 당해 외부인으로부터 금품을 수수하였다고 하여도 같은 결론이 가능한 것일까요. 만일, 어느 가난한 나라의 대통령이 외교를 잘해서 미국 대통령으로부터 현금 10억 달러를 무상지원 받아, 이를 이용해 식량을 수입하여 전 국민에게 고르게 나누어 주고, 또 도로나 교량도 건설하였다고 가정해 봅니다. 현재의 대법원 판례논리에 의하면, 이 역시 뇌물관련 범죄의 구성요건에 해당한다고 볼 가능성이 큽니다. 판례에 의하면, 고위공무원일수록 "직무관련성"은 폭넓게 인정되며,[7] 더욱이 받은 뇌물을 어떻게 사용하였는지는 범죄성립 여부와는 무관하기 때문입니다.[8] 그러나 위와 같은 결론은, 언뜻 생각해도 상식에 반합니다.

여기서, 정체(政體)를 초월하여 존재해 온 이른바 뇌물죄의 본질을 다시 한번 검토할 필요가 있습니다. 즉 뇌물죄가 보호하고자 하는 "업무의 공정성"이란, 당해 공동체 구성원 간의 이익균형에 관련된 사항에 관하여 부당히 치우침이 없이 공평하여야 한다는 의미로서, 당해 공동체의 이익을 침해하는지 여부가 범죄성립의 판단기준이 된다고

---

7) 대법원은 "뇌물죄에 있어서 직무에는 공무원이 법령상 관장하는 직무 그 자체뿐만 아니라 그 직무와 밀접한 관계가 있는 행위 또는 관례상이나 사실상 소관하는 직무행위도 포함된다 할 것이므로, 국회의원이 그 직무권한의 행사로서의 의정활동과 전체적·포괄적으로 대가관계에 있는 금원을 교부받았다면 그 금원의 수수가 어느 직무행위와 대가관계에 있는 것인지 특정할 수 없다고 하더라도 이는 국회의원의 직무에 관련된 것으로 보아야" 한다고 하여(대법원 1997. 12. 26. 선고 97도2609 판결), 국회의원의 경우 "직무관련성"을 매우 폭넓게 인정하고 있습니다. 이와 같은 입장에 의하면, 국정의 총 책임자인 대통령의 경우 직무관련성의 인정범위가 보다 넓어질 것으로 보입니다.
8) 대법원은 "금품을 수수한 공무원이 이를 부하직원들을 위하여 소비하였을 뿐, 자신의 사리를 취한 바 없다 하더라도 뇌물성이 부인되지 않는다고 할 것인바 … 직무와 관련하여 받은 뇌물을 개인적인 용도가 아닌 회식비나 직원들의 휴가비로 소비하였다 하여 위법성이 없어지는 것은 아니다"고 하는 등(대법원 1996. 6. 14. 선고 96도865 판결 등), 이와 같은 취지로 일관하고 있습니다.

하지 않을 수 없는 것입니다. 그런데 위임인인 전체공동체 외부의 자로부터 금품을 수수하는 경우에는, 원칙적으로 "공동체 구성원 간 이해관계의 조절"이라는 문제와 무관합니다. 즉 공동체 외부의 자로부터 금품을 받는 경우, 이것이 공동체에 이익을 가져올 수는 있어도 그 자체만으로는 공동체의 이익을 침해하는 것으로 연결되는 않습니다.

이러한 문제는 예컨대 재개발조합의 조합장의 수뢰사건과 같이, 특별법에 의해 공무원의 범위가 확대된 사안에 있어 특히 문제됩니다.

예컨대, 도시 및 주거환경정비법(이하 '도시정비법') 제84조는 정비사업조합설립추진위원회 위원장을 형법상 뇌물죄 적용에 관하여 공무원으로 의제하고 있습니다. 이와 같이 도시정비법이 조합장 또는 추진위원회 간부를 공무원으로 의제하는 취지는, 재건축·재개발 정비사업이 당해 구역 내 주민들이나 토지소유자들의 재산권 행사에 중대한 영향을 미친다는 점에서, 정비사업을 진행하는 조합 및 추진위원회 임원의 직무수행을 확보하고, 이를 통해 궁극적으로 재건축·재개발 정비사업이 모든 조합 구성원의 이익을 위하여 공정하고 투명하게 진행되도록 함에 있습니다(대법원 2010. 5. 13. 선고 2008도5506 판결).

그런데 도시정비법이 위와 같이 재건축·재개발 조합의 임원 또는 추진위원회 위원장을 공무원으로 의제한 것은, 당해 임원의 업무에 "공공성"이 있다는 점에서 기인하는 것이나, 여기서 말하는 "공공성"은 일반 공무원이 가지는 "공공성"과는 전혀 다른 의미를 갖습니다. 즉 본래 의미에서의 공무원은 "국민 또는 주민 전체에 대한" 봉사자로서 공정하게 직무를 수행하여야 하는 것이나(국가공무원법 제59조, 지방공무원법 제51조), 재건축조합 임원 또는 추진위원회 위원장은 본질적으로 조합 또는 추진위원회로부터 위임받은 사무를 처리하는 자로서, 이들은 어디까지나 "조합(또는 추진위원회)의 이익을 위하여" 그리고 "조합(또는 추진위원회)에 대한 봉사자로서" 직무를 수행하면 족하다고 하지 않을 수 없습니다. 즉 본래의 공무원의 업무가 갖는 "공공성" 또는 본래의 공무원이 업무수행시 갖추어야 할 "공정성"의 판단준거가 되는 집단이 국민 전체(또는 당해 지방자치단체의 주민 전체)인 반면, 재건축조합 임원(또는 추진위원회 위원장)의 경우 그 판단준거가 되는 집단은 당해 재건축조합(또는 추진위원회)으로 한정되는 것입니다.

그렇다면, 재건축조합(추진위원회)의 임원이 조합 외의 자로부터 금품을 수수한 경우, 그 본질은 형법상 수뢰죄보다는 오히려 배임수재죄(형법 제356조)에 가깝다고 할 것입니다. 따라서 도시정비법 제84조에 따라 재건축조합의 임원에 대해 수뢰죄를 적용하는 경우에도, 그 뇌물성의 판단에 있어서 통상적인 수뢰죄에서의 판단기준을 그대로 적용하는 것은 타당하지 않으며, 배임수재죄에서의 판단구조를 응용하는 것이 법률의 체계와 취지에 부합한다고 하지 않을 수 없습니다. 즉, 금품을 수수한 행위가 당해 재건축조합(추진위원회) 전체의 이익을 침해하였거나 침해할 우려가 있는지 여부가 뇌물죄 성립의 가장 중요한 판단기준이 되어야 하는 것입니다.

이러한 관점에서 본다면, 재건축조합 임원이 시공 또는 설계업체선정과 관련하여 업체관계자로부터 금품을 수수한 경우, 그것이 당해 재건축조합에 어떠한 손해도 가져오지 않는 한, 과연 뇌물죄로 처벌하는 것이 타당한지 근본적인 의문이 제기되지 않을 수 없습니다. 공무원의 수뢰행위가 "당연히" 위법하다고 판단되는 것은, 그러한 공무원의 행위는 그 자체로서 "당해 전체공동체 구성원 간의 이해관계에 대한 중재자"라는 공무원의 본질적 역할과 기능을 침해하기 때문입니다. 그러나 재건축조합의 임원이 조합 외부자인 업체관계자로부터 금품을 수수한 경우, 만일 그것이 위임인인 전체 조합원의 이익을 위한 최선의 방법이었다면, 이를 위법한 것으로 볼 근거가 사라집니다. 예컨대 도시정비법이 정비업체 선정시 경쟁입찰에 의하도록 규정하고 있으나(도시정비법 제14조 제2항), 이는 경쟁입찰이라는 방법이 발주자인 전체 조합의 이익을 가장 효과적으로 보호할 수 있는 수단이라는 점에서 기인하는 것이므로, 설사 경쟁입찰이 아닌 임의의 방법에 의해 정비업체를 선정한다고 하더라도 이것이 전체 조합의 이익을 증대시킬 수 있는 보다 적절하고 효과적인 방법이라는 점이 소명되는 한, 이를 두고 도무지 위법하다고 볼 수는 없는 것입니다. 따라서, 설사 정비업체 선정과정에 있어 경쟁입찰의 공정성이 해하여진 경우라도, 곧바로 조합임원 또는 추진위원장의 업무집행의 공정성이 훼손되었다고 볼 것은 아닙니다. "경쟁입찰의 공정성"은 입찰참여자들 사이의 형평이 문제되는 반면, "재건축조합 또는 추진위원회 업무집행의 공정성"은 전체 조합구성원 간의 이익형평이 문제되는 것이므로 그 판단기준집단이 상이하기 때문입니다.

결국, 재건축조합의 임원의 금품수수행위 중 상당수는 뇌물성을 갖지 않는다고 보아야 하며, 따라서 재건축조합 임원 및 추진위원회 위원장을 "무조건" 공무원으로 의제하는 현행 도시정비법은 법체계상 근본적인 재검토를 요한다고 판단됩니다. 한편 하급심 판례 중에는, "추진위원회 또는 정비사업조합이 정비사업체 또는 시공업체로부터 운영자금을 차입하는 것은 추진위원회 또는 조합의 영세성에 비추어 어느 정도 용인될 수 있다"고 함으로써(대구고법 2008. 3. 13. 선고 2007노491 판결 등) 위와 같은 입론의 가능성을 열어두고 있는 것이 있으므로, 향후 위와 같은 취지의 판례이론의 발전을 기대해 볼 수 있을 것 같습니다.

4. 연속범의 문제

앞서 언급한 바와 같이, 특가법 제2조는 뇌물죄의 경우 그 수뢰액에 따라 가중처벌하도록 하고 있습니다. 즉 일반 수뢰죄의 법정형 상한은 징역 5년이지만(형법 제129조), 수뢰액이 3천만원 이상인 경우 5년 이상의 징역형으로, 그리고 1억원 이상인 경우에는 무기 또는 10년 이상의 징역형으로 처벌하도록 되어, 어지러울 정도로 높은 법정형을 규정하고 있습니다.

위 특가법 제2조의 경우, 특경법 제3조와 같은 문제, 즉 금액에 따라 법정형을 일률적으로 규정하는 것이 타당한지의 문제가 제기되고 있는 것은 물론이거니와, 그 기준이 되는 금액 자체가 현실과 동떨어져 지나치게 낮다는 비판이 강하게 제기되어 왔습니다. 쉽게 말해, 100억원을 횡령한 것보다 1억원 뇌물수수한 것이 더 중한 범죄인가라는 물음에 합리적인 답변을 내어 놓는 것이 만만치 않은 것입니다. 이에 관하여 헌법재판소는 거듭 합헌결정을 내린 바 있으나, 최근의 결정(헌법재판소 2011. 6. 30. 자 2009헌바354 결정)에서는 9인의 재판관 가운데 4인의 재판관이 위 특가법 규정은 과잉금지원칙에 위배되었을 뿐만 아니라 형벌 체계상 균형을 상실하는 등, 위헌이라는 의견을 제시한 바 있습니다.

【헌법재판소 2011. 6. 30.자 2009헌바354 결정】
재판관 이동흡, 재판관 목영준, 재판관 송두환, 재판관 이정미의 반대의견
　이 사건 법률조항은 일반예방의 목적을 강조한 나머지 법정형이 다른 입법례에 비추어 현저히 과중하고, 법익침해의 정도 즉 수뢰액만을 지나치게 중시함으로써 법관이 구체적 사건에서 헌법과 법률에 의하여 양심에 따라 합리적이고 적정한 형을 선고할 수 없도록 하여 법관의 양

형선택 및 판단권을 극도로 제한하고 있다. 뿐만 아니라 양형실무상으로도 작량감경이 일상화되어 있는 등 강한 엄벌주의를 통해 달성하려고 하였던 일반예방의 목적도 달성하지 못하고 있으며 수뢰행위의 유형 및 부정처사의 유무에 관계없이 단순히 수뢰액수에 따라 단계적으로 법정형을 규정하고 부정처사없는 수뢰죄에 대한 법정형의 하한을 과도하게 높여 놓았으며 "뇌물의 수수"와 "뇌물의 요구·약속" 간의 불법성과 책임의 차이를 전혀 고려하지 않고 있다. 포괄일죄로 의율되는지 혹은 경합범으로 의율되는지에 따라 법정형의 현저한 차이가 발생하며, 공소제기권자에게 부당하게 넓은 재량권을 주는 반면, 피고인에게는 법정형의 대강조차 예측할 수 없게 하는 불합리한 결과를 초래하게 되는 등 행위자의 책임과 형벌사이에 비례관계가 준수되지 않아 실질적 법치국가 이념에 반하고, 형벌 본래의 기능과 목적을 달성하는 데 필요한 정도를 현저히 일탈하여 과잉금지원칙에 위배되며, 형벌체계상 균형성을 상실하여 평등의 원칙에 반한다.

무엇보다, 위와 같은 위헌법률심판(위헌헌법소원)이 자주 제청(제기)된다는 것은 국민의 법감정이 위 법규정에 대해 위법성의 의심을 거두지 않고 있다는 것을 의미합니다. 그리고 위 헌법재판소 4인 재판관의 위헌의견이 적절하게 언급하고 있듯이, 위와 같은 불합리 내지 불균형은, 특가법 제2조가 연속범이론과 결합할 때 더욱 큰 위력을 발휘하게 됩니다. 대부분의 반복된 수뢰행위의 경우 검찰은 거의 예외없이 모든 수뢰행위를 연속범(포괄일죄)으로 묶어 특가법 제2조를 적용하여 기소하고 있는 것입니다.

연속범의 기원은, 메이지유신(明治維新) 시대인 1880년에 제정된 일본 구 형법 제55조입니다.

일본 구 형법 제55조

連続シタル数個ノ行為ニシテ同一ノ罪名ニ触レルトキハ一罪トシテ之ヲ処断ス。

연속한 수개의 행위로 동일한 죄명에 걸릴 때에는 일죄로 이를 처단한다.

그런데 위와 같이 일본 구 형법 제55조에 규정된 "연속범"이라는 개념은, 오로지 수사 및 재판절차의 축소화·간이화를 위해 고안된 것으로서, 전세계 형법에 그 유례가 없는 것이었습니다. 19세기 후반 서구 열강에 의해 문호를 개방당한 일본은, 한편으로 이들의 요구에 따라 서구식 근대적·민주적 국가제도를 수입함과 동시에, 다른 한편으로는 서구 세력을 극복하기 위하여 빠른 속도로 전체주의 및 군국주의의 길로 나아가게 되었습니다. 그리고 위 형법 규정은, 일본이 이와 같은 상반된 요구를 모두 충족시켜야만 하는 딜레마를 해결하는 과정에서 탄생된 기형아였던 것입니다. 즉, 당시 일본으로서는 형사사법제도를 서구 열강의 요구에 맞추어 법치주의의 외형으로 포장하기는 하되 이것이 군사대국의 실현에 걸림돌로 작용하지 않도록 할 필요가 있었으며, 이를 위하여 마련된 장치가 바로 위와 같은 "연속범"이라는 개념이었던 것입니다. 이러한 연속범 개념은 일제시대를 거치며 조선고등법원 판례에 등장하면서 우리 학계에 뿌리를 틀게 되었고, 이것이 현재의 대법원 판례로 이어지고 있습니다. 20대 국회가 가장 먼저 해야 할 일은 이와 같이 우리 실정에 전혀 맞지도 않는 일본 법률규정의 잔재를 시원하게!! 걷어내는 것입니다.

제 5 장

권력쟁취보다 어려운
권력의 파이 나누기

- 이괄의 실패한 두 번째 반역 -

공소장

피고인 관련사항

피 고 인   이 괄(李适, 37세)

직업: 군인

주거: 평안도

죄   명   특수공무방해, 살인

적용법조   형법 제144조 제1항, 제136조 제1항, 제250조,

제40조, 제37조, 제38조

형법 제136조(공무집행방해)

① 공무를 집행하는 공무원에 대하여 폭행 또는 협박한 자는 5년 이하의
징역 또는 1천만원 이하의 벌금에 처한다.

② 공무원에 대하여 그 직무상의 행위를 강요 또는 저지하거나 그 직을
사퇴하게 할 목적으로 폭행 또는 협박한 자도 전항의 형과 같다.

형법 제144조(특수공무방해)

① 단체 또는 다중의 위력을 보이거나 위험한 물건을 휴대하여 제136조,
제138조와 제140조 내지 전조의 죄를 범한 때에는 각조에 정한 형의
2분의 1까지 가중한다.

형법 제250조(살인)

① 사람을 살해한 자는 사형, 무기 또는 5년 이상의 징역에 처한다.

형법 제21조(정당방위)

① 자기 또는 타인의 법익에 대한 현재의 부당한 침해를 방지하기 위한
행위는 상당한 이유가 있는 때에는 벌하지 아니한다.

② 방위행위가 그 정도를 초과한 때에는 정황에 의하여 그 형을 감경, 면
제할 수 있다.

형법 제40조(상상적 경합)

1개의 행위가 수개의 죄에 해당하는 경우에는 가장 중한 죄에 정한 형으로 처벌한다.

공소사실

피고인 이괄은 1623년 3월 인조반정(仁祖反正)에 참여하여 2등 공신에 책봉되었는데, 같은 해 11월경 평안병사 겸 부원수로 임명되어 1만여 명의 군사를 이끌고 후금(後金)과 국경을 맞대고 있는 평안도 지역으로 부임하게 되었다.

1624년 1월, 문회(文晦), 이우(李佑) 등은 피고인 이괄과 공소외 정충신, 한명련, 기자헌 등과 반란을 꾸미고 있다고 고변(告變)[1]하였다. 조사 결과 이괄이 반란에 가담하였는지 여부는 확인되지 않았으나 이괄의 아들인 이전(李旃)이 관련자들의 진술에서 거론되었다는 이유로, 인조는 성명불상의 금부도사와 선전관(宣傳官)[2]을 평안도로 보내어 이전(李旃)을 체포하여 오도록 명하였다.

위와 같이 위 금부도사와 선전관이 자신의 아들인 이전(李旃)을 체포하러 오자, 이괄은 같은 해 1월 24일, 자신이 거느리고 있는 성명불상의 군사들로 하여금 위 금부도사와 선전관의 목을 베도록 하여 각 살해하였다.

이와 같이 이괄은 인조의 명에 따라 정당하게 공무를 집행하는 공무원들을 위험한 물건을 휴대하여 폭행하고, 나아가 이들을 살해하였다.

---

1) '국가의 변란(變亂)을 고발(告發)한다'는 의미입니다.
2) 왕을 가까이서 호위하고 군졸들을 지휘하던 무관벼슬을 통칭하는 명칭입니다.

변호인의 변론요지서

1. 공무집행방해죄에 대하여 – 구성요건에 해당하지 않음(직무집행의 적법성이 결여되어 있음)

가. 공무집행방해죄의 구성요건

공무집행방해죄가 성립하기 위해서는 우선 폭행, 협박의 대상이 되는 '공무원의 직무집행'이 적법하여야 합니다(대법원 1994. 10. 25. 선고 94도2283 판결 등). 여기서 "직무집행의 적법성"이란 단순히 법률이 정한 절차적 요건을 준수하였다는 의미에서의 "형식적 적법성"을 의미하는 것으로 볼 것은 아닙니다. 즉 실질적 죄형법정주의의 이념에 따라, 공무원의 직무집행이 법률이 정한 절차에 따라 행해져야 함은 물론이거니와, 나아가 직무집행의 내용 역시 실질적 정당성을 갖추어야 하는 것입니다.

그런데 이에 관하여 통설은, (i) 당해 공무원의 행위가 일반적 직무권한에 속하고, (ii) 당해 공무원의 행위가 공무원의 구체적 권한에 속하며, (iii) 나아가 당해 행위가 법령이 정한 방식과 절차에 따른 것일 때에는 직무집행의 적법성이 인정된다는 태도를 취하고 있습니다. 이에 따라 판례는, 예컨대 피의자를 체포, 구속하는 경우 당해 공무원의 직무집행이 적법했는지 여부에 관하여, 주로 형사소송법상 체포, 구속에 관한 절차적 요건(형사소송법 제201조, 제219조, 제73조, 제124조, 제125조 등)을 충족했는지 여부를 기준으로 적법성 여부를 판단하고 있습니다.

그러나 근대 형법에 이르러 확립된 "실질적 죄형법정주의"는 단지 범죄와 형벌이 미리 법률에 명확히 규정되어 있어야 한다는 것을 의미하는 것에 불과한 것이 아니며, 당해 범죄와 형벌을 규정해 놓은 법률의 내용이 실질적 정당성을 가질 것을 요구합니다. 따라서 "공무집행방해죄"의 구성요건인 "공무원의 직무집행의 적법성" 역시, 단지 공무원의 직무집행이 형식적으로 관련법령이 요구하는 요건을 충족시키고 있는지를 기준으로 판단하고 말 것은 아닙니다. 즉, 여기서 "공무원의 직무집행의 적법성"은 당해 공무원의 직무집행이 헌법 및 다른 법률의 취지에 위반되지 않는지, 전체적인 법률 체계상 실질적으로 적법·유효한지 여부에 따라 판단되어야 하는 것입니다.

나. 본건의 사실관계

그런데 본건은, 김류, 김자점 등 인조반정의 주도세력인 서인(西人)이, 기자헌, 이괄, 한명련 등 "북인(北人)의 잔당"을 몰아내기 위해 일으킨 정치적 음모였다는 사실이 이미 수사과정을 통해 확인된 바 있습니다. 즉 "이괄, 기자헌, 정충신 등이 반란을 도모했다"는 고발내용은 김류, 김자점 등의 사주를 받은 문회, 이우 등의 무고(誣告)였음이 명백히 밝혀졌던 것입니다. 인조(仁祖) 역시 수사 담당관으로부터 이러한 사실을 보고받아 알게 되었고, 이에 인조는 이괄, 정충신 등을 무고한 문회, 이우 등에게 반좌율(反坐律)[3]을 적용하여 당초 이들을 사형시키고자 하였던 것입니다.

그러나 당시는 서인(西人)에 의한, 서인을 위한, 서인의 쿠데타인 인조반정(仁祖反正)이 일어난 지 1년도 채 지나지 않은 시점으로서, 서인 세력에 의하여 옹립된 인조로서는 문회, 이우의 무고죄가 명백히 밝혀졌음에도 권력을 장악한 서인의 위세에 눌려 이들의 처형을 실행에 옮길 수 없었습니다. 오히려, 집권 서인 세력은 적반하장 격으로 이괄 등의 역모 혐의를 더욱 철저히 조사하여야 한다고 주장하며, 인조에게 '이괄을 평안 병사 겸 부원수에서 해임하고 한양으로 압송하여 국문(鞠問)[4]해야 한다'고 압박하기에 이르렀던 것입니다. 이에, 인조는 이괄을 압송하여 국문하는 대신, 당초 문회, 이후의 고변에서 거론된 바 있는 이괄의 아들 이전(李旃)을 압송하여 국문하는 것으로 집권 서인세력과 타협(?)하게 된 것입니다.

위와 같이, 이괄의 아들 이전(李旃)은 범죄혐의에 대한 어떠한 뚜렷한

---

3) 허위로 타인을 고발한 자에게, 고발한 내용이 사실이었을 경우 고발당한 자가 받아야 했을 벌과 같은 처벌을 내리는 제도(법률)로서, 대명률(大明律)에 근거하고 있습니다.
4) 국문(鞠問)이란 역모(逆謀) 등 중죄의 혐의가 있는 자에게 형신(刑身), 즉 고문을 가하며 조사하는 절차로서, 임금의 명에 따라 설치되는 임시 수사기관인 국청(鞠廳)에서 이를 담당하였습니다. 조선은 아직 근대 형사소송법이 도입되기 이전의 시기로서, 가혹한 고문이 횡행하였고, 고문에 의하여 얻어진 자백이나 진술의 증거능력 또는 증명력 또한 아무런 제한을 받지 아니하였습니다. 따라서 국문을 받게 되는 경우, 가혹한 고문을 이기지 못하고 자백하여 사형에 처해지는 경우가 대부분이었으며, 설사 고문에 맞서 혐의를 부인하더라도 고문 과정에서(또는 고문의 후유증으로) 사망에 이르는 것이 일반적이었습니다. 즉 당시 '국문을 받는다는 것'은 곧 가혹한 고문과 이로 인한 처참한 죽음을 의미하는 것이었습니다.

혐의가 없음에도 체포, 압송될 상황에 직면하게 된 것입니다.

다. 체포·구속 요건을 충족시키지 못함

피의자를 체포하기 위해서는 원칙적으로 체포영장 또는 구속영장을 발부하여야 하는데, 이 경우 "피의자 또는 피고인이 죄를 범하였다고 의심할 만한 상당한 이유"가 있어야 합니다(형사소송법 제200조의2 제1항, 제201조). 한편 "중대한 죄를 범하였다고 의심할 만한 상당한 이유가 있는 경우"에는 영장없이 체포할 수 있습니다(이른바 긴급체포, 형사소송법 제200조의3 제1항). 어느 경우이건, 피의자를 체포 또는 구속하기 위해서는 범죄혐의에 대하여 상당한 정도의 소명이 이루어져야 하는 것입니다.

그런데 본건의 경우, 문회(文晦), 이우(李佑)의 최초 고변서 이외에는 이괄의 아들 이전(李旃)의 혐의를 입증할 아무런 증거도 존재하지 않는 상황이었습니다. 오히려, 앞서 언급한 바와 같이, 조사 결과 문회와 이우의 고변은 무고임이 밝혀지기까지 한 상황이었던 것입니다. 따라서 이괄의 아들 이전에 대한 금부도사와 선전관의 체포 집행은 형사소송법상의 요건을 갖추지 못한 위법한 공무집행이었던 것입니다.

결국, 본건의 경우 이괄은 위와 같은 성명불상의 금부도사와 선전관의 위법한 공무집행에 대항하여 이들을 폭행, 살해한 것이므로 공무집행방해죄(형법 제136조 제1항)가 성립하지 않는다고 해야 합니다. 그리고 공무집행방해죄가 성립하지 않으므로, 이에 대한 가중적 구성요건인 특수공무방해죄(형법 제144조 제1항)가 성립할 여지가 없음은 더 이상 설명을 요하지 않습니다.

2. 살인죄에 관하여 – 정당방위에 해당하여 위법성이 조각됨

가. 위법성조각(阻却)사유로서의 정당방위

일응 형법이 나열하는 범죄구성요건에 해당하는 행위라고 하더라도, 위법성이 없는 것으로 평가되는 특별한 경우에는 죄가 성립하지 않아 처벌받지 않습니다. 즉 피해자의 행위가 일응 범죄구성요건을 충족시키더라도, 형법 제20조(정당행위), 제21조(정당방위), 제22조(긴급피난), 제23조(자구행위), 제24조(피해자의 승낙)에 해당되는 경우에는 위법성이 조각(阻却)되어 범죄가 성립되지 않는 것입니다.

 이 중 사회 일반에 가장 널리 알려진 것이 바로 형법 제21조의 "정당
방위"입니다. 앞서 언급한 바와 같이, 형법 제21조가 규정하는 "정당방
위"란, "자기 또는 타인의 법익에 대한 현재의 부당한 침해를 방지하기
위한 행위로서 상당한 이유가 있는 행위"를 의미합니다. 그런데 우리 사
법부는 이러한 정당방위의 요건을 사회통념과는 달리 매우 엄격하게 해
석하여 왔습니다, 예컨대, 그 유명한 김보은 살해사건에서, 재판부는 김보
은씨가 어려서부터(대략 9세 무렵부터) 양아버지로부터 상습적인 성폭행
을 당해왔다는 사실 자체는 인정하면서도, "김보은씨가 양아버지를 살해
할 당시에는 성폭행을 당하고 있는 상황이 아니었다"(그 때 양아버지는
잠을 자고 있었습니다)라고 하며, 정당방위의 성립요건을 매우 좁게 해석
한 바 있었고(대법원 1992. 12. 22. 선고 92도2540 판결 등),[5] 이러한 판
례의 태도는 지금까지 이어지고 있습니다.
 특히 판례는 싸움에 있어서는 공격의사와 방어의사가 교차하는 경우이
므로 방위행위에 해당한다고 보기 어렵다는 논리를 수십 년째 이어지고
있는데(대법원 1984. 1. 24. 선고 83도1873 판결 등), 이야말로 형법에
'정당방위'라는 조항을 넣어 둔 의미를 완전히 제로로 만들어 버리는, 공
무원식 법리오해의 결정판을 보여준다고 하지 않을 수 없습니다. 즉 판례
의 논리는, 상대방이 공격해 들어올 때, 이를 막기 위해 반격(공격)을 가
하는 순간 이미 공격과 수비가 교차하는 '싸움'이 되어 버리므로 최초 공
격을 당한 사람에 대해서조차도 더 이상 형법상의 '정당방위'는 적용되지
않는다는 것입니다. 이와 같은 판례의 논리대로라면, 상대방이 아무리 위
험한 싸움을 걸어오더라도 대응하지 말고 경찰이 올 때까지 "무조건 맞
고만 있으라"는 이야기인데, 이럴 거면 대체 "정당방위"라는 건 언제 써

---

5) 위 김보은 씨 사건의 경우 형법상 '정당방위'의 요건 중 구체적으로 "침해의 현재성"
부분이 문제된 사안이었습니다. 즉 김보은이 양아버지를 살해할 그 시점에서는 양아
버지는 잠을 자고 있었으므로 "현재의 부당한 침해"가 존재하지 않는다는 논리를 폈
던 것입니다. 그러나 이는 사건을 전체적으로 조망하지 못하고 미시적 관점에서 현미
경을 들이대는 것과 다르지 않습니다. 즉 법원의 논리에 따를 경우, 공격자(침해자)의
행위를 시간 순으로 잘게 자르면 자를수록 "침해의 현재성"이라는 조건을 충족시키는
것은 사실상 불가능해질 것입니다. 후술하듯이, 법원은 "싸움"에 대해서는 정당방위
의 성립을 일절 인정하지 않고 있는 것 역시 동일한 사고방식의 결과라 하지 않을 수
없습니다(상대방이 '나'를 공격한 시점과 '내'가 상대방에게 반격하는 시점을 미시적으
로 분리한다면, 반격에 나선 '나'는 더 이상 정당'방위자'가 될 수 없는 노릇입니다.

먹으라고 박아 둔 것인지 극히 의문스럽습니다.

위와 같이 판례가 정당방위의 성립요건을 까다롭게 해석하는 것은, 일단 범죄구성요건에 해당되어 상당부분 유죄가 추정되고 있으므로, 이러한 추정을 깨기 위해서는 한층 엄격히 심사하는 것이 당연하다는 사고방식에서 기인한 것으로 보여집니다. 그러나 이는 사실 근대 형사법의 본태적 취지에는 맞지 않는 것입니다. 정당방위 사유에 대한 입증을 피고인 측이 하는 것을 성질상 부인할 수는 없다고 하더라도, 검사는 공익의 대표자로서 중립적 지위에서 정당방위 사유의 입증 여부를 판단하여야 하며, 때로는 직권수사를 통하여서라도 정당방위 해당 여부에 관하여 적극적으로 수사를 진행할 의무가 부과되어 있는 것입니다.

나. 아들을 역모죄로 체포·압송하러 온 관원의 목을 베도록 한 것은 정당방위에 해당함

조선에서 아들과 아버지의 정치적 운명은 일치하는 것이 원칙이었습니다. 이는 역모죄 등 사회의 기본이념 및 통치체계에 도전한 죄일수록 더욱 엄격하게 적용되었습니다. 훗날 사도세자는 자신이 부왕(영조)의 눈 밖에 난 것을 알고, 부왕이 자신을 죽이려 할 것임을 예감합니다. 이에 사도세자의 비(妃) 혜경궁 홍씨가 "부자(父子)는 같은 운명이라고 들었습니다. 똑똑한 세손이 있는데 전하께서 어찌 세자를 해치시겠습니까"라고 하자, 이에 대해 사도세자는 "세손을 돌아가신 형님(효장세자)의 아들로 입적하면 그만 아니겠는가"라고 반문하여 혜경궁 홍씨가 끝내 울음을 터뜨린 일도 있습니다.

그렇습니다. 위 사도세자와 혜경궁 홍씨의 대화내용이 말해 주듯, 아버지와 아들은 항상 같은 정치적 운명을 맞이하도록 되어 있었던 것입니다.

본건에 있어 이괄의 정당방위를 주장하기 위해서는 다음의 두 가지 접근방식이 활용될 수 있을 것입니다.

우선, 아들 이전(李旃)에 대한 체포·구속영장의 내용 및 발부절차가 실질적으로 위법하였으므로, 이괄의 입장에서는, "타인"(아들)의 법익을 방어하기 위한 행위 그 자체를 정당방위로 구성할 수 있을 것입니다. 형법 제21조에 명시되어 있는 바와 같이, '정당방위'는 방위자 '자신'의 법익을 지키기 위해서는 물론이거니와, '타인'의 법익을 방어하기 위해서도 할 수 있기 때문입니다.

또한 앞서 언급한 바와 같이, 일단 역모의 혐의를 쓰고 국문(鞠問)을 받는다는 것은, 실체진실이 무엇인지와는 관계없이, 99% 참혹한 죽음을 맞게 되는 것을 의미합니다. 그리고 앞서 혜경궁 홍씨의 말에서 표현된 바와 같이, 성리학이 지배적인 이데올로기로 기능하던 이 시절, "아버지와 아들"은 같은 운명공동체로 인식되었습니다. 즉 아들이 역모혐의를 쓰고 죽는다면, 아버지도 동일한 절차를 거쳐 죽음을 맞이하게끔 하는 시스템(?)이 이미 수백 년간 별 탈 없이 가동되어 왔었던 것입니다. 재미있는 것은, 평상시에는 아버지를 아버지라 부르지 못하고 '나리' 또는 '마님'이라 불러야 했던 서얼(庶孼)들도 연좌제 적용에 있어서만큼은 당당히 정실부인 소생의 자식과 동일한 대접(?)을 받았다는 것입니다. 예컨대, 남인의 영수 허적(許積, 1610~1680)은 서자인 허견(許堅)이 일으킨 역모사건으로 사약을 받아야 했습니다. 그리고 조선이 낳은 최고의 천재 허균(許筠)의 지도 아래 여주강변에 무륜당(無倫堂)이라는 집을 짓고 단체생활을 하면서 반란을 꿈꾸던 박응서(전 영의정 박순의 서자), 서양갑(전 의주목사 서익(徐益)의 서자) 등도 처형된 후, 그들의 아비는 사후에 관작을 추탈당하는 수모를 겪어야 했습니다.

결국, 이괄은 타인(아들)이 아닌, 바로 자기 자신을 보호하기 위하여 정당방위에 나아갔다고 구성할 수도 있는 것입니다.

검사의 반박의견서

1. 공무집행방해죄에 대하여

공무집행방해죄가 성립하기 위해서는 우선 폭행, 협박의 대상이 되는 '공무원의 직무집행'이 적법하여야 합니다(대법원 1994. 10. 25. 선고 94도2283 판결 등). 여기서 공무집행의 적법성은, (i) 당해 공무원의 행위가 일반적 직무권한에 속하고, (ii) 당해 공무원의 행위가 공무원의 구체적 권한에 속하며, (iii) 나아가 당해 행위가 법령이 정한 방식과 절차에 따른 것일 때에 인정될 수 있다는 점에 이의가 없습니다.

변호인은, 이괄이 역모에 가담했다는 문회(文晦), 이우(李佑)의 고변서의 내용이 허위로 밝혀졌고, 그 밖에 이괄이 역모에 가담했는지를 뒷받침하는 '결정적' 증거가 없었으므로 법률상 체포·구속의 요건이 충족되지 않았다고 주장합니다. 그러나 당시의 상황을 정확히 복기하여 보면, 이괄의 역모가담을 주장한 문회(文晦), 이우(李佑)의 고변서 이후 이 내용이 사실이 아님을 주장하는 상소가 몇 차례 올라 온 것은 사실이나, 문회(文晦), 이우(李佑)의 고변서의 내용이 허위임이 공식적으로 확인된 적은 없습니다. 만일 변호인의 주장과 같이 위 고변서의 내용이 사실이 아님이 공식적으로 명확하게 확인되었다면, 인조는 반좌율에 따라 문회(文晦), 이우(李佑)를 곧바로 역모죄로 다스리지 않았을 이유가 없었을 것입니다. 그러나 인조는 그렇게 하지 않았습니다. 이는 여러 주장이 엇갈리고 있어, 어느 쪽으로도 판단하기 쉽지 않을 때에 나타나는 현상입니다.

위와 같이 이괄이 반란에 가담하였는지 여부가 불확실한 상황에서, 조정(朝廷)은 타협안으로 우선 이괄의 아들 이전(李㫇)을 소환하여 그 행적을 조사해보기로 결정하였던 것입니다. 국문(鞫問) 절차가 비록 엄하기는 하나, 피조사자(피의자)의 신분 내지 조사의 정치적 목적에 따라서는 매우 느슨하게 형식적으로 진행되거나 오히려 피의자에게 공식적으로 면죄부를 주기 위해 운용되는 경우도 있었다는 점을 완전히 망각하여서는 안됩니다(예컨대, 조광조의 경우 체포·투옥된 날 옥중에서 만취하여 다음날의 국문(鞫問)은 매우 형식적으로 이루어진 것으로 알려져 있습니다. 또한, 영조 말기 홍인한, 정후겸 등과 함께 손을 잡고, 총기가 흐려진 영조를 대신해 권세를 휘두르며 기어이 세자(훗날의 정조)를 해치려 한 홍낙임에 대하여는 세자의 외조부인 홍봉한의 아들이라는 점을 감안하여 국문(鞫問)이라는 형식을 빌어 사실상 면죄부를 준 바도 있습니다).

변호인은, 국문절차의 가혹함을 전제에 두고, 명백하고도 뚜렷한 증거 없이 피의자를 국문하는 것은 위법하다는 취지로 주장하고 있습니다. 그러나, '국문'(鞫問)은 국가에 대한 주요 범죄혐의자 및 관련자들을 조사하여 실체관계를 밝혀내는 것을 목적으로 하는 '수사'의 일종으로서, 혐의가 명백하지 않음에도 불구하고 국문(鞫問) 절차에 회부되었다는 것 자체가 위법하다고 볼 수는 없습니다. 이는 어디까지나 국문(鞫問) 절차의 구체적 운용의 문제라고 보아야 하기 때문입니다.

본건의 경우 이괄이 역모에 가담했는지 여부에 대해 관련자들의 진술이 엇갈리고 있었고, 의금부로서는 이를 마땅히 확인해 보아야 할 책무가 있었으므로, 이괄의 아들인 이전(李旃)에 대한 체포영장의 집행 및 압송이 특별히 부당하다고 보기는 어렵습니다. 변호인이 제기하고 우려하는 문제는, 고문이나 가혹행위를 금지하는 등, 수사절차상 피의자의 인권을 보호하는 방향으로 사법시스템을 선진화하는 것으로써 해결해야 할 문제일 뿐, 이전(李旃)에 대한 체포·압송명령의 적법성을 판단하는 자료로서 사용되기에는 부적합한 것입니다.

2. 살인죄에 대하여

변호인은, 피고인 이괄이 금부도사와 선전관을 살해한 것은 정당방위에 해당하여 위법성이 조각된다는 취지로 주장합니다. 그리고 '정당방위가 성립하기 위해서는 방위의 대상이 된 침해행위가 위법한 것이어야 한다'는 법리에 대하여서는, 변호인은 본건의 경우 이전(李旃)에 대한 체포·압송행위가 실질적으로 위법하므로 피고인 이괄의 행위는 정당방위로 보아야 한다고 주장합니다.

본건의 경우 변호인은 금부도사와 선전관의 '이전(李旃)에 대한 체포·압송행위'가 '부당한 침해'에 해당한다고 주장하고 있습니다. 그러나 침해행위의 '부당성'을 판단함에 있어, 당해 침해행위가 공무집행행위일 경우에는 공무집행의 특수성에 비추어 '부당성'의 인정에 보다 신중을 기하여야 한다고 하지 않을 수 없습니다. 이를 구체적으로 설명하면 아래와 같습니다.

(i) 공무원의 직무집행에는 일정한 재량이 부여되어 있는 경우가 많은데, 그러한 재량권의 행사에 의한 직무집행을 섣불리 위법하다고 판단하게 될 경우, 공무원의 직무집행이 위축될 수밖에 없습니다. 이는 사안에 따라 구체적 타당성 있는 적절한 권한행사가 가능하도록 당해 공무원에게 재량권을 부여한 개별 근거법규의 기본 취지에 어긋납니다. 즉 공무원의 직무집행이, 법령으로부터 주어진 재량범위를 현저하게 벗어

나는 것이 아닌 한, 쉽사리 위법하다는 판단을 받아서는 아
니 될 것입니다.

(ii) 국가공무원법은 공무원이 직무를 수행함에 있어서 소속 상
관의 직무상 명령에 복종하여야 한다고 규정하고 있습니다
(동법 제57조). 그런데 예컨대 '판사'와 같이 공무원 개인이
단독제 관청으로 되어 있는 극히 일부의 경우를 제외하고는,
대부분의 공무원은 상관의 지시 또는 결재를 받아 직무를
수행하게 되어 있습니다. 따라서 공무원의 공무집행에 대한
정당방위를 쉽사리 인정할 경우, 단순히 상관의 명령을 집행
하는 자에 불과한 하위직 공무원들이 대부분 '정당방위'의
희생양이 될 가능성이 높습니다(더욱이 이러한 하위직 공무
원들에게는 직무집행에 대한 재량권이 주어지지 않거나, 매
우 좁은 범위의 재량권만이 인정되는 경우가 대부분입니다).

본건의 사안으로 돌아와 살펴보면, 금부도사와 선전관은 '피고인 이괄
의 아들인 이전(李旃)을 체포하여 오라'는 인조의 명령을 받고 명령의 집
행을 위해 평안도로 파견된 것에 불과합니다. 특히 본래 금부도사는 의금
부에 소속되어 죄인에 대한 신문(訊問)을 담당하던 종5품 관직이고, 선전
관은 임금을 수행하며 호위하던 무관이므로, 애당초 이괄 또는 그의 아들
이전(李旃)의 체포 여부를 결정하거나 이를 결정하기 위한 논의에 참여
할 자격조차 없는 자들이었습니다.

결국 본건의 경우 금부도사와 선전관의 직무집행이 적법하였음은 앞서
제1항에서 논한 바와 같으며, 만에 하나 위 금부도사와 선전관의 직무집
행이 위법·부당하였다고 보더라도 이는 실질적으로 이전(李旃)에 대한
체포·압송 결정이 위법했음을 의미하는 것이라 보아야 하므로, 단순히
상관의 명령을 집행하고자 한 금부도사와 선전관을 살해한 피고인 이괄
의 행위는 경우에 따라 과잉방위(형법 제21조 제2항)에 해당할 수는 있
을지언정, 정당방위에 해당될 수는 없다고 보아야 합니다.

1. 누가 충신이고, 누가 역신(逆臣)인가

흔히들 "역사는 승자의 기록"이라고들 하나, 사실 우리는 역사의 패자(敗者)에게 너그러운 경우가 많습니다. 역사는 승자의 기록이라고 생각한다는 것 자체가 이미 패자의 입장을 이해하겠다는 의미를 내포하고 있는 것이라 할 수 있습니다. 따라서 많은 경우, 우리는 역사의 "패자"들에게 충신이라는 영예로운 칭호를 붙여주는 데 주저하지 않습니다. 반대로 승자에게는 엄격합니다. 그들의 사소한 잘못도 역사의 심판대에 세워 무서운 질책과 비난을 퍼붓습니다. 그리고 그들 중 상당수는 '간신'(奸臣)이라는 악명을 쓴 채 역사에 기록되어 있습니다.

충신의 대명사라는 사육신(死六臣)! 단종을 위해 "목숨을 바친" 6명의 신하[6] — 성삼문, 박팽년, 하위지, 이개, 유성원, 유응부 — 를 가리키는, 일종의 고유명사입니다. 이들은 세종의 둘째 아들인 수양대군(세조, 재위 1455~1468)이 조카 단종(재위 1452~1455)으로부터 왕위를 찬탈하자, 세조를 살해하고 단종을 복위시키려는 계획을 세웠습니다. 그리고 이들에게는 천운까지 따르는 듯 했습니다. 때 마침 중국사신을 접대하는 자리가 열리게 되었는데, 세조를 양 옆에서 호위하는 별운검

---

6) 위에서 언급한 6명 이외에, 성승(성삼문의 아버지), 김문기, 권자신(단종의 외숙부) 등도 단종복위운동에 참여하였다가 처형되었으며, 그들이 단종복위운동에 기여한 바는 사육신에 비하여 결코 가볍다고 할 수 없습니다. 다만 훗날 생육신 중 한 명으로 기록된 남효온이 어떤 이유에서인지, 그의 저서 『육신전』에서 위 6명을 '사육신'이라 이름 붙여 그 절개를 칭송하였고, 이에 따라 사육신을 제외한 나머지 인물들은 세인의 관심에서 멀어지게 되었습니다.

(別雲劍)으로 유응부와 성승(성삼문의 아버지)이 뽑히게 된 것이지요. 칼을 차고 세조를 양 옆에서 호위하는 직책을 맡게 되었으니, 거사는 거의 성공한 것처럼 보였습니다. 잔치가 열리는 운명의 당일(1457년 6월 1일), 단종은 새벽녘 상왕전으로 찾아 온 권자신에게 직접 칼을 내려주었고, 권자신은 엎드려 눈물을 흘리며 두 손으로 칼을 받아들었습니다. 이로써 단종이 명실공히 사육신의 난의 선봉에 서게 된 것입니다.

그런데 세조에게는 한명회가 있었습니다. 무슨 낌새를 느낀 건지, 한명회는 갑자기 당일 세조에게 별운검을 세우지 말 것을 청합니다. "연회자리가 비좁다"는 궁색한 이유를 들어서 말이죠. 다른 신하가 그와 같은 제안을 했다면 무시했겠지만, 평소 "한명회는 나의 장자방"이라고 말하고 다니던 세조였습니다. 아마 세조는 한명회가 위와 같이 청해왔을 때 전율을 느끼지 않았을까요? 한명회의 눈빛에서 무엇인가를 읽은 세조는 곧바로 별운검을 세우지 말라고 명합니다. 이렇게 단종복위계획은 실패로 돌아갔고, 이튿날 김질의 밀고에 의해 모든 계획이 발각되어 사육신은 비참한 죽음을 맞이합니다. 역사는, 사육신이 참혹한 고문 앞에서도 의연함을 잃지 않았다는 점을 매우 상세히 기록하고 있습니다. 심지어 조선 왕실이 펴낸 "조선왕조실록"까지도 말이지요.

그런데 여기서 중요한 포인트가 있습니다. 사육신은 세조를 "살해"하려 했다는 것입니다. 조선을 통틀어 수많은 쿠데타와 역적이 있었지만, 임금을 죽이려고 시도한 자는 찾아보기 힘듭니다. 연산군(재위 1494~1506)도 폐위되어 유배되는 데 그쳤고, 광해군(재위 1608~1623)의 경우 폐위된 후 무려 18년이나 더 살았습니다. 사육신의 난의 피해자(?)가 될 뻔했던 세조. 화가 머리끝까지 났을 법합니다. 그리고 세조는 사육신은 망설임 없이 조선의 법률이 허용하는 가장 잔혹한 방법으로 처형하였습니다. 그러나 세조는 자신이 수양대군 시절 잠시나마 임금으로 섬겼던 단종에 대해서는 쉽게 죽음을 내릴 수 없었습니다. 세조가 단종에게 취한 조치는 고작 영월로 유배를 보낸 것이었습니다.[7] 그것도 사육신의 난이 있은 후 1년이나 지난 후에서야 말입니다.

좀 더 거슬러 올라가 조선이 건국될 상황을 보아도 마찬가지입니다. 태조 이성계는 고려의 마지막 임금인 공양왕을 죽이지 않았습니다.[8] 임금이 아무리 폭군이라고 하더라도, 임금을 살해하는 것은 성리학적 사고방식으로는 도저히 상상하기 어려운 일이었던 것입니다. 고려라는 나라를 멸하고 자신의 나라를 새로 세운 태조 이성계조차, 망국의 임금이라 하여도 차마 죽이기는 어려웠던 것입니다.

우리가, 단지 권력투쟁의 패배자에 불과한 이들에게 불필요한, 아니 부적절한 동정심을 베풀고 있는 것은 아닐까요. (조금 과격한 표현일지도 모르겠으나,) 이들은 오히려 아무도 상상하지 못했던 방법으로 당대의 윤리질서를 무참히 깨부수어 가면서까지 권력을 갈구했던, 단지 그런 자들 아니었을까요. 이번엔 거꾸로 생각해 봅시다. 만일 사육신의 난이 성공하여 단종이 복위되고 세조의 공신인 한명회와 신숙주 등이 죽음을 맞이하였다면, 오늘날 사육신에게 부여되어 있는 영예로운 "충신"의 칭호가 한명회와 신숙주에게 붙어 있지는 않을까요. 물론 '숙주

---

7) 물론 영월로 유배된 단종에게, 세조는 수개월 후 사약을 내렸습니다. 그러나 조선왕조실록은 단종이 사약을 거부하고 자결하였다고 기록하고 있습니다. 즉, 당시의 도덕관념상, 실체관계가 어찌되었든, 적어도 공식적으로는 임금(폐위된 임금일지라도)을 시해했다는 기록이 남아서는 아니되는 것이었습니다. 유교정치를 유지하기 위해 절대로 넘지 말아야 할 선 같은 것이었다고 보면 될 것입니다.
8) 태조 이성계는 공양왕으로부터 양위받는 형식으로 즉위하여 조선을 개국하였습니다. 물론 태조 이성계는 수년 후 공양왕에게 스스로 목숨을 끊을 것을 명하였습니다. 그러나 이는 조선의 역사에서, 왕권을 위협하는 힘있는 종친들이 "자신의 의사와는 상관없이 누군가에 의해 추대되려 했다는 이유만으로" 사사(賜死)된 수많은 사례 중의 하나로 이해하는 것이 보다 적절할 것입니다.

나물' 따위의 비아냥거림은 애당초 생기지도 않았을 거구요. 같은 맥락에서, 성종 재위기에 중앙정계에 진출한 사림(士林)이 이후 4대 사화[9]의 참혹한 변을 겪지 않았다면, 오늘날 사림이 과연 절개와 충절의 표상으로 기억되고 있을까요.

2. 붕당(朋黨)과 당쟁

유교정치에서 "당(黨)을 형성한다"는 것은 본래 "반역(反逆)"과 같은 의미로 받아들여지던 것이었습니다. 조광조에게 씌워진 혐의가 바로 "붕당(朋黨)을 형성하였다"는 것이었고, 사림(士林)이 임사홍을 소인(小人)이라고 몰아붙이며 제시한 증거라는 것은 겨우(?) "현석규를 음해하기 위하여 관청 밖에서 사사로이 모임을 가졌다"는 것 뿐이었습니다. 즉 "당을 만드는 것"은 둘째 치고, 관청 밖에서 비공식적으로 사사로이 모여 나랏일을 의논하는 것 자체가 아예 금기시되었던 것입니다.

이는 임금이 없는 자리에서 나랏일을 논의하는 것은 임금을 고립시키는 것으로, 그리고 모두에게 공개되지 않은 자리에서 나랏일을 의논하는 것은 그들만의 사익(私益)을 도모하기 위한 것으로 인식되었기 때문입니다. 이런 사고방식에 의하면 "붕당"이란 도저히 허용될 수 없는 것이었습니다. 사실, 어떠한 안건을 놓고 신하들 간에 의견대립이 생기는 것은 지극히 자연스러운 현상이고, 이에 대하여 모든 사대부는 자유롭게 의견을 개진할 수 있어야 했습니다. 즉 언로(言路)는 항상

---

9) 사화(士禍)란 "사림(士林)이 입은 화(禍)"의 줄인 말로서, 보통 훈구세력에 의해 사림이 화를 입은 사건을 일컫습니다. 통상 무오사화(1498), 갑자사화(1504), 기묘사화(1519), 을사사화(1545)를 4대 사화로 분류합니다. 그러나 갑자사화의 경우 연산군에 의하여 자행된 무자비한 살육으로서 훈구와 사림을 가리지 않았고, 을사사화의 경우 그 실질이 외척 간(仁宗의 외척과 明宗의 외척 간)의 권력투쟁에 불과하고, 이로 인한 피해자 역시 대부분 훈구척신세력에 집중되어 있으므로, "사화"라고 칭하는 것은 적절치 않다고 생각됩니다. 이에 관하여는 제1장 및 제2장에서 상세히 언급하였습니다.

열려 있어야 했고, 모든 국사(國事)는 (적어도 사대부들 사이에서는) 반드시 공론화되어야 했습니다. 이것이 유교정치의 본령(本領)이자 핵심이었습니다.

그러나 "당을 형성한다"는 것은 다른 문제였습니다. 이는 신하들이 "서로 다른" 이해관계를 갖는 집단으로 나누어진다는 것을 의미했기 때문입니다. 본래 모든 신하들은 관념상 동일한 이해관계 ─ 임금에 대한 忠 ─ 를 갖습니다. 그런데 "서로 다른" 이해관계를 갖는 집단이 형성된다는 것은 "忠"이 아닌 새로운 이해관계가 등장함을 의미합니다. 이에 의하면 "당"이란 "忠"이 아닌 다른 어떠한 원리에 의하여 작동되는 집단일 수밖에 없는 것입니다.

결국 유교정치의 본령(本領)에 충실한다면, "붕당"이란 주권자인 임금이 아닌, 붕당의 구성원들의 사익을 위해 움직이는 일종의 이익집단 그 이상일 수 없는 것입니다. 즉 주권자에 대한 관계에서, 주권자를 섬기는 신하들은 하나의 몸이어야 하는 것입니다. 그런데 이는, 공산당에 의한 일당 독재를 정당화하는 공산주의의 논리구조와 정확히 일치하고 있습니다. 주권자인 인민대중의 종복(從僕)에 불과한 공직자가 자신들의 이해관계에 따라 분열하고 대립한다는 것은 논리적으로 있을 수 없는 일인 것입니다. 인민대중을 섬기는 당은 1개면 족합니다. 즉 공산주의의 경우 주권자가 "임금"에서 "인민대중"으로 치환되어 있을 뿐, 그들이 그토록 혐오하는 봉건제와 동일한 프레임 안에서 작동하는 정치체제인 것입니다.

이와 같이 유교정치사상과 공산주의는 동일한 논리구조에 터잡아 동일한 프레임 안에서 작동하는 정치체제였기에, 필연적으로 동일한 문제를 겪게 됩니다. 이는, 도저히 해결할 수 없을 정도로 심각한, "이상(理想)과 현실의 괴리" 문제였습니다.

고려 말 정몽주, 길재(吉再)로부터 시작되어 4대 사화의 참화를 겪고서도 그 명맥을 이어 왔다는 조선의 사림(士林)은, 마침내 16세기 후반 선조(宣祖, 재위 1567~1608)의 등극과 함께 중앙정치의 전면에 나서게 되었습니다. 사림들은 스스로 이는 역사의 도도한 흐름이자 필연이라 했습니다. 성리학을 사상적 기반으로 삼아, 조광조 이래 도학(道學)정치의 실현을 꿈꿔 온 사림(士林)이 역사의 전면에 등장하자, 이제 곧 새로운 세상을 보게 될 것임을 어느 누구도 의심하지 않는다고도 했습니다. 그리고 이에 맞추어 하늘은 조선 반도에 수많은 천재들을 한꺼번에 쏟아내었습니다. 퇴계 이황, 남명 조식, 율곡 이이, 고봉 기대승, 우계 성혼, 화담 서경덕, 서애 유성룡 등, 유학의 종주국 중국을 뛰어넘는 대학자들이 16세기 조선에 한꺼번에 쏟아져 나왔던 것입니다.

그러나 너무 많은 천재들이 좁은 조선반도에 한꺼번에 쏟아져 나온 탓이었는지, 본래 "사림"(士林)이라는 이름 아래 하나였던 이들은 집권하자마자 이내 분열하게 됩니다. 집권에 성공한 이들 사림(士林)이 분열하는 데에는 불과 수년도 걸리지 않았습니다. "겨우" 정5품 이조정랑(吏曹正郎) 자리를 둘러싼, 김효원과 심의겸의 참을 수 없을 만큼 사소한 다툼을 이유로 동인(東人)과 서인(西人)으로 분열해 버린 사림(士林)은 어찌 보면 마치 분열하기 위해 집권한 사람들 같았습니다. 이들은 스스로 편가르고 나누기를 전혀 꺼리지 않았습니다. 상대방 당을 강하게 공격하는 자일수록 "절개 곧은 선비"라는 칭송을 얻기 쉬웠고, 붕당 간의 화해를 위해 노력하는 자에게는 간신(奸臣)이라는 악명이 쉽사리 붙여졌습니다.

아이러니한 것은, 위와 같이 사림이 동인과 서인으로 나뉘어 처절한 권력투쟁을 시작한 것이, 조광조가 "붕당을 형성하였다"는 혐의를 쓰고 대명률(大明律)에 따라 "간당죄"(奸黨罪)의 죄목으로 사약을 받은 지 불과 1세기도 지나지 않은 시점이었다는 것입니다. 즉, 사림이 중앙정계에 진출한 16세기 후반, 즉 유교정치가 드디어 꽃을 피울 수 있게 되었다고 사림 모두가 생각하게 된 그 순간, 이미 유교정치는 이상과 현실의 심각한 괴리에 맞닥뜨리고 있었던 것입니다.

그러나 이상과 현실의 괴리가 발생한 원인이, 애당초 이상을 지나치게 높게 설정한 데에 있는 것이라면, 그것을 이루지 못한 현실이 반드시 비난받아야 마땅한 것일까요. 앞서 유교정치사상과 공산주의의 유사성을 상세히 언급하기도 하였거니와, 20세기 전(全) 지구의 절반을 붉게 물들였던 거대한 공산주의 실험이 실패로 끝났다고 하여, 그 과정에서 인류가 쏟았던 엄청난 양의 에너지와 열정의 의미가 송두리째 부정되어야 하는 것일까요.

우리는 은연중에 "조선은 당쟁으로 인해 발전하지 못했다"(또는 "당쟁으로 인해 멸망했다")는 식의, 당쟁에 대한 부정적·자조(自嘲)적 인식을 가지고 있는 경우가 많습니다. 그러나 이는 근거없는 자기비하에 지나지 않습니다. 우선 앞서 설명한 바와 같이, 공산당 1당 독재를 주장한 공산주의 정치체제와 마찬가지로, 붕당의 존재를 부정하려 한 유교정치사상 역시 지나치게 이상론(理想論)에 치우친 비현실적인 것이었음을 인정해야 합니다. 즉 (어떠한 정치체제 아래에서든) 붕당의 출현은 피할 수 없는 것이라는 점을 명확히 인식해야 합니다. 그런 다음, 조선반도에서 펼쳐졌던 당쟁의 모습을 객관적으로 바라보아야 합니다. 치열했던 당쟁의 역사는 그 자체로서 결코 부끄럽거나 비난받아 마땅한 역사가 아니며, 당쟁이 구체적으로 어떤 형태로 전개되었는지를 살펴보아야 합니다. 당쟁을 비난하려면 최소한 이 단계 이후에 하는 게 맞습니다. 물론 당쟁이 현실세계에서 이루어낸 성과에 대한 긍정적 평가 역시 마찬가지이구요.

조선은 전(全) 세계사적으로 유례없이 치열했던 당쟁의 역사를 가지고 있습니다. 그러나 본래 조선에서 펼쳐졌던 당쟁의 참모습은 지구상에 존재했던 동시대 어느 나라의 그것보다도 세련된 것이었습니다. 오직 절제된 글과 정교한 논리로써만 상대를 제압할 수 있었기에, 당쟁은 곧 학문의 대결이자 문학의 향연이기도 했습니다. 이를 통해 조선의 성리학은 종주국 중국보다 한 차원 높은 학문의 경지로 나아갈 수 있었습니다. 이언적은 주자(朱子)가 쓴 논어집주(論語集註)[10]를 고치며, "주자가 이것을 보면 나(이언적)의 견해가 옳다고 할 것이다"라고 했습니다. 윤휴 역시 주자의 대학장구(大學章句), 중용장구(中庸章句)를 고쳐 쓰며, "공자의 뜻을 어찌 주자만 안다고 단정할 수 있겠는가?"라고 말했습니다. 이들의 오만에 가까운 자신감은 당쟁이 꽃피운 문치(文治)의 정수(精髓)를 보여주는 것이었습니다.

조선은 당쟁으로 인해 멸망한 것이 아닙니다. 오히려, 숙종(肅宗, 재위 1674~1720)조 이후 기존의 당쟁이 왜곡·변질되어 더 이상 이전과 같은 세련된 형태의 당쟁이 이루어지지 않고, 급기야 순조(純祖, 재위 1800~1834)조 이후에는 유력 가문의 세도정치로 인해 당파 자체가 소멸되어 더 이상 "당쟁"이라는 것이 존재하지 않게 되면서 쇠락의 길을 걷게 되었던 것입니다. 당쟁의 변질은 학문의 실패였고, 이는 곧 조선의 실패였던 것입니다.

---

10) 주자(朱子)는 유학의 4대 경전인 논어(論語), 맹자(孟子), 대학(大學), 중용(中庸)의 각 장(章)과 구(句)에 주해(註解)를 달아 놓았는데, 이를 논어집주(論語集註), 맹자집주(孟子集註), 대학장구(大學章句), 중용장구(中庸章句)라 합니다. 이언적, 윤휴, 박세당 등은 여기에 이의를 제기하고 원문에 대해 주자와 다른 독자적인 해석론을 펼쳤는데, 조선 중기 이후 주자학이 절대화되면서 윤휴와 박세당은 송시열을 필두로 한 노론(老論)세력으로부터 사문난적(斯文亂賊)이라며 공격을 받게 됩니다.

제6장

윤선거의 죽음,
리얼 서바이벌 당쟁의 시작

- 윤선거의 "죽지 못한 죄" -

공소장

피고인 관련사항

피 고 인   윤선거(尹宣擧, 27세)
            직업: 유생(儒生)
            주거: 충남 논산
죄   명   위계에 의한 살인(예비적 죄명: 자살방조)
적용법조   형법 제253조, 제252조 제2항, 제250조 제1항,
            제37조, 제38조
            (예비적으로 제252조 제2항, 제37조, 제38조)

형법 제252조(촉탁, 승낙에 의한 살인 등)
① 사람의 촉탁 또는 승낙을 받아 그를 살해한 자는 1년 이상 10년 이
   하의 징역에 처한다.
② 사람을 교사 또는 방조하여 자살하게 한 자도 전항의 형과 같다.

형법 제253조(위계 등에 의한 촉탁 살인 등)
전조의 경우에 위계 또는 위력으로써 촉탁 또는 승낙하게 하거나 자살을
결의하게 한 때에는 제250조의 예에 의한다.

형법 제250조(살인)
① 사람을 살해한 자는 사형, 무기 또는 5년 이상의 징역에 처한다.

공소사실

  피고인 윤선거는 1636년 12월 14일경 청(淸)나라가 조선을 침략하자
그 무렵 피고인의 처(妻) 이씨 및 자녀들을 데리고 강화도로 피신하였다.

주위적 공소사실 – 위계에 의한 살인

  강화도의 강화성 안으로 피신한 피고인은, 함께 피신한 피해자 권순장

(權順長), 피해자 김익겸(金益謙)과 함께, 강화도가 함락될 경우 자결할 것을 결의하였고, 피고인의 처인 피해자 이씨와도 같은 내용으로 약속하였다. 그러나 당시 피고인의 부친인 공소외 윤황(尹煌)이 인조(仁祖)를 따라 남한산성으로 피신하여 있었기 때문에,[1] 사실은 피고인은 강화도가 청군(淸軍)에 의해 함락되더라도 부친의 생사 여부가 확인되지 않는 한, 자살을 시도할 생각이 없었다.

이와 같은 상황에서, 1637년 1월 22일, 청나라 장수(將帥) 도르곤이 이끄는 군대에 의해 강화도가 함락되었고, 이에 피해자 권순장, 피해자 김익겸 및 피고인의 처 이씨는 그 무렵 곧바로 모두 자살하였다.

위와 같이, 피고인은 위계로써 피해자들로 하여금 자살을 결의하게 하였거나 피해자들이 자살을 결의하는 것을 심리적으로 용이하게 하였고, 실제로 이에 기망당하여 자살을 결의한 피해자들이 1637년 1월 22일경 모두 자살함으로써 피고인의 위 각 피해자들에 대한 위계에 의한 살인죄는 기수에 이른 것이다.

예비적 공소사실 − 자살방조

강화도의 강화성 안으로 피신한 피고인은, 함께 피신한 피해자 권순장(權順長), 피해자 김익겸(金益謙)과 함께, 의병을 일으켜 최후까지 싸우다가 강화도가 함락될 경우 자결할 것을 결의하였고, 피고인의 처인 피해자 이씨와도 같은 내용으로 약속하였다.

그러나 피고인과 피해자 권순장, 피해자 김익겸 등이 의병을 일으켜 항전 태세를 채 갖추기도 전인 1637년 1월 22일, 청나라 장수(將帥) 도르곤이 이끄는 군대가 강화도에 상륙하여 강화성을 함락하였고, 이에 피해자 권순장, 김익겸과 피고인의 처 이씨는 곧바로 자살하였다.

위와 같이, 피고인은 피해자 권순장, 김익겸 및 피고인의 처와 함께, 강화성이 함락될 경우 치욕을 씻기 위해 자결할 것을 약속함으로써 위 피해자들이 자살을 결의·실행하는 것을 심리적으로 용이하게 하였고,

---

1) 병자호란이 발발한 1636년 12월 당시, 피고인 윤선거의 부친인 공소외 윤황은 정3품 대사간(大司諫)의 직위에 있었기 때문에, 윤황은 어가(御駕)를 따라 남한산성으로 들어가야 했습니다. 그러나 피고인 윤선거의 경우 당시 겨우 소과(小科)를 급제한 생원 신분에 불과하였기 때문에 어가를 따르지 않고 처(妻) 이씨 및 자녀들과 함께 강화도로 피신할 수 있었던 것입니다.

실제로 위 피해자들은 강화성이 함락된 1637년 1월 22일경 모두 자살함
으로써, 피고인의 위 각 피해자들에 대한 자살방조죄는 기수에 이른 것
이다.

검사의 기소요지 보충진술

우리 형법은 "자살"을 처벌하지는 않습니다. "자살"을 처벌대상에서
제외하는 것이 과연 타당한지에 관하여, 종교적・법철학적 관점에서 다양
한 견해가 제시되어 왔습니다. 한편, 순수한 법해석론적 관점에서는, 자살
이 성공한 경우에는 어차피 처벌의 대상이 존재하지 않게 되었으므로 처
벌하지 않는 것이 아니냐는 식의 입론(立論)도 있을 수 있으나,[2] 이에 의
하면 자살이 실패한 경우에 "자살미수죄"로 처벌하지 않는 이유가 설명
되지 않습니다. 결국, 자살을 처벌하느냐 처벌하지 않느냐는 이미 법해석
론의 영역을 멀찌감치 벗어나 있는 문제인 것입니다.

무엇이 옳은지에 대한 판단은 다른 학문의 영역으로 넘기고, 다시 우
리 형법의 해석론으로 돌아와 보면, 살인죄에 관한 형법 제250조가 "타
인"을 살해할 것을 구성요건으로 규정하고 있는 이상, 적어도 현행 형법
상 자살(미수죄 포함)을 처벌할 수 없다는 점에 대해서는 이견이 없다고
할 수 있습니다. 그러나 타인의 자살에 관여하는 것은 전혀 새로운 의미
를 갖습니다. 이는 본질적으로 "타인"의 생명을 침해하는 것이기 때문입
니다. 이에 형법은 특별히 별도의 규정을 두어 다른 사람을 교사 또는 방
조하여 자살하게 한 자를 처벌하면서(제252조), 특히 그것이 위계 또는
위력에 의한 것일 때에는 살인죄와 동일한 법정형으로 처벌하고 있습니
다(제253조). 즉 다른 사람을 속이거나 위협하는 등의 방법으로 자살하게
한 경우, 그러한 행위의 불법성의 크기는 일반 살인죄의 그것과 전혀 다

---

2) 피의자가 사망한 경우 검사는 '공소권없음' 처분을 하게 되고, 기소후 피고인이 사망한
경우에는 법원은 공소기각의 결정을 하여야 합니다(형사소송법 제328조 제1항 제2
호). 따라서 형법에 자살을 처벌하는 내용의 조항을 신설하더라도, 형사소송법에 의해
"성공한 자살"은 처벌이 불가능한 것입니다.

르지 않다고 보고 있는 것입니다.

　청나라가 조선을 침략하여 병자호란을 일으킨 것은 1636년 12월 초경인데, 청나라 군대가 압록강을 건넜다는 사실이 조선의 조정(朝廷)에 알려진 시점은 청나라 군대가 이미 평안도 안주(安州)에까지 이른 12월 13일이었습니다. 이어 다음 날인 12월 14일, 청나라 군대는 송도(지금의 개성)에 이르렀다는 소식이 조정에 전해졌고, 이에 그날 저녁, 조선의 조정은 대책을 논의할 시간도 없이 황급히 강화도를 향해 피난길에 올랐습니다. 그런데 창덕궁을 떠난 어가(御駕)3)가 숭례문에 도착하기도 전에 이미 청나라 군대는 현재의 서울지역에 진입하였고, 결국 인조는 강화도로 가는 것을 포기하여, 겨우 남한산성으로 피신할 수 있었습니다.

　위와 같이 병자호란 발발 당시 조선 조정의 형세가 매우 급박하였었기 때문에, 인조의 차남인 봉림대군, 3남인 인평대군 및 일부의 신하들(과 그 가족들)만이 강화도로 피신할 수 있었고, 인조와 소현세자를 비롯한 대부분의 신하들은 남한산성으로 피신할 수밖에 없는 상황이었습니다. 이러한 상황에서, 피고인 윤선거 역시 처(妻) 이씨와 아들들만을 데리고 강화도로 겨우 피신할 수 있었고, 부친인 윤황은 남한산성에 남겨 둘 수밖에 없었던 것입니다.

　피고인 윤선거가 강화도로 피신한 직후 권순장·김익겸과 했던 약속("강화도가 함락될 경우 치욕을 씻기 위해 함께 자결하자"는 취지)은, 피고인의 굴욕적이고 원통한 마음이 표출된 것으로 이해되며, 그 진정성이 의심되어서는 아니 될 것입니다. 그러나 위에서 언급한 상황 및 강화도 함락 이후 피고인이 취한 행동을 종합하여 고려한다면, 피고인은 설령 강화도가 함락되더라도 실제로 자결할 의사를 가지고 있었던 것은 아니라고 생각됩니다. 당시 피고인은 아직 생존해 있는 부친 윤황을 봉양해야 한다는 강한 책임감을 가지고 있었으며, 실제로 강화도가 함락된 이후

3) 임금이 탄 가마를 의미하며, '대가(大駕)'라고 칭하기도 합니다. 국난이 일어나 임금이 피난을 가는 경우, 임금의 어가를 따르는지 여부가 임금에 대한 충성심을 보여주는 매우 중요한 잣대로 작용하기도 하였습니다. 실제로 선조는 임진왜란이 끝난 후, 어가를 끝까지 따른(호위·호종한) 신하 80여 명을 '호성공신'으로 책봉하기도 하였습니다. 그러나 이들이 한 일이라는 것이, 실제로 선조와 함께 안전한 지역을 찾아다니며 피난을 다닌 것에 불과하여, 이들에 대한 공신책봉은 당시에도 세간의 비웃음거리가 되었습니다.

자결을 시도하거나 자결하겠다는 뜻을 내비친 적조차 없었던 것입니다. 오히려 피고인은 강화도 함락 직후 노비로 변장하여 강화도를 몰래 빠져 나온 후, 이름까지 바꾸어 신원을 감춘 후 남한산성으로 향하는 등, 살아 남기 위해 치밀하게 행동하는 모습을 보여주었습니다.

앞서 언급했듯, 피고인 윤선거의 충절과 절개의 진정성을 의심할 수는 없습니다. 그리고 강화도 함락 직후 피고인이 살아남아 부친을 봉양하기 위해 한 행동들이 비난의 대상이 되어서도 아니 될 것입니다. 그러나 피고인이 피해자 권순장·김익겸 및 피고인의 처(妻) 이씨에게 한 약속("강화도가 함락될 경우 치욕을 씻기 위해 함께 자결하자"는 취지)이, 실제로 위 피해자들이 자살을 결심, 실행하는 데에 실질적인 영향을 주었다는 점을 부인하기 어려운 이상, 피고인이 위계에 의한 살인죄(형법 제253조)의 죄책을 면할 수는 없다고 해야 할 것입니다.

만에 하나, 피고인 윤선거가 위 피해자들에게 위와 같은 약속을 할 당시에는 실제로 강화도가 함락될 경우 자결할 의사가 있었으나, 강화도 함락 이후 부친 윤황의 안부가 걱정되어 자살을 시도하지 않고 강화도를 탈출하였던 것이라고 하더라도, 최초 피고인이 피해자들에게 한 약속이 피해자들로 하여금 실제로 자살을 결행하도록 하는 데에 영향을 주었음이 명백한 이상, 피고인이 자살교사죄 또는 자살방조죄의 죄책을 면할 수는 없다고 해야 합니다.

변호인의 변론요지서

검사는 본건이 이른바 "합의동사"(合意同死)에 해당하는 것으로 보고 이론구성을 시도하고 있습니다. 즉 검사는 주위적으로, 피고인 윤선거가 자결할 의사 없이 피해자들과 함께 자결하겠다고 기망함으로써 피해자들로 하여금 자결하도록 유도하였다고 주장하면서, 예비적으로 설사 피고인이 피해자들과의 약속 당시에는 자결할 의사가 있었다고 하더라도 이후 변심하여 자결하지 않은 이상, 자살교사·방조죄가 성립됨에 지장이 없다고 주장하고 있는 것입니다.

그러나 범죄가 성립되기 위해서는 행위와 결과 간의 '인과관계'가 존재해야 한다는 점에서, 위와 같은 검사의 이론구성이 타당한 것인지 근본적인 의문을 갖지 않을 수 없습니다. 즉 만일 피고인 윤선거가 권순장, 김익겸과 위와 같은 약속("강화도가 함락될 경우 치욕을 씻기 위해 함께 자결하자"는 취지의 약속)을 하지 않았더라면, 권순장과 김익겸이 자결을 결심하지 않았겠느냐 하는 점을 진지하게 고민해보지 않을 수 없는 것입니다. 다시 말해 권순장, 김익겸이 자결을 결심, 실행하는 데 있어 피고인 윤선거의 위와 같은 발언 내지 약속이 실질적인 영향을 미쳤다고 볼 수 있는가의 문제입니다.

여기서, 병자호란 발발 당시의 국내외 정세를 짚고 넘어가지 않을 수 없습니다.

1623년 인조반정(仁祖反正)을 통해 정인홍, 이이첨 등 북인(北人)을 궤멸시키고 집권에 성공한 서인(西人)이 쿠데타의 명분으로 맨 첫머리에 내세운 것이 "후금(淸)과의 관계를 단절하고 명(明)나라와의 관계를 복원하겠다"는 것이었습니다. 광해군을 설명하는 키워드가 "명(明)-청(淸) 간의 중립외교"이듯, 인조반정 이후의 서인(西人)정권의 단 하나의 아이덴티티가 바로 "친명(親明) 사대정치의 복원"이던 것입니다. 즉 "청나라를 배격하고 명나라를 따른다"는 것은, (실은 다양한 당파의 연합체인) 광범위한 서인세력을 가장 큰 틀에서 묶어주는 유일한 "컨센서스"였으며, 따라서 "청(淸)과의 화친"을 상정한다는 것 자체가 집권 서인에게 있어서는 자기부정에 다름아닌 것이었습니다. 이에 따라 "(물론 가급적 피할 수 있으면 좋겠지만)장차 언젠가는 청나라와의 전쟁을 피할 수 없을 것이라는 점" 역시 집권 서인이라면 사실상 모두 예견하고 있었다고 보아도 크게 틀리지 않을 것입니다.[4]

---

4) 사림(士林)의 동서 분당(分黨) 및 기축옥사(정여립의 모반사건, 1589) 등 계속된 정국의 혼란으로 인해 조선이 임진왜란을 사실상 무방비 상태에서 맞이하였던 데 반하여, 병자호란의 경우 조선 조정은 이미 청나라의 침략을 충분히 예견하고 있었을 뿐만 아니라, 오히려 전쟁의 발발을 기다리고 있는 상황이었다고 하여도 지나치지 않습니다. 병자호란 발발 전, 인조(仁祖)는 이미 여러 차례 격렬한 척화교서를 반포하였으며, 사실상 선전포고에 다름없는 국서(國書)를 청나라에 보내기도 하는 등, 조선 조정 내에서 청나라와의 전쟁은 이미 기정사실로 받아들여지고 있는 상황이었습니다. 이러한 분위기에 제동을 건 유일한 인물이 최명길이었으나, 그 역시 척화를 주장하는 조선 조정의 입장을 바꾸지는 못하였습니다.

그렇다면, 본건을 단순한 "합의동사(合意同死)" 내지 "동반자살"로 바라보는 검사의 시각은, 당시의 시대상황에 대한 이해의 결여에서 비롯된 것이라 하지 않을 수 없습니다. 즉 피고인 윤선거가 권순장, 김익겸과 함께 위와 같은 약속("강화도가 함락될 경우 치욕을 씻기 위해 함께 자결하자"는 취지의 약속)을 한 것이 사실이라고 하더라도, 이는 함께 수학(修學)한 벗들이 국난을 맞아 함께 분연한 척화 의지를 표명하였다는 정도의 의미를 가질 뿐, 이를 형법상 자살 교사·방조로 의율하는 것은 범죄구성요건의 합리적 해석 범위를 크게 넘어서는 것이라 생각됩니다.

특히 강화성이 함락될 당시(1637년 1월 22일), 권순장과 김익겸은 강화성의 남문을, 피고인 윤선거는 강화성의 동문을 방어하고 있어 서로 통신하지 못하고 있는 상황에서 청군(淸軍)이 강화성의 남문을 돌파하여 성 안으로 들이닥친 점, 이와 같은 상황에서 남문을 방어하고 있던 권순장과 김익겸이 남문이 청군에 의해 돌파되자 (피고인 윤선거와의 교신 없이) 곧바로 김상용 등과 함께 폭약을 터뜨려 자결한 점 등을 고려하면, 피고인 윤선거가 권순장, 김익겸에게 한 약속(발언)과 권순장, 김익겸의 자살 결행 간에는 형법상의 인과관계가 존재한다고 보기 어렵습니다.

위와 같이, 본건의 경우 위계에 의한 살인죄 또는 자살교사·방조죄가 성립될 수 없으므로, 피고인 윤선거에게 무죄가 선고되어야 할 것입니다.

Issue & Debate

1. 1636년, 남한산성

1592년 4월 18일 임진왜란이 일어났습니다. 부산 동래성으로 침입한 일본군이 한양을 점령하는 데에는 3개월도 걸리지 않았습니다. 누가 보아도 조선은 이제 그 운명을 다 한 것처럼 보였습니다. 그러나 아직 조선에는 하늘이 내린 한 명의 영웅이 남아 있었습니다. 이순신입니다. 만일 이순신이 없었다면, "조선"은 정확히 개국 200년만인 1592년 지도에서 사라졌을 것임에 틀림없습니다. 당시 선조(宣祖)는 충주 탄금대에서 신립 장군의 부대가 일본군에 의해 격파되자 미련없이 곧바로 한양을 버리고 의주로 피난을 갔었지요. 하지만 요동으로 건너가지는 못했습니다. 그 때, 이순신이 없었다면 어떻게 되었을까요. 장담컨대, 선조는 잔혹한 일본군에게 사로잡혀 목을 베였을 것입니다. 수백 명의 신하와 그 가족들까지 모두 목을 베이고 살아남은 백성들 상당수는 일본으로 끌려갔을 것입니다. 조선반도에 남아 있는 모든 근사한 건물, 종이로 된 온갖 종류의 기록이며 책들은 대부분 불에 타 사라졌을 것이고, (따라서 만일 후대에 우리가 지금의 모습으로 태어났다면) 우리는 겨우 중국역사서를 통해서나 조선이라는 나라의 존재를 어렴풋이 짐작해 볼 수 있을 것입니다.

근대 이전, 전세계 곳곳에서 벌어지던 전쟁은 이렇게 "끝을 보던" 것이었습니다. 패배한 나라의 임금의 "목을 따야" 비로소 끝나는 것이 었죠. 이순신이 없었다면 선조가 당했을 운명은 결코 특별한 것이 아니었던 것입니다 물론, 모든 전쟁이 한 쪽 나라의 왕의 목을 따야 끝났던 것은 아닙니다. 여기서 이야기하는 것은, "그럴 수 있는 상황이 되면 십중팔구는 그리하였다"는 의미입니다.

위와 같은 이야기를 장황하게 늘어 놓는 이유는, "병자호란"이 얼마나 특별한 케이스였는지를 설명하기 위함입니다. 1636년 12월 14일, 거센 눈보라를 뚫고, (그것도 최명길이 적진으로 가서 시간을 끌어준 덕분에) 겨우 남한산성으로 피신한 인조(仁祖)와 세자, 그리고 조정 대신들은 정확히 45일간 청나라 10만 대군에게 "포위되어" 있었습니다. 그리고 그 10만 대군을 이끌던 사람은, 바로 중국대륙에 마지막 통일왕조를 세운 청(淸) 황제 홍타이지였구요.

바로 이 상황을 냉정하게 생각해 볼 필요가 있습니다. 사실 조선은 이 때야 말로 멸망할 운명이었습니다. 아니, 한 나라의 임금과 세자를, 다른 나라의 10만 군대가 성 밖에서 이와 같이 포위하고도 나라가 보존된 예를, 전 세계사를 통틀어 찾아보기 어렵습니다. 이 때 조선에는 이순신 같은 영웅도 더 이상 존재하지 않았습니다. 하늘은 조선에 이순신을 한 번 내려주었지, 두 번 내려주지는 않았던 것입니다. 조선 앞에 닥친 운명은, "멸망" 하나뿐이었습니다.

그런데 이 때 "기적"이 일어납니다. 남한산성으로 들이닥쳐 길어야 반나절이면 "인간 살처분(殺處分)"을 마치고 서둘러 심양(瀋陽)으로 돌아갈 줄 알았던 청 황제 홍타이지가, 기다리기 시작합니다. 그리고 인조가 직접 나와서 항복을 하면 살려주고, 조선을 보존해 주겠다고까지 합니다. 이 믿을 수 없는 제안이라니! 인조는 물론, 조정의 신하들 역시 이해할 수 없었나 봅니다. 이러한 조선의 신하들의 머릿속을 꿰뚫어 보고 있었던 듯, 청 황제 홍타이지는 1637년 1월 20일, 다음과 같은 서신을 보내옵니다.

대청국 관온인성황제는 조선 국왕에게 조유(詔諭)하노라.

네가 하늘을 어기고 맹세를 저버린 까닭으로 짐이 크게 노하여 군사를 거느리고 나와 쳐도 바야흐로 싸울 뜻이 없더니 이제 네가 외로운 성에서 고단하여 짐이 조서를 내려 심하게 책망함을 보고 죄를 뉘우치는구나.

짐이 너를 용서하여 스스로 새롭게 하라 함은 내 힘이 너에게 미치지 못하는 것이 아니고, 너에서 출성(出城)하여 짐을 만나라 명함은 첫째는 네가 성심으로 항복함을 보려고 함이요, 또 하나는 네게 은혜를 베풀어 다시 나라를 보전하게 하고 군사를 돌이켜 어진 마음을 천하에 보이려 함이니라.

만일 간사한 속임수로 너를 잡겠다고 한다면 천하에 큰 것을 다 속임수로 얻겠느냐.

네 만일 의심하여 출성(出城)하지 않으면 지방을 다 짓밟고 생명이 다 진흙이 될 것이니 진실로 잠시도 머물지 못하리라.

결국 인조와 소현세자는 1637년 1월 30일 남한산성을 나가, 청 황제 홍타이지에게 삼배구고두(三拜九叩頭, 세 번 절하고 아홉 번 머리를 조아림)의 예를 행하고, 청나라와 형제의 의를 맺게 됩니다. 약속대로 "간사한 속임수"를 부리지 않은 청 황제 홍타이지가 조선이라는 나라를 보전하게 해 주었음은 물론입니다.

다시 한번 명확히 하건대, 병자호란을 이 "삼배구고두(三拜九叩頭)" 한 번으로 마무리 짓고 나라를 보전할 수 있었다는 것은, 세계사에 유례가 없는, 엄청난 행운이었습니다. 청 황제 홍타이지가 왜 조선을 멸망시키지 않았는지에 대해, (i) 추후 중원(中原, 즉 북경)을 공략하기 위해 힘을 아껴야 했기 때문이라는 설, (ii) 조선의 지리가 험하여 조선을 멸망시키더라도 관리하기가 힘들어서 포기했다는 설, (iii) 조선이 명(明)을 섬긴 의리를 높이 평가하여 조선-명의 관계를 조선-청의 관계로 치환시키기 위해 그리하였다는 설 등이 있습니다. 세 가지 견해 모두 당시의 상황을 이해하는 데에 조금씩 다른 각도에서 힌트를 주고 있다고 보여집니다.

그러나 중요한 것은, 인조반정(仁祖反正)으로 집권한 서인(西人)들은 인조가 청 황제에게 행한 삼배구고두(三拜九叩頭)를 두고두고 치욕스럽게 여겼다는 점입니다. "행운"을 "치욕"으로 받아들인 그들의 좁은 도량이 아쉽기는 하지만, 사실 이는 그들에게 있어 당연한 것입니다. 그들에게 있어 "삼배구고두(三拜九叩頭)"란, 그들이 내세운 쿠데타의 첫 번째 명분을 스스로 무너뜨린 상징과도 같은 일이었기 때문이죠. 이에 따라 이후 조선 조정에서는, 관직에서 물러나 학문에나 힘쓰는 것을 절개있게 여기는 풍조가 만연합니다. 오랑캐에게 항복한 조정에서 벼슬을 하는 것은 몸을 더럽히는 일이라고 생각했던 것입니다. (나중에 상술하겠으나,) 참고로 집권 서인(西人)들 중 이러한 태도를 취한 자들을 산림(山林) 또는 산당(山黨)이라고 불렀는데, 이들이 조선 후기 권력 및 사상계를 독점함으로써 오늘날 자칭 진보적 사학자들에 의하여 "조선 멸망의 원흉"이라고까지 평가받는,[5] 노론(老論)의 뿌리가 됩니다.

본건 공소사실에 기재된 윤선거의 행위, 아니 정확히는 이에 대한 정당성 논란은 이후 집권 서인(西人)이 노론(老論)과 소론(少論)으로 분당(分黨)되는 데에 있어 촉매제로서 작용하게 됩니다. 따라서 이에 관한 은폐된 혹은 왜곡된 진실에 접근하기 위하여, 우선 1636년 당시 남한산성과 강화도에서 벌어졌던 일들부터 하나씩 더듬어 볼 필요가 있는 것입니다.

---

5) 「송시열과 그들의 나라」(이덕일 저, 김영사); 「노론 300년 권력의 비밀」(이주한 저, 역사의 아침) 등 참조.

2. 윤선거의 죽음, 한국식 '서바이벌' 당쟁의 시작

만일 당시 본건 공소사실과 같은 내용으로 공소가 제기되었다면, 과연 공소를 제기한 검사는 어떤 인물이었을까요. 그 검사의 고향이 어디인지, 학벌이 어떠한지는 여기서 전혀 중요하지도 않고, 또 알 수도 없습니다. 하지만 단 한 가지, 확실한 것은 있습니다. 그는 송시열을 따르는, 열혈 노론(老論)일 것이라는 점입니다.

사실 윤선거가 강화도에서 자결하지 않고 목숨을 부지한 것은 당시만 해도 전혀 문제되지 않았습니다. 훗날 조선을 대표하는 "지조"와 "절개"의 아이콘으로 추앙받게 된 김상헌 역시 인조가 남한산성에서 나와 청 황제를 향해 삼배구고두(三拜九叩頭)를 하고 있던 바로 그 때, 혼자서 몰래 남한산성을 빠져 나와 목숨을 건졌습니다. 소위 "삼학사(三學士)"로 불리는 홍익한, 윤집, 오달제가 청나라로 끌려가 칼날을 받던, 바로 그 시점입니다. 삼학사의 절개를 칭송하는 것은 당연하나, 그렇다고 단지 살아남았다는 이유로 비난할 만큼 아직은 유자(儒者)들이 꽉 막혀 있지는 않았던 것입니다. 1669년, 윤선거가 죽자 송시열은 곧바로 제문(祭文)을 보냈는데, 여기서 강화도에서의 일에 관하여 다음과 같이 적고 있습니다.

> 중년에 대란을 만나서는 구차히 살려고 한 것이 아니라 문천상(文天祥, 송나라 말기의 충신)이 급작스럽고 치욕스런 일을 당해 독약을 마셨으나 죽지 못한 것과 같으며, 또 아버지가 살아 계시므로 감히 마음대로 죽을 수 없어서였던 것입니다.
>
> －「송자대전」권153, 제문 －

그런데 불과 몇 개월 후, 송시열은 다음과 같은 시를 지어 윤선거가 강화도에서 죽었어야 함에도 비굴하게 죽지 않았다고 비난하기 시작하였습니다.

> 수치를 모르고서 말꼴을 먹고는
> 뻔뻔스레 다시 와서 호탕하게 노니누나
> 청류를 향해 옷소매 빨지 마소
> 때 묻은 옷소매에 청류 더럽혀질까 두렵소
>
> － 「송자대전」 부록 권16, 어록3 －

두 글을 지은 이는 동일인입니다. 그것도 다름 아닌, "조선의 주자"(朱子)라 불리는 당대의 유현(儒賢) 송시열입니다. 한 인물(윤선거)에 대한 송시열의 평가가 불과 몇 개월 사이에 어떻게 이렇게 180도 달라질 수 있는 것일까요. 더욱 놀라운 것은, 이와 같은 송시열의 변심(?)이 적어도 그를 따르는 무리들 사이에서는 전혀 문제되지 않았다는 것입니다. 아니, 오히려 이를 계기로 송시열은 노론(老論)의 수장으로서의 지위를 확고히 하였고, 이후 조선 후기 정계와 사상계를 평정하기에 이릅니다.

드라마틱한 송시열의 변심 그 자체는 일단 접어두고, 송시열이 윤선거를 비난하는 "이유" 또는 "비난의 내용"은 더욱 이해하기 어렵습니다. 그 비난의 "이유"라는 것이, "윤선거가 강화도에서 죽어야 할 의리가 있었음에도 죽지 않았다"는 것입니다. 즉 이제는 전쟁에서 살아남은 것 자체를 문제삼아 비난하는 상황에 이른 것입니다. 그렇다면, 병자호란 당시 치욕을 겪고도 죽지 않은 송시열 자신에 대한 변명은 도대체 어떤 논리를 가지고 하려던 것이었을까요(특히, 병자호란 당시 윤선거가 일개 유생의 신분이었던 데에 반하여, 송시열은 봉림대군의 사부로서 인조의 어가를 따라 남한산성으로 들어갔다는 점을 상기할 필요가 있습니다). 역사서 어디에도, 송시열 본인이나 그의 수많은 제자 중 어느 누구도 이에 관해 설명하거나, 해명하거나 또는 변명하였다는 기록은 발견되지 않습니다. 애당초 설명이든 해명이든 또는 변명이든, 불가능한 것임을 스스로도 잘 알고 있었을 것이고, 따라서 굳이 이에 관해 말을 꺼내려 하지 않았던 것이겠지요.

위에서 언급한 사실들이 의미하는 것은 간단합니다. 위 시점을 계기로 당쟁은 더 이상 이성(理性)적이지 않게 되었다는 것입니다. 이전의 당쟁도 치열하긴 했으나, 적어도 붓끝에서 나오는 치밀한 논리와 문장력으로 싸우는, 세련된 문치(文治)의 절정을 보여주는 것이었으며, 또한 결코 상대 당파의 목숨을 빼앗기 위한 것도 아니었습니다. 물론, 기축옥사(1589)때 서인(西人) 정철이 신문관으로 나서 동인(東人)의 실력자 정여립, 이발, 최영경, 정개청 등을 죽음으로 내몬 사건이 있었고, 인조반정(1623) 직후에는 이이첨이 이끌던 대북정권이 집권 서인세력에 의해 궤멸된 일이 있기는 했습니다. 그러나 이는 모두 "쿠데타"라는 특수하고 제한적인 상황에서 벌어졌던 일에 불과합니다. 따라서 (이렇게 예외적이고 특수한 상황을 제외한다면,) 적어도 이 시기까지의 당쟁은 "권력은 붓끝에서 나온다"는 명제에 충실하였습니다. 학문과 논리로써 치열한 당쟁을 벌인 후 승자가 차지하는 것은 높은 관직이었고, 패자는 단지 관복을 벗으면 그만이었던 것입니다.

그러나 이제는 당쟁의 양상이 바뀌었습니다. 앞서 언급했듯, 유자(儒者)들은 이제 더 이상 이성(理性)적이지도, 합리적이지도 않습니다. 유자들은 여전히 붓을 쥐었으나 그 붓으로 더 이상 논리와 학문을 다투지 않았습니다. 붓을 쥐는 목적이 바뀐 것입니다. 예전에는 자신의 학문과 논리가 옳음을 논증하기 위해 글을 썼으나, 이제는 오로지 상대 당파를 공격하여 죽음으로 몰아넣기 위해 붓을 잡았습니다. 한 번의 붓놀림으로 상대 당파를 죽음의 절벽으로 몰아넣을 수 있다면, 그다음에 사용할 반박 논리는 굳이 준비할 필요가 없습니다. 이것이 송시열이 (자신도 병자호란 때 자결하지 않았으면서,) 윤선거가 병자호란시 자결하지 않았음을 비난할 수 있었던 배경입니다(예컨대 두 사람이 같은 상처를 입었을 때 먼저 상대방의 상처를 집중적으로 쑤셔가며 상대방의 숨통을 끊어 놓으면, 자신의 상처는 굳이 치료할 필요가 없는 것과 같은 이치이지요). 전혀 논리적이지도 않고 전혀 이성적이지도 않은, 그렇다고 패자에게 최소한의 자비를 베풀 줄도 모르는, 잔혹한 서바이벌 게임이 시작된 것입니다.

그 시작을 알린 것이, 바로 윤선거의 죽음 이후 윤선거의 아들인 윤증과 송시열 간에 벌어진 회니시비(懷尼是非)입니다. 즉 서인(西人)이 노론(老論)과 소론(少論)으로 분당되는 바로 그 시점입니다. 앞서 만일 본건 공소가 실제로 제기되었었던 것이라면, 그 공소를 제기한 검사는 틀림없이 열혈 노론일 것이라고 언급한 바 있습니다. 요컨대, 본건 공소는 이치에도 맞지 않고 절제되지도 않은, 노론(老論) 특유의 무대뽀식 공격의 전형(典型)을 보여주는 것이라 하겠습니다.

회니시비(懷尼是非)란, 충청도 회덕(懷德)에 살았던 송시열과 이성(尼城, 지금의 논산)에 살았던 윤증 간의 논쟁을 일컫습니다. 본래 송시열의 제자였던 윤증은, 부친인 윤선거가 죽자 묘갈명(묘비문)을 써 줄 것을 스승인 송시열에게 부탁하였으나, 송시열은 윤증의 거듭된 부탁에도 불구하고 단지 "박세채가 잘 썼으니 나는 이를 옮겨 쓸 뿐, 새로이 짓지 않는다"라고 성의없이 써 줄 뿐이었습니다. 송시열이 이와 같이 했던 것은, 자신(송시열)과 정치적·학문적으로 극단적인 대립관계에 있던 윤휴에 대해, 윤선거가 미온적인 태도를 취했기 때문입니다. 즉, 일찍이 송시열은 윤선거에게 윤휴와 절교할 것을 요구한 바 있었는데,[6] 당시 윤선거가 송시열의 요구에 마지 못해 윤휴와 절

<hr/>

6) 1665년 서인(西人) 송시열과 윤선거, 이유태 등이 동학사(東鶴寺, 공주시 소재)에 모여 남인(南人) 윤휴에 대한 입장을 두고 논쟁을 벌인바 있습니다. 송시열은 1차 예송논쟁(1659) 무렵 이미 윤휴를 이른바 "사문난적"(斯文亂賊)으로 몰아 공격한 바 있었

교하였다고 선언하기는 하였으나 속마음까지 그러한 것은 아니었다는 사실(나아가 실제로 절교하지도 않았다는 사실)을, 윤선거가 죽은 후 뒤늦게 알게 되었고, 이에 송시열은 제자인 윤증의 거듭된 청에도 불구하고 윤선거의 묘갈명을 위와 같이 무성의하게 써 주었던 것입니다. 송시열의 이 같은 처사에 대해 분노한 윤증은, 송시열의 학문적 편협함과 부덕함을 비난하는 편지를 작성하였는데, 발송 전 그 편지를 보게 된 박세채가 그 내용과 표현의 과격함을 우려하여 편지를 보내지 말라고 만류하였으나, 결국 3년 후인 1684년, 송시열의 손자인 송순석을 통하여 편지의 사본이 송시열에게 전달되게 됩니다. 1681년에 작성된 위 편지를 "신유의서"(辛酉擬書)라 하며, 이를 시작으로 수년간 송시열과 윤증은 상대방의 학문과 인품을 비난하는 편지를 주고받으며 극단적으로 대립하게 됩니다. 이는 노·소 분열이 가속화되는 중요한 계기가 되었습니다.

회시니비의 의의 및 이에 대한 평가에 대해서는 제7장 '집안싸움이 당파싸움으로' 편에서 자세히 언급하도록 하겠습니다.

는데, 이에 따라 이후 윤선거 등 자신과 동문수학한 벗들에게, 윤휴와 절교할 것을 요구하였던 것입니다.

집안싸움이 당파싸움으로

― 「가례원류」의 소유권을 둘러싸고 펼쳐지는
노론과 소론의 진검승부 ―

공소장

피고인 관련사항

    1. 피 고 인   유상기(俞相基, 60세)

                        직업: 하급공무원

                        주거: 경기

       죄   명   사기

       적용법조   형법 제347조 제1항, 제34조 제1항

                        (예비적으로, 형법 제347조 제1항, 제30조)

(예비적으로)

    2. 피 고 인   이이명(李頤命, 53세)

                        직업: 정치인(좌의정)

                        주거: 한양

       죄   명   사기

       적용법조   형법 제347조 제2항, 제1항, 제30조

형법 제347조(사기)

① 사람을 기망하여 재물의 교부를 받거나 재산상의 이익을 취득한 자는 10년 이하의 징역 또는 2천만원 이하의 벌금에 처한다.

② 전항의 방법으로 제3자로 하여금 재물의 교부를 받게 하거나 재산상의 이익을 취득하게 한 때에도 전항의 항과 같다.

형법 제34조(간접정법, 특수한 교사, 방조에 대한 형의 가중)

① 어느 행위로 인하여 처벌되지 아니하는 자 또는 과실범으로 처벌되는 자를 교사 또는 방조하여 범죄행위의 결과를 발생하게 한 자는 교사 또는 방조의 예에 의하여 처벌한다.

형법 제30조(공동정범)

2인 이상이 공동하여 죄를 범한 때에는 각자를 그 죄의 정범으로 처벌한다.

공소사실

피고인 유상기의 조부인 공소외 망 유계(俞棨)와, 피해자 윤증의 부친인 공소외 망 윤선거는, 1650년대 후반 경, 가례(家禮)에 관련된 중국 및 조선의 학자들의 글을 모아 체계적으로 정리하여 「가례원류」라는 책을 편찬하기로 하고, 그 무렵 함께 작업을 하기 시작하였다.

그런데 위와 같이 공소외 유계와 공소외 윤선거가 공동으로 「가례원류」의 편찬작업을 시작한 지 얼마 지나지 않은 1658년, 공소외 유계가 무안군수로 부임하게 되면서 더 이상 위 편찬작업에 참여할 수 없게 되었다. 이에 따라 이후의 위 편찬작업은 공소외 윤선거와 피해자 윤증이 진행하게 되었다.

위와 같이 공소외 윤선거와 피해자 윤증이 대부분의 편찬작업을 진행한 끝에, 1665년경 「가례원류」 초본이 완성되었다. 공소외 유계는 1658년 이후 위 책의 편찬작업에 참여하지 않았을 뿐 아니라, 위 책의 초본이 완성되기 전인 1664년 사망함에 따라, 위 책의 초본은 자연히 공소외 윤선거가 보관하게 되었고, 공소외 윤선거 역시 1669년 사망함에 따라, 그 아들인 피해자 윤증이 이후 위 책의 초본을 보관하게 되었다.

주위적 공소사실 – 간접정범에 의한 소송사기

피고인 유상기는 위와 같이 1665년경 완성된 「가례원류」 초본이 피고인의 조부인 공소외 유계의 단독편찬저술이 아닐 뿐만 아니라, 오히려 위 책의 초본의 완성에 있어 공소외 윤선거와 피해자 윤증의 기여도가 공소외 유계의 기여도보다 크다는 점을 잘 알고 있었다.

그럼에도, 피고인 유상기는 1711년경 피해자 윤증에게, 위 책의 초본이 공소외 유계의 단독편찬저술이라고 주장하며 위 책의 간행을 위해 피해자 윤증이 보관중인 위 책의 초본을 내어줄 것을 요구하였다. 그러나 이에 대해 피해자 윤증이 위 책의 초본의 인도를 거부하자, 피고인 유상기는 사법기관을 기망하여 위 책의 초본을 인도받을 것을 계획하게 되었다.

이에 따라 피고인 유상기는 1711년 모월(某月) 모일(某日), 위와 같은 사정을 모르는 공소외 이이명에게 부탁하여, 동인으로 하여금 "피해자 윤증은 「가례원류」의 초본을 피고인 유상기에게 인도하라"는 취지의 명령을 내려줄 것을 구하는 상소(上疏)를 임금인 숙종(肅宗)에게 올리도록 하였다. 이에 좌의정인 공소외 이이명의 상소내용을 신뢰한 숙종은 곧바로 위와 같은 내용의 명령을 내렸다.

위와 같이 피고인 유상기는 그 사정을 모르는 공소외 이이명을 교사하여 숙종을 기망하고, 이를 통해 숙종으로부터 "피해자 윤증은 「가례원류」의 초본을 피고인 유상기에게 인도하라"는 명령을 받아냄으로써 피해자 윤증으로부터 위 책 초본 상당액의 재산상의 이익을 편취하였다.

경신환국(庚申換局, 1680)으로 서인(西人)은 재집권하게 되었습니다. 그런데 재집권기반을 다져가는 과정에서, 송시열은 당대 제일의 학자이자 명유(名儒)라는 신망에 걸맞지 않게 외척 및 권신(權臣)들과 결탁하는 등 "송시열답지 않은" 행동을 보여주었고, 이에 실망한 젊은 사류들이 송시열로부터 이탈하여 소론(少論)이라는 당파를 형성하였습니다. 여전히 송시열을 따르는 자들은 노론(老論)이었고, 소론을 이끌던 자는 윤증, 박세채, 남구만 등이었으며, 대부분의 젊은 사류들이 소론에 가담했습니다.

이에 더하여 송시열(노론)과 윤증(소론) 간의 회니시비(懷尼是非) 등을 거치며 노·소분열이 가속화되었습니다. 한편 기사환국(己巳換局, 1689년 인현왕후가 폐비되고 장희빈이 중전에 오른 사건)으로 잠시 남인에게 정권을 빼앗겼던 서인은 갑술환국(甲戌換局, 1694년 장희빈이 폐비되고 인현왕후가 중전으로 복귀한 사건)으로 다시 집권에 성공하게 되는데, 이 때의 서인은 이미 사실상 노론과 소론으로 완전히 분열된 상황이었습니다. 한편 갑술환국 당시에는 소론이 노론에 비해 우세하였으나, '무고의 옥'(巫蠱의 獄, 1701년 장희빈이 사사된 사건) 사건을 계기로 전세가 역전되었으며, 이후 시간이 흐름에 따라 더욱 노론의 소론에 대한 우위가 강화되고 있는 상황이었습니다. 이에 따라 본건 공소제기 시점인 1711년은 노론이 소론에 대해 완전한 우위에 서 있는 시점이었는데, 더욱이 이이명은 이른바 '노론 4대신' 중의 한명으로서 이 무렵 숙종의 매우 두터운 신임을 얻고 있었습니다. 즉 숙종의 장희빈 사사(賜死) 사건을 계기로, 향후 100년을 이어가게 되는 노론 일당 전제정치의 서막이 올랐다고 평가해도 과언이 아닌 것입니다. 사건 숙종조의 환국정치(서인과 남인의 대립) 및 회니시비, 「가례원류」 사건 등을 통해 촉발된 서인의 분열 과정에 대하여는 "Issue & Debate"에서 후술하도록 하겠습니다.

예비적 공소사실 – 공동정범에 의한 소송사기

피고인 유상기와 피고인 이이명은 위와 같이 1665년경 완성된「가례원류」초본이 피고인 유상기의 조부인 공소외 유계의 단독편찬저술이 아닐 뿐만 아니라, 오히려 위 책의 초본의 완성에 있어 공소외 윤선거와 피해자 윤증의 기여도가 공소외 유계의 기여도보다 크다는 점을 잘 알고 있었다.

한편 피고인 유상기가 피해자 윤증에게 위 책의 초본을 내어달라고 요구해도 피해자 윤증이 이에 응하지 않자, 피고인들은 사법기관을 기망하여 위 책의 초본의 인도 명령을 받아 내기로 공모하였다.

이에 따라 피고인 이이명은 1711년 모월(某月) 모일(某日), "「가례원류」초본이 피고인 유상기의 조부인 공소외 유계의 단독편찬저술이므로, 피해자 윤증은 위 책의 초본을 피고인 유상기에게 인도해야 한다"는 취지의 명령을 구하는 상소(上疏)를 숙종에게 제출하였다. 이에 좌의정인 피고인 이이명의 상소내용을 신뢰한 숙종은 곧바로 위와 같은 내용의 명령을 내렸다.

위와 같이 피고인 유상기는 피고인 이이명과 공모하여 사법기관인 임금을 기망하여 "피해자 윤증은「가례원류」의 초본을 피고인 유상기에게 인도하라"는 명령을 받아냄으로써 피해자 윤증으로부터 위 책 초본 상당액의 재산상의 이익을 편취하였고, 피고인 이이명은 피고인 유상기로 하여금 동액 상당의 재산상의 이익을 취득하도록 하였다.

변호인의 변론요지서(피고인 유상기를 위한)

1. 사기죄의 불능범(不能犯)에 해당하여 처벌할 수 없음

행위자에게 범죄의 고의가 있고 외관상 실행의 착수로 볼 수 있는 행위가 존재하더라도 행위의 성질상 결과발생이 불가능한 경우에는 이른바 "불능범"으로서 처벌되지 않습니다. 한편 형법 제27조는 "실행의 수단 또는 대상의 착오로 인하여 결과의 발생이 불가능하더라도 위험성이 있는 때에는 처벌한다. 단 형을 감경 또는 면제할 수 있다"고 하며, "불능미수"(不能未遂)를 처벌할 수 있도록 하고 있습니다. 즉 결과발생이 불가능한 경우, 다시 경우를 나누어 "위험성"이 있는 경우에는 "불능미수"로서 처벌할 수 있으나, "위험성"이 인정되지 않는 경우에는 "불능범"에 해당하여 처벌할 수 없는 것입니다.

여기서 "위험성"의 존부 판단의 기준에 관하여 대법원은, "불능범의 판단기준으로서의 위험성 판단은, 행위 당시 피고인이 인식한 사정을 놓고, 이것이 객관적으로 일반인의 판단으로 보아 결과발생의 가능성이 있느냐를 따져야 한다"(대법원 2005. 12. 8. 선고 2005도8105 판결)고 판시한 바 있습니다. 위 사건은, A가 B를 상대로 민사소송을 제기하였으나 소의 이익이 흠결된 부적법한 소(訴)에 해당하여 소각하 판결이 내려졌고, 이후 A가 소송사기죄로 기소되었던 사안이었는데, 이에 대하여 대법원은 "A의 소송사기 범행은 실행 수단의 착오로 인하여 결과의 발생이 불가능할 뿐만 아니라 위험성도 없다고 할 것이어서 불능미수에 해당한다고 볼 수 없으므로, (불능범으로서) 무죄가 선고되어야 한다"고 판시하였던 것입니다.

조선의 법제도에 의하면, 민사소송은 각 지방 행정관(현감 또는 관찰사)이 담당하도록 되어 있었으며, 특히 민사소송에 대하여는 단심제를 채택하고 있었기 때문에, 중앙관청인 형조(刑曹) 또는 임금이 민사소송을 처리하는 일은 있을 수 없는 것이었습니다. 이에 따라 숙종 역시, 비록 1711년 피고인(또는 공소외인) 이이명의 상소에 따라 "윤증은 「가례원류」 초본을 피고인 유상기에게 인도하라"는 취지의 명령을 내리기는 했으나, 피고인 유상기가 1715년 「가례원류」를 자신의 조부인 유계의 단독저술로 표기하여 간행한 후 이에 대한 시비가 끊이지 않자, "가례원류는 사가(私家)의 글로서 나라가 관여할 일이 아니므로, 더 이상 이에 관하여 상소(上疏)를 올리거나 조정에서 거론하지 말라"고 명하였던 것입니다.

즉 본건의 경우 "윤증이 피고인 유상기에게 위 책의 초본을 내어 주어야 하는지 여부"는 애당초 상소(上疏)의 대상이 되지 않는 것으로서, 원칙적으로 피고인(또는 공소외인) 이이명이 이에 관한 상소를 승정원[1]에 제출하였을 때 승정원은 마땅히 이를 반려하였어야 하는 것입니다. 따라서 본건 공소사실에 기재된 피고인 유상기(및 피고인 이이명)의 행위는 결과발생의 가능성이 없을 뿐만 아니라, 위와 같이 확립된 판례 이론에 의할 경우 "위험성"도 인정되지 않으므로, 피고인(들)에게 무죄가 선고되어야 할 것입니다.

참고로, 본건의 경우 이이명의 상소가 원칙적으로는 승정원에서 반려되었어야 했다는 점을 인정하더라도, 그 과정이나 경위가 어찌되었든 위 상소가 숙종에게 전달되었고, 숙종은 이를 수용하는 명령을 내렸기 때문에, 소송사기는 기수에 이른 것이라는 반론이 있을 수 있습니다. 그러나 "윤증은 피고인 유상기에게 위 책의 초본을 내어 주라"는 숙종의 명령은 국법절차에 위반하여 무효라고 해야 하고, 피고인과 무관한 "제3자"인 승정원이 국법에 위반하여 위 상소를 숙종에게 올린 행위를 피고인에게 불리한 자료로 삼는 것은 죄형법정주의의 원칙상 있을 수 없는 일이므로, 위와 같은 반론은 타당하지 않다고 해야 합니다.

2. 피고인 유상기에게 「가례원류」 초본의 인도(반환)청구권이 없다고 단정할 수 없음

공소사실의 입증책임은 검사에게 있으며, 합리적 의심을 배제할 수 있을 정도로 공소사실이 입증되지 않는 한, 쉽사리 피고인에게 유죄를 선고할 수 없습니다.

우선, 「가례원류」는 공소외 유계의 단독저술이므로, 유계의 상속인인 피고인 유상기가 위 책의 초본에 대해 소유권에 기한 반환청구권을 갖는다고 보아야 합니다. 윤선거가 직접 지은 유계의 행장(行狀)[2]에도 다음과 같이 기재되어 있습니다.

---

1) 승정원(承政院)은 왕명을 출납하는 곳으로서, 임금에게 올리는 모든 상소는 승정원을 통하여서만 임금에게 올려질 수 있었습니다. 본건의 경우 승정원에서 당연히 이이명의 상소를 반려하였어야 함에도 이를 숙종에게 올린 것은, 당시 승정원이 (이이명이 속한 당파인) 노론에 의해 장악되어 있었기 때문으로 추측됩니다. 실제로 당쟁이 격화되는 조선후기로 접어들면, 승정원을 장악한 당파는 상대 당파가 올린 상소 또는 자신들의 권력유지에 해가 된다고 판단되는 상소는 접수 자체를 거부하기도 하고, 역으로 같은 당파에서 나온 상소일 경우, 법률상 반려하여야 하는 경우에 해당되더라도 이를 접수하여 임금에게 품신하는 경우가 비일비재하였습니다.
2) 죽은 사람을 기리기 위해, 살아 생전의 말과 행동을 기록한 글입니다.

날마다 학문을 강론하고 사람을 가르침으로 일을 삼았다. 예서가 종류가 많고 요령을 알기가 어렵다 해서, 이에 문공가례(文公家禮)에 나아가 강(綱)을 세우고 목(目)을 나누어 두면서, 옛날 예문의 경전 및 선현예설(先賢禮說)을 채취하고, 동방 여러 선비들이 저술한 글까지 아울러서 분류대로 각각 그 조목 아래에 부치니 이름하여 「가례원류(家禮源流)」라 하였다.

위와 같이 「가례원류」는 유계의 단독저술로서 이에 대한 소유권이 피고인 유상기에게 있고, 따라서 피고인 유상기는 소유권에 기한 반환청구권(민법 제213조)에 기하여 위 책의 초본의 반환을 청구할 권리를 가지고 있는 것입니다.

또한 만에 하나 「가례원류」가 유계의 단독저술이 아니라고 하더라도, 검사의 공소사실 자체에 의하더라도 피고인 유상기에게 위 책에 대한 반환청구권이 있다는 사실을 인정할 수 있습니다. 즉, 검사가 작성한 본건 공소사실에 기재된 「가례원류」의 편찬경위의 요지는, "피고인 유상기의 조부인 유계와, 윤증의 부친인 공소외 윤선거가 가례(家禮)에 관련된 중국 및 조선의 학자들의 글을 모아 「가례원류」라는 책을 편찬하기로 하고 함께 편찬작업을 하던 중, 유계가 무안군수로 부임하게 되어 더 이상 위 책의 편찬작업을 할 수 없게 됨에 따라 이후의 편찬작업을 공소외 윤선거와 그 아들인 윤증이 함께 하였다"는 것입니다. 즉 검사의 공소사실에 의하더라도, 피고인 유상기의 조부인 공소외 유계가 「가례원류」의 기획 및 편찬작업에 상당부분 기여했다는 사실을 명확히 확인할 수 있는 것입니다.

그렇다면, (공소외 유계의 상속인인) 피고인 유상기가, 윤증이 보관(점유)중인 「가례원류」 초본에 대해 공동소유권을 가진다는 사실은 부인할 수 없습니다. 즉 검사의 공소사실에 의하더라도, 피고인 유상기는 「가례원류」 초본의 공동소유자로서, 윤증에 대해 위 책의 초본의 인도(반환)를 청구할 수 있는 권리(민법 제213조)를 가지고 있음이 명백한 것입니다. 따라서 피고인 유상기에게 위 책 초본의 인도(반환)청구권이 없음을 전제로 한 본건 공소사실은 그 내용 자체로서 이유없다고 하지 않을 수 없습니다.

한편, 검사는 "피고인 유상기는 「가례원류」 초본이 공소외 유계의 단독편찬저술이 아님에도 불구하고 이를 유계의 단독편찬저술이라고 주장하여 그 인도를 청구하였으므로 소송사기에 해당한다"는 취지로 주장하고 있습니다. 그러나 대법원은 거듭하여 다음과 같이 판시하여, 소송사기죄의 인정을 엄격하게 하여야 함을 강조하고 있습니다.

【대법원 2003. 5. 16. 선고 2003도373 판결】

소송사기는 법원을 기망하여 자기에게 유리한 판결을 얻음으로써 상대방의 재물 또는 재산상의 이익을 취득하는 것을 내용으로 하는 범죄로서, 이를 처벌하는 것은 필연적으로 누구든지 자신에게 유리한 주장을 하고 소송을 통하여 권리구제를 받을 수 있다는 민사재판제도의 위축을 가져올 수밖에 없으므로, 피고인이 그 범행을 인정한 경우 외에는, 그 소송상의 주장이 사실과 다름이 객관적으로 명백하거나 피고인이 그 소송상의 주장이 명백히 허위인 것을 인식하였거나 증거를 조작하려고 한 흔적이 있는 등의 경우 외에는 이를 쉽사리 유죄로 인정하여서는 안 된다(대법원 1997. 7. 22. 선고 96도2422 판결 등).

소송사기가 성립하기 위해서는 제소 당시에 그 주장과 같은 채권이 존재하지 아니한다는 것만으로는 부족하고 그 주장의 채권이 존재하지 아니한 사실을 잘 알고 있으면서도 허위의 주장과 입증으로써 법원을 기망한다는 인식을 하고 있어야만 하고, 단순히 사실을 잘못 인식하거나 법률적인 평가를 그르침으로 인하여 존재하지 않는 채권을 존재한다고 믿고 제소하는 행위는 사기죄를 구성하지 아니한다(대법원 1982. 9. 28. 선고 81도2526 판결 등).

결국 본건의 경우, 설사 피고인 유상기가 「가례원류」 초본을 공소외 유계의 단독편찬저술이라고 주장하며 윤증을 상대로 인도(반환)를 청구했다고 하더라도, 이는 사실관계를 잘못 인식하거나 이에 대한 법률평가를 그르쳐 민사소송에서의 "청구취지"를 잘못 구성한 것에 불과하다고 하지 않을 수 없습니다. 특히 앞서 언급한 바와 같이, 검사 작성의 공소사실에 의하더라도 피고인 유상기에게 위 책 초본의 반환을 청구할 수 있는 권리(소유권에 기한 반환청구권)가 존재함이 명백한 이상, 본건에 있어 소송사기죄가 성립될 여지는 없다고 해야 합니다.

검사의 반박의견서

1. 가례원류는 유계와 윤선거(및 피해자 윤증)의 공동저술임

변호인은 (i)「가례원류」초본은 유계의 단독저술이며, (ii) 설사 위 책이 유계와 윤선거의 공동저술이라고 하더라도 적어도 피고인 유상기는 위 책의 초본에 대해 공동소유권을 가지는 것이므로, 피고인 유상기에게 소송사기죄가 성립하지 않는다는 취지로 주장하고 있습니다.

그러나「가례원류」는 유계의 단독저술이 아니며, 유계와 윤선거의 공동저술임이 명백합니다. 오히려 공소사실에서 언급한 바와 같은 사정들, 즉 (i) 유계가 윤선거와 함께「가례원류」편찬을 시작한 지 얼마되지 않아 무안군수로 부임하게 됨에 따라 이후 위 책의 편찬작업은 윤선거와 피해자 윤증이 맡아 하였던 점, (ii)「가례원류」초본이 완성된 후 무려 50여 년 동안 유계의 아들 또는 손자(피고인 유상기)가 이에 대한 아무런 권리를 주장하지 않았었던 점 등을 고려한다면, 사실상 윤선거와 피해자 윤증이「가례원류」편찬에 있어 절대적인 기여를 하였음을 짐작할 수 있습니다.

변호인은, 윤선거가 지은 유계의 행장(行狀)에,「가례원류」가 유계의 단독저술이라고 기재되어 있다고 주장합니다. 그러나 위 유계의 행장에는 "유계가「가례원류」를 편찬하였다"고 기재되어 있을 뿐, "유계가 단독으로「가례원류」를 편찬하였다"고 기재되어 있는 것이 아닙니다. 법리를 떠나 상식적으로 볼 때, 윤선거가 죽은 친구(유계)를 기리는 행장을 지으며, 여기에 본인(윤선거)의 업적을 써 넣을 수는 없는 것입니다. 즉, 윤선거가 유계의 행장에 "나(윤선거)와 함께「가례원류」를 편찬하였다"고 써 넣는 것은 매우 부자연스럽습니다.

윤선거가 죽은 후 송시열이 지은 묘갈명(墓碣銘)에는 다음과 같이 적혀 있습니다. 뒤에서 자세히 상술하겠지만, 송시열이 윤선거의 묘갈명을 찬술하였을 당시 이미 송시열과 윤선거 가문의 갈등이 심상치 않은 상황이었다는 점을 생각한다면,「가례원류」가 윤선거와 유계의 공동저술이라는 점은 더 이상 논란의 여지가 없다고 해야 합니다.

공(윤선거)의 종형(從兄)인 윤백분이 지은 묘표(墓表)에 이르면 글은 비록 간략하여도 뜻은 더욱 극진하니, 공의 시종(始終)을 더할 수 없이 정밀하고 심도 깊게 서술하여 다시 덧붙일 것이 없다.

공이 「주역」(周易)을 읽은 뒤 스스로 후천설에 깊이 공감한다고 생각하여 〈첩천도(疊天圖)〉를 만들었고, 또 유계와 함께 「가례원류」를 저술하였으며, 또 문집 15권이 집에 간직되어 있다.

2. 「가례원류」에 대해 피고인은 소유권에 기한 반환청구를 할 수 없음

위와 같이 「가례원류」는 유계와 윤선거의 공동저술이라는 점에 의문의 여지가 없습니다.

그런데 민법 제246조 제1항은 "10년간 소유의 의사로 평온, 공연하게 동산(動産)을 점유한 자는 그 소유권을 취득한다"고 규정하고 있으며, 동조 제2항은 점유가 선의이며 과실없이 개시된 때에는 5년의 취득시효가 적용된다고 규정하고 있습니다. 본건의 경우, 유계(의 상속인)와 윤선거가 위 책 초본이 완성된 1665년에 그 소유권을 공동으로 원시취득하였다고 하더라도, 이후 1711년 무렵까지 윤선거 및 그 아들인 피해자 윤증이 위 책의 초본을 점유하고 있었으므로, 1670년경(늦어도 1675년경에는) 피해자 윤증이 위 책에 대한 유계(의 상속인)의 지분소유권을 시효취득하였습니다. 결국 위 책이 유계와 윤선거의 공동저술이라고 하더라도, 취득시효 완성에 따른 반사적 효과로서 유계(의 상속인)의 소유권은 상실되었으므로, 피고인 유상기는 소유권에 기한 반환청구를 할 수 없는 것입니다.

만에 하나, 피해자 윤증이 위 책에 대한 유계(또는 그 상속인)의 지분소유권을 '어떠한 사유에 의해' 시효취득하지 못한 경우에는, 피고인 유상기가 위 책의 인도를 청구한 1711년 현재 피고인 유상기와 피해자 윤증이 위 책을 동일한 지분으로 공유하고 있는 것으로 볼 수 있습니다(민법 제262조). 그러나 이 경우, 피고인 유상기로서는 민법 제269조에 따라 경매의 방법으로 공유물의 분할을 청구할 수 있음은 별론으로 하고, 위 책의 인도를 청구할 수는 없는 것입니다.

위와 같이 어느 모로 보나 피고인 유상기가 「가례원류」의 반환을 청구할 권리를 가지고 있지 않음이 명백함에도 상소로써 위 책의 반환을

청구한 것이므로, 피고인 유상기에게 소송사기죄가 성립한다고 하지 않을
수 없습니다.

1. 죽어서 왜곡된 율곡의 뜻

대부분의 역사가들은 당쟁이 가장 심했던 시기로 숙종(肅宗, 1674~1720) 및 그 뒤를 이은 경종(景宗, 1720~1724) 재위기를 꼽습니다. 그러나 정확히 말하면 이 때는 당쟁이 가장 심했던 시기라기보다는 당쟁의 성격과 양상이 근본적으로 변한 시기라 할 수 있습니다. 즉 이전의 당쟁이 글과 학문으로 옳고 그름을 다투던, 꽤나 "젠틀한" 것이었다면, 이 때는 논리와 학문은 집어치우고 오직 권위(Authority)만이 유일한 공격방어수단이 되었던 것입니다. 사대부들에게는 붓 대신 (붓의 형상을 한) 칼이 쥐어졌고, 일단 기회를 잡으면, 상대방 당파를 무조건 역적으로 몰아 재기불능의 상태로 만들어버려야 했습니다(반격의 기회를 허용하면 안되기 때문이지요). 세차게 상대방 당파를 공격할수록 그에게는 "강직한 선비"라는 영예가 곁들여졌습니다(물론 이 "영예"라는 것은 자기 당파 내에서만 유효합니다). 반면에 상대방 당파에게 일격을 당하여 멸문지화를 당하게 된 상황에서, 모진 고문을 받으면서도 뜻(여기서 "뜻"이란 그다지 거창한 것은 아니고, "내가 아니라 상대방 당파가 역적이다"라는 주장 정도를 의미합니다)을 굽히지 않는 자에게는 "진정한 충신"이라는 칭호가 더해졌습니다(물론 이것도 자기당파 내에서만 효력을 갖습니다). 더 이상 이성과 논리가 통하는 초기 당쟁의 모습이 아니었습니다. 처음 붕당이 형성된 1570년대, 동인과 서인, 남인과 북인은 서로 공존하였습니다. 그러나 이제 더 이상 붕당은 상호 공존할 수 없는 상황이 되었습니다. 더 이상 이성과 논리가 통하는 초기 당쟁의 모습이 아니었습니다.

이와 같이 당쟁이 리얼 서바이벌 경기로 전화(轉化)하게 된 것은 서인(西人)이 노론(老論)과 소론(少論)으로 분열하면서부터입니다. 본래 서인은 율곡 이이와 우계 성혼을 따르던 무리들을 일컬었습니다.[3] 율곡 이이는 탁월한 유학자이기도 했으나, 그보다는 항상 "경장"(更張)을 외치던 개혁정치가였습니다. 공납의 폐해를 직시하고 대동법의 원조라 할 수 있는 대공수미법(代貢收米法)을 주장했으며, 전쟁(임진왜란)에 대비하여 군대를 양성할 것을 주장하는 등, 그의 정치는 항상 백성의 삶을 향해 있었습니다.

그러나 인조반정 이후, 서인은 위와 같은 율곡의 정신을 전혀 계승하지 못한 채 관념론적인 예학(禮學)으로 빠지게 됩니다.[4] 예학의 태두라는 김장생. 율곡의 학통을 정통으로 계승하였다는 그가 정말로 율곡을 한번이라도 만나보기나 한 것인지 매우 의문스럽습니다(이는 아마도 김두한이 스스로를 김좌진 장군의 아들이라고 주장하고 다닌 것과 같은 차원으로 이해해야 할 것입니다). 추측컨대, 김장생은 자신이 만든 아무 짝에도 쓸모없는 이 "예학"을 그럴듯한 것으로 보이기 위해, 감히 율곡의 Authority를 훔쳐 온 것이 아닐까요. 그렇다면, 뒤에서 언급하

---

3) 앞서 언급한 바와 같이, 최초 붕당의 형성시기(1570년대), 서인은 심의겸을 지지하는 세력을 일컫는 말이었습니다. 당시 율곡은 동인과 서인의 중재자로서 양자간의 화합을 위해 노력하였으며, 예컨대 정책결정이나 인사 등에 있어 서인편향적인 의견을 낸 적도 거의 없는 것으로 확인됩니다. 율곡이 서인의 영수로 불리게 된 것은 아니러니컬하게도 율곡 자신이 사망한 이후입니다.

4) 이와 같이 인조반정 이후의 서인세력 중 예학을 중시한 자들을 산당(山黨)이라 하며, 김장생, 송익필, 김집, 송시열 등이 이에 해당합니다. 이에 대해, 산당과 서인이라는 뿌리는 같이 하지만, 보다 현실적인 문제들에 관심을 기울였던 자들을 한당(漢黨)이라고 하며, 김육, 신면 등이 이에 속합니다. 필자의 생각으로는 사실 율곡의 학문과 정신을 올바로 계승한 것은 한당이라 해야 합니다. 그러나 당시 조정은 산당 세력이 절대다수를 차지하고 있었습니다.

겠지만 "Authority"에 죽고 사는 서인(특히 노론)들의 습성은 아마 여기에서부터 비롯된 것일 가능성이 높습니다.

　김장생의 학통은 그의 아들 김집을 거쳐 이른바 충청5현 — 송시열, 송준길, 이유태, 유계, 윤선거 — 으로 이어집니다. 이것이 조선후기 사상계를 지배한, 조선의 유학자로서는 유일하게 "송자"(宋子)로 불렸었던 바로 그 송시열의 학문적 족보입니다. 그리고 이를 근거로 송시열은 감히 율곡의 적통(嫡統)으로 인정받을 수 있었습니다. 이에 더하여 그 자신의 치열한 노력으로 이루어낸 뛰어난 학문적 성과(?), 세 임금(효종 · 현종 · 숙종)의 사부였다는 화려한 경력 등으로 인해, 송시열은 조선반도의 전체 사대부는 물론이요, 나아가 왕실의 존경까지 받는, 조선 건국 이래 누구도 이룩하지 못한 한 최상의 지위에 올라서게 된 것입니다. 적어도 노 · 소분당 전까지는. 그러나 이를 통해 한없이 드높아진 송시열의 권위(Authority)가 노 · 소분당 및 생사를 건 당쟁의 방아쇠(Trigger)역할을 하게 되었음은 누구도 부인할 수 없습니다.

2. 집안싸움이 당파싸움으로 — 회니시비(懷尼是非)부터 「가례원류」 파문까지

　서인이 노론과 소론으로 분열하게 된 시기는 표면적으로는 1683년경 김익훈에 대한 송시열의 태도[5]에 실망한 젊은 학자들이 송시열에게 등을 돌리면서부터입니다. 즉, 엄밀히 말해 "노론"(老論)이라는 단어 그리고 "소론"(少論)이라는 단어가 생긴 것은 위 김익훈 사건의 처

---

5) 현종비 명성왕후 김씨의 4촌으로서 실권을 행사하고 있던 우의정 김석주는 당시 어영대장이던 김익훈과 함께 남인을 일망타진하려는 계획을 세웠으나, 이내 이들의 무고임이 밝혀지게 됩니다. 이에 대해 송시열은 "김익훈은 자신(송시열)의 스승인 김집의 아비인 김장생의 친손자로서 자신(송시열)과는 형제와 같다"고 하며 김익훈을 변호하는 취지의 상소를 올렸는데, 이에 대해 젊은 선비들은 송시열의 태도에 크게 실망하였던 것입니다.

리과정에서였던 것입니다. 그러나 "송시열에게 실망한 젊은 학자들이 송시열로부터 등을 돌렸다"는 것은 이제는 굳이 송시열이 아니더라도 "비빌 언덕"이 있었다(생겼다)는 것을 의미합니다. 그 "비빌 언덕"이란, 바로 송시열과 함께 당대의 유현(儒賢)으로 존경받고 있던 윤증이었습니다.

위와 같이 김익훈 사건 당시 "송시열이 총기(聰氣)를 잃었다"고 느낀 상당수의 신진 사류들은 대거 윤증 쪽에 가담하게 되었는데, 이는 다음의 두 가지 사실을 의미합니다. 첫 번째, 박세체와 함께, 당대의 유현(儒賢)이라 불리던 송시열과 윤증 간의 갈등이 이미 학문적으로나, 정치적으로나 봉합되기 어려운 상황이었다는 점입니다. 즉 이때 서인 내부의 분위기는, 어떠한 작은 Trigger만 있으면 폭발적으로 분열반응이 일어날 수 있는, 아주 바싹 말라버린 늦가을 들판과 같은 상황이었던 것입니다. 그리고 다른 한 가지는, 당시 젊은 사류(士類)들 사이에서는 적어도 윤증이 압도적인 지지를 받게 되었는데, 이는 사대부 사회에서의 "송시열"이라는 이름 석자가 미치는 영향력이 더 이상 예전 같지 않음을 반증하는 것이었습니다.

제6장에서 언급한 바와 같이, "회니시비"(懷尼是非)는 본래 회덕(懷德)에 살던 송시열과 니성(尼城)에 살던 윤증 간의 논쟁을 일컫는 말입니다. 즉 앞서 설명드린 바와 같이, 윤증이 아비인 윤선거가 죽자 묘갈명(묘비명)을 찬술해 줄 것을 스승인 송시열에게 부탁하였는데, 윤선거에 대한 어떠한 "사감"(私憾)을 가지고 있던 송시열이 윤증의 거듭된 청에도 불구하고 묘갈명을 불성실하게 써주었고, 이에 윤증이 스승 송시열과의 절교를 선언하는 취지와 다름없는 "신유의서"(辛酉疑書, 1681)를 작성하게 된 것입니다. 회니시비의 시작을 알린 "신유의서"의 내용 일부를 발췌하여 살펴보면 다음과 같습니다.

제가 선생님의 문하에 들어간 지가 오래되었습니다. 그래서 선생님의 마음속에 담긴 뜻과 말씀에서 드러나는 것을 조심스럽게 엿볼 수가 있었습니다. 선생님께서는 주자(朱子)가 조심하라고 경계하신, 왕패병용(王覇並用: 왕도와 패도를 함께 씀)과 의리쌍행(義理雙行: 명분과 이익을 모두 얻음)의 설에 빠져 버린 것이 아닌가 생각됩니다. 처음에는 이런 생각이 드는 제 자신을 수없이 반성하고 자책하면서 제 소견이 참람되고 망령되었다고 생각하였습니다. 하지만 최근 몇 년 동안 가슴속의 의심이 날로 더욱 커져서 비록 억지로라도 의심하지 않으려 노력하였지만 끝내 억누르지 못하였습니다.

가만히 생각해보면, 제가 선생님으로부터 배운 것은 주자(朱子)의 글뿐입니다. 그런데 무슨 까닭으로 주자의 글과 이다지도 다른 것입니까.…

이른바 "왕도(王道)와 패도(覇道)를 함께 쓰고, 명분과 이익을 모두 얻는다"라고 한 것은 어째서이겠습니까?…

삼가 살펴보건대, 선생님의 도학은 한결같이 주자를 종주로 삼고 있으며, 선생님의 사업은 오로지 춘추대의에 근거하고 있습니다. 처음에는 매우 순수하여 한결같이 천리로써 스스로를 기약하였으니, 어찌 패도와 이익이라고 할 만한 것이 있었겠습니까.

그러나 오로지 주자의 도학을 지키고, 춘추의 대의를 세우는 것으로 자임하셨기 때문에 주장은 지나치지 않을 수 없었고, 자부는 높지 않을 수 없었습니다. 주장이 지나치다 보니 스스로 마음을 비우고 이로운 말들을 받아들일 수가 없었으며, 자부가 높다 보니 남들이 선생님께 의문을 제기하여 논박할 수가 없었습니다. 결국엔 선생님의 의견에 따르는 사람들은 친하게 되었으나 선생님을 비판하는 사람들은 멀어지게 되었으며, 선생님의 잘못을 바로잡아 옳은 길로 나아가게 하려는 사람들은 환란을 만나게 되었으나 선생님의 뜻에 순종하는 사람들은 재앙이 없게 되었습니다. 이것이 바로 커다란 명성은 천하를 압도하였지만, 실제의 덕성은 병들게 된 까닭입니다.

- 명재유고 별집 제3권(한국고전번역원, 2011)에서 발췌 -

그런데, 사실 회니시비의 실질적인 주인공은 윤증이 아닌 윤휴였습니다. 송시열은, 주자(朱子)가 유학(儒學)의 모든 것을 다 밝혀 놓았기 때문에 주자의 저술에 일자일획(一字一劃)도 고치거나 더해서는 안된다는, 편집증에 가까운 신념을 가지고 있었습니다.[6] 이에 반하여 윤휴는 유교경전에 대한 주자의 해석론을 대부분 받아들이면서도, 자신이 생각하기에 일부 틀리거나 빠진 부분이 있다고 판단되는 부분을 수정·보완하여 자신만의 새로운 해석서를 내놓게 되었습니다. 이에 송시열은 윤휴를 사문난적(斯文亂賊)으로 규정하고, 자신의 벗(송준길, 이유태, 유계, 윤선거 등)들에게 윤휴와 절교할 것을 요구하였습니다.

문제의 1665년 9월 어느 날 충남 공주 동학사에서 송시열, 이유태, 윤선거 등이 모였습니다. 송시열이 윤선거를 압박하기 위해 함께 수학한 벗들을 불러 모은 자리였습니다. 여기서 윤선거가 윤휴와의 절교를 선언하지 않으면 윤선거 자신 역시 윤휴와 마찬가지로 사문난적으로 몰릴 수밖에 없는 상황이었습니다. 주자와 윤휴를 흑과 백으로 가르라는 송시열의 강요에 못 이겨, 결국 윤선거는 "윤휴가 흑이며, 따라서 윤휴와 절교하겠다"고 선언하게 됩니다.

그러나 윤선거가 위와 같이 하였던 것은 그 순간을 모면하고자 했던 것이었고, 사실 윤선거는 일응 송시열의 높은 학식은 존중하면서도, 자기 이외의 견해를 용납하지 않는 학문적 편협성과 좁은 도량에 대해서는 비판적으로 생각하고 있었습니다. 이에 따라 윤선거는 1669년 죽기 전 송시열에게 보내기 위해 "같은 사림(士林)인 이상, 윤휴나 허적과도 화합하며 지내야 한다"는 취지의 "기유의서"(己酉擬書)를 작성하였습니다. 다만 윤선거는 죽기 전에 이를 보내지 않았었는데, 윤증이 송시열에게 부친 윤선거의 묘갈명을 부탁하며 (일종의 참고자료로서) 위 기유의서까지 함께 송시열에게 발송하였고, 기유의서[7]를 받아

---

6) 앞서 언급한 바와 같이, 유학의 4대 경전인 '논어', '맹자', '대학', '중용'에 대하여 주자는 각 책의 행에 주석을 달고 필요한 부분을 새로이 채워 넣기도 하며 '논어집주', '맹자집주', '대학장구', '중용장구'를 펴내었었는데, 이후 위와 같은 유교경전에 대한 주자의 해석론이 차츰 통설로 자리잡게 되었습니다.

본 송시열은 4년 전(1665) 윤선거가 동학사에서 한 맹세가 거짓임을 알고 묘갈명을 제대로 써주지 않았던 것입니다. 참고로 '제6장 윤선거의 죽음, 리얼 서바이벌 당쟁의 시작' 편에서 언급한 바와 같이, 송시열은 윤선거 사망 직후 보낸 제문에서 "윤선거가 강화도에서 죽지 않은 것은 정당한 것이었다"는 취지로 윤선거를 옹호하다가, 불과 몇 달 후 정반대의 내용의 시를 지어 윤선거를 맹비난하고 있는데, 바로 이 "몇 달" 사이에 기유의서가 송시열에게 전달된 "사건"이 개입되어 있었던 것입니다.

「가례원류」를 둘러싼 파문 역시 회니시비의 연장선상에서 이해될 수 있습니다. 본건 공소사실에 기재된 바와 같이 기만적인 수법으로 윤증으로부터 「가례원류」 초본을 건네받은 유상기는 1715년 「가례원류」를 간행하여 이를 숙종에게 바칩니다. 그런데, 노론의 맹장 정호가 쓴 「가례원류」의 발문(서문)에, 당대 유현(儒賢) 중 한 명으로 존경받던 윤증을 매우 강하게 비난하는 내용이 들어 있었고, 이에 숙종이 크게 화를 내며[8] 정호를 파직하자, 송시열과 윤증 가운데 누가 옳았는지를 두고 다시 한번 치열한 논쟁이 벌어지게 됩니다. 이 때 벌어진 논쟁의 핵심소재가 바로 회니시비였습니다. 즉 "회니시비 시즌 1"이 끝난 지 30여 년 만에, 이번엔 죽은 송시열과 윤증을 대신하여, 그 제자들 사이에서 "회니시비 시즌 2"가 그대로 재현된 것입니다.

---

7) 윤증이 송시열에게 부친의 묘갈명 찬술을 부탁하며 '기유의서'를 함께 보낸 것은, 부친에 관한 자료를 모두 보내어 묘갈명이 정확하게 기술되기를 바라는 마음에서 기인한 것으로 보여집니다. 또한, 이 때까지만 하여도 윤증은 송시열의 수제자로서 아직 관계가 악화되기 전이었기 때문에(더군다나 노·소분당도 일어나기 전임), 윤증으로서는 윤선거-송시열-윤휴 간의 관계 및 동학사 모임(1665)의 내용을 알았다고 하더라도, 적어도 송시열이 기유의서의 내용을 수용할 정도의 도량은 가지고 있다고 생각하였을 것입니다.

8) 뒤에서 언급하는 바와 같이 가례원류 파문의 결과, 결국 소론이 대거 축출되었다는 점(소위 '병신처분')을 고려한다면 이 때의 숙종의 태도가 진정한 것이었는지는 매우 의심스럽습니다.

결국, 노론과 소론의 분열은 "회니시비"라는 외피를 쓰고는 있으나, 실질적으로 윤휴에 대한 입장차이에서 비롯된 것으로 이해할 수 있습니다. 즉, 윤휴가 주자의 저술을 수정·보완하여 자기 나름대로의 경전해석집을 내는 것이 허용되지 않는다고 본 자들이 노론의 깃발 아래 뭉쳤다면, 그것이 허용된다고 본 자들이 소론이라는 이름을 얻게 된 것입니다.

「가례원류」를 둘러싸고 다시 불붙은 회니시비 논란은, 1716년 이른바 병신처분(丙申處分)에 의해 소론이 대거 축출됨으로써 30여 년 만에 막을 내리게 됩니다. 그리고 이후 경종 재위기(1720~1724) 소론이 잠시 집권한 것을 빼면, 이후 100년 가까이 노론의 독주가 계속됩니다. 물론 "집권하면 분열한다"는 '붕당의 법칙'을 천하의 노론 역시 피해가지는 못했지만.

병신처분(丙申處分)의 배경

1701년 세자(훗날의 경종)의 친모인 장희빈이 사사(賜死)된 후, 숙종은 세자를 교체하고 싶어했으나 명분이 없어 세자교체를 실행에 옮기지 못하고 있는 상황이었습니다. 한편 장희빈 사사에 반대한 소론은 세자를 보호하려고 하였으나, 장희빈 사사에 찬성하였던 노론은 세자(경종)가 즉위할 경우 친모의 죽음에 가담한 자신들(노론)을 숙청할 것을 우려해 세자 교체에 내심 찬성하는 상황이었습니다. 이에 1706년, 숙종은 세자교체에 유리한 환경을 조성하기 위하여 치밀한 계산 아래 우선 소론을 축출하고 노론계 인사를 대거 복귀·등용시키게 되는데, 이를 "병신처분"(丙申處分)이라 합니다.

한편, 이듬해인 1717년 숙종과 노론 4대신 중의 한명인 이이명은 독대9)를 통하여, 우선 세자에게 대리청정을 시킨 후, 세자의 업무처리

---

9) 이날의 독대를 정유독대(丁酉獨對)라고 합니다. 유교정치의 본령에 따르면 임금의 일거수일투족은 모두 '정치적 행위'이므로 빠짐없이 기록되어야 했고, 따라서 사관(史官) 없이 임금과 신하가 독대하는 것은 원칙적으로 금지되어 있었습니다. 정유독대 당시 사관이 동석하지 않아 구체적으로 어떠한 이야기들이 오고갔는지 알 수는 없으나 숙

과정에서의 흠을 잡아 이를 빌미로 폐세자하는 것으로 의견 일치를 보게 되었습니다. 그러나 세자는 대리청정기간 동안 특별한 과오를 저지르지 않았고, 결국 1720년 숙종이 승하하자 제20대 임금(경종)으로 등극하게 되었습니다.

종이 이이명에게 세자를 폐할 뜻을 밝히고, 이를 위한 구체적인 실행방안을 논의한 것으로 보는 데에 이견이 없습니다.

제 8 장

송시열, 그대의 목에는
칼이 안 들어간답니까?

– 이경석을 향한 송시열의 잔혹한 비난 –

공소장

피고인 관련사항

피 고 인   송시열(宋時烈, 62세)
           직업: 사상가
           주거: 충청도
죄   명   모욕, 명예훼손
적용법조   형법 제311조, 제307조 제1항, 제37조, 제38조

형법 제307조(명예훼손)
① 공연히 사실을 적시하여 사람의 명예를 훼손한 자는 2년 이하의 징역
  이나 금고 또는 500만원 이하의 벌금에 처한다.
② 공연히 허위의 사실을 적시하여 사람의 명예를 훼손한 자는 5년 이하
  의 징역, 10년 이하의 자격정지 또는 1천만원 이하의 벌금에 처한다.

형법 제311조(모욕)
공연히 사람을 모욕한 자는 1년 이하의 징역이나 금고 또는 200만원 이
하의 벌금에 처한다.

공소사실

1. 모욕의 점

피해자 이경석은 1668년 11월, 병자호란 이후 영의정으로서 혼란스러
웠던 국정(國政)을 안정시키고, 인조(仁祖), 효종(孝宗), 현종(顯宗) 등 세
임금을 충실히 보필한 공을 인정받아, 현종(顯宗)으로부터 신하로서 최고
의 영예인 궤장(几杖)을 하사받게 되었다.

위와 같이 궤장을 하사받게 된 피해자 이경석은, 당대 유현(儒賢)으로
서 명망높은 피고인 송시열에게 이를 기념하기 위한 글을 지어 줄 것을
부탁하였다.

이에 대해 피고인 송시열은 「궤장연서(几杖宴書)」라는 제목의 글을 지

어 주었는바, 그 일부를 발췌하면 다음과 같다.

"공(이경석)의 조정에서의 공적에 대해서는 임금께서 내리신 교서(敎書)에서 다 말하였지만, 경인년(庚寅年) 2월의 일[1]만은 잘 나타내지 않으셨다. 이 때는 나라의 존망이 당장에 판가름나게 되었지만, 이해(利害)에 영리한 자들은 팔짱을 끼고 물러서서 남의 일 보듯 하였다. 여기에 오직 공(이경석)만이 홀로 한몸으로 생사를 돌아보지도 않고, 무서워하지도 않고, 동요하지도 않아 나라가 모두 무사하게 되었다. 이로부터 임금의 지우(知遇)가 더욱 융숭하게 되고 선비들의 마음이 모두 공을 따르게 되었다. 하늘의 보우(輔祐)를 받아서 수이강(壽而康)하여 임금의 예우를 받았으니 이것이 어찌 우연한 일이리요. 그러므로 나는 앞에서 성덕을 기리고 끝내는 공에게 아름다움이 돌아가게 한다. 아, 여기서 임금과 신하 사이의 깊은 정리(情理)를 볼 수 있도다. 오호, 아름답다."

그런데 위 글 중 "수이강"(壽而康)이라는 문구는 글자 그대로 해석하면 "오래도록 편안하게 살았다"는 의미이지만, 이는 본래 주자(朱子)가, 송(宋)나라가 만주족인 금(金)나라의 침략을 받았을 때, 송(宋)나라 대신(大臣)으로서 금(金)나라에 아첨하여 만수무강을 누린 손적(孫覿)을 비난한 「기손적사(記孫覿事)」[2]라는 글에서 사용한 표현이었다. 즉 피해자 이경석은 병자호란 직후 청(淸)나라의 요구로 삼전도비문(三田渡碑文)을 지은 바 있는데, 피고인 송시열은 피해자 이경석을 손적(孫覿)에 빗대어 비난하는 의미로 "수이강"(壽而康)이라는 표현을 사용한 것이다.

이와 같이 피고인 송시열은 피해자 이경석을, 금(金)나라에 항복하여 아첨하며 권세를 누린 손적(孫覿)에 비유함으로써 공연히 피해자를 모욕하였다.

---

1) 효종 즉위 이듬해인 1650년(경인년), 친청파(親淸派) 김자점이 청나라에 북벌계획을 밀고하여 청나라가 이를 조사하기 위해 급히 사신을 파견하였습니다. 이 때 영의정인 이경석은 청나라 측에 대해, 자신에게 모든 책임이 있다고 자처하여 평안도 의주에 있는 백마산성에 1년 동안 구금되어 있었던 적이 있습니다. 이후 이경석은 "영구히 관직에 임용하지 않는다"(이른바 '영부서용'(永不敍用))는 조건으로 풀려나 산속에 은거하며 살았는데, 청 황제의 명으로 2년 뒤에야 겨우 해금된 바 있습니다. 송시열이 「궤장연서」에서 언급한 '경인년 2월의 일'이란 바로 이 사건을 가리킵니다.
2) 「주자대전(朱子大全)」 권71에 수록되어 있습니다.

2. 명예훼손의 점

현종이 1669년 4월 신병 치료를 위해 온양온천에 행차하였는데 찾아와 문안하는 신하가 없자 피해자 이경석은 다음과 같은 상소문(上疏文)을 올렸다.

"신이 깊이 염려하는 것은 … 전하(현종)께서 계신 행재소(行在所)로 달려가서 문안하는 이가 있다는 기별을 들을 수 없는 일입니다. 그런 사실이 있었는데도 신이 듣지 못한 것인지요? 전하께서 병환으로 멀리 행재소에 가 계시니, 사고가 있다던가 늙고 병들어 멀리 떨어져 있는 자가 아니라면, 신하된 직분이나 의리로 보아서 이럴 수는 없는 것입니다. 이는 나라의 기강이나 의리에 관계되는 일이니 신은 매우 걱정스럽습니다."

피해자 이경석이 위와 같은 상소문을 올리자, 이에 대해 피고인 송시열은 위 일시경 곧바로 다음과 같은 상소문을 올렸다.

"대신(大臣, 즉 이경석)의 상소문을 보니 논하는 바가 지극히 준엄하고 심합니다. 비록 신(臣, 즉 송시열)의 이름을 곧바로 들지는 않았으나 그 지적하는 바가 어찌 타인이겠습니까. … 생각하건대, 옛날 손적(孫覿) 같은 자는 수이강(壽而康)하여 크게 한 세상의 존중을 받기는 하였지만 그가 의리를 알고 기강을 진작시켰다는 평가를 받지 못하였으므로 오히려 그를 불쌍하게 여기는 사람이 많이 있었습니다. 그런데 그 당시에 너무도 용렬하고 우매한 자가 있어서 처신하는 것이 보잘 것 없었으므로 도리어 손적(孫覿) 같은 사람에게 비난을 받았다면 여러 사람들이 얼마나 낮춰보고 비웃었겠습니까. 지금 신이 당한 경우가 불행하게도 그런 경우와 같습니다."

위와 같이 피고인 송시열은 현종에게 올리는 상소문에서, 피해자 이경석을 금(金)나라에 항복하여 아첨하며 권세를 누린 손적(孫覿)에 비유하여, 피해자가 높은 지위에 올랐으나 의리를 알고 기강을 진작시키지 못했다고 적시함으로써 공연히 피해자의 명예를 훼손하였다.

변호인의 변론요지서(피고인 송시열을 위한)

1. 모욕의 점에 관하여

가. 구성요건을 충족시키지 못함(피해자의 사회적 평가를 저하시키는 표현이 아님)

모욕죄는 사람의 가치에 대한 사회적 평가를 의미하는 '외부적 명예'를 보호법익으로 하는 범죄입니다. 따라서 모욕죄에서 말하는 모욕이란 어떤 사람에 대한 사회적 평가를 저하시킬 만한 추상적 판단이나 경멸적 감정을 표현하는 것을 의미합니다. 그리고 여기서 어떠한 표현이 사람의 사회적 평가를 저하시킬 만한 표현인지 여부는, 행위 당시 당해 표현을 듣거나 들을 수 있었던 제3자의 인식을 기준으로 객관적으로 판단하여야 합니다.

피고인 송시열이 피해자 이경석에게 지어 준 「궤장연서」에 들어 있는 "수이강"(壽而康)이라는 표현은 "오래도록 건강하게 살았다"라는 의미로서, 그 자체로서 피해자 이경석에 대한 사회적 평가를 저하시킬 만한 어떠한 의미도 담고 있지 않습니다. 피고인 송시열은 현종이 피해자 이경석을 위해 베풀어 준 축하연회(궤장연)에서 위 「궤장연서」를 지어 준 것인데, 실제로 당시 "수이강"(壽而康)이라는 표현이 피해자 이경석을 손적(孫覿)이라는 인물에 빗대어 비난하기 위하여 사용되었다는 사실을 어느 누구도 깨닫지 못하였습니다. 즉 행위 당시의 제3자를 기준으로 볼 때, 위 표현에는 피해자 이경석에 대한 사회적 평가를 저하시킬 만한 추상적 판단이나 경멸적 감정이 포함되어 있다고 볼 수 없는 것입니다.

"수이강"(壽而康)이라는 표현을, 피해자 이경석을 손적(孫覿)에 빗대어 비난하기 위해 사용했다는 것은 피고인 송시열의 내심의 의사에 불과합니다. 만일 피고인 송시열이 공소사실 제2항에 기재된 상소문에서 이를 언급하지 않았더라면, "수이강"(壽而康)이 피해자 이경석을 비난하는 의미라는 것을 여전히 아무도 몰랐을 것입니다. 결국, "수이강"(壽而康)이라는 표현을 문제삼아 피고인 송시열을 모욕죄로 처벌하는 것은 피고인의 "내심의 의사" 그 자체를 처벌대상으로 삼는 것으로서 죄형법정주의에 정면으로 위반된다고 하지 않을 수 없습니다.

나. 위법성이 조각됨(사회상규에 반하지 아니함)

만일 피고인 송시열의 행위가 모욕죄의 구성요건을 충족시킨다고 보더라도, 사회상규에 비추어 이를 위법하다고 볼 수는 없습니다. 즉 피고인의 행위는 형법상 '정당행위'[3]에 해당하여 위법성이 조각된다고 해야 합니다.

검사의 주장에 의하더라도, 피고인 송시열은 "수이강"(壽而康)이라는 은유적 표현으로 피해자 이경석의 삼전도비문 찬술행위를 비판한 것에 불과합니다. 특히 피고인 송시열이 스스로 상소문을 통해 "수이강"(壽而康)이라는 표현의 취지를 밝히기 전까지 그 어느 누구도 이것이 비판의 취지임을 알지 못했을 정도로, 이는 고사(古事)를 인용한 수준 높은, 문학적이고 학술적인 비판이었던 것입니다.

본건의 경우, 삼전도비문을 찬술한 이경석의 행위가 당시 상황에서 불가피한 것이었으며, 따라서 이를 비난한 피고인 송시열의 행위가 지나쳤다고 볼 여지도 있습니다. 그러나 다른 사람의 행위에 대한 "평가 내지 비판"은 이른바 언로(言路), 즉 "표현의 자유"에 관계된 것으로서, 그러한 비판행위의 위법성을 쉽사리 인정하여서는 아니 될 것입니다. 결국 "수이강"(壽而康)이라는 표현을 통한 피고인 송시열의 이경석에 대한 비판은, 그 비판의 내용이 적절했는지 여부를 떠나, 형법상 처벌해야 할 "위법한" 행위로 볼 수는 없다고 해야 합니다.

2. 명예훼손의 점에 관하여

가. "사실의 적시"에 해당하지 않음

명예훼손죄가 성립하기 위해서는 "사실의 적시"가 있어야 하고, 적시된 사실은 특정인의 사회적 가치 내지 평가가 침해될 가능성이 있을 정도로 구체성을 띠어야 합니다(대법원 2011. 8. 18. 선고 2011도6904 판결).

---

3) 형법 제20조(정당행위)
  법령에 의한 행위 또는 업무로 인한 행위 기타 사회상규에 위배되지 아니하는 행위는 벌하지 아니한다.

본건의 경우, 피고인 송시열은 1669년 4월 현종에게 올린 상소문(上疏文)에서, 송(宋)나라 손적(孫覿)의 고사(古事)를 예로 들고 있을 뿐, 피해자 이경석에 관하여는 직접적으로 어떠한 사실도 적시하지 않고 있습니다. 다만 위 상소문의 전후 문맥상 피고인 송시열이 끌어다 쓴 '손적(孫覿)'이란 인물은 바로 피해자 이경석을 의미하는 것으로 해석되므로, 피고인 송시열이 피해자 이경석에 대해 "높은 지위에 있으면서도 의리를 알고 기강을 진작시키지 못했다"는 내용으로 비난한 것으로 볼 수도 있을 것입니다. 그러나 이 경우에도, 피고인 송시열이 적시한 것은 이경석이라는 인물에 대한 "평가"에 불과할 뿐, 피해자 이경석이 행한 어떠한 "구체적 행위"를 가리키고 있는 것은 아닙니다.

위와 같이 본건의 경우 피고인이 상소문에서 이경석에 관한 구체적인 사실을 적시하고 있는 것이 아니므로, 명예훼손죄가 성립하지 않는다고 해야 합니다.

나. 공연성이 없음

명예훼손죄가 성립하기 위해서는 가.항에서 언급한 바와 같이 피해자의 사회적 가치 내지 평가를 침해할 정도의 구체적인 사실의 적시가 있어야 할 뿐만 아니라, 그러한 사실의 적시는 "공연(公然)하게" 이루어져야 합니다. 여기서 "공연성"(公然性)이란 불특정 또는 다수인이 인식할 수 있는 상태를 의미합니다.

본건 공소사실에 의하면, 피고인 송시열은 현종(顯宗)에 대한 상소문(上疏文)을 통하여 피해자 이경석의 명예를 훼손하였다는 것입니다. 그런데 신하가 임금에게 올리는 상소문(上疏文)은 승정원(承政院)[4]을 통하여 임금에게 올려졌는데, 승정원은 이를 임금에게 올리기 전후를 불문하고 임금의 명이 없는 한 그 내용을 외부에 유출할 수 없었습니다. 한편 상소문을 읽은 임금은 필요한 경우 승정원을 통하거나 또는 직접 육조(六曹)의 해당 관서로 당해 상소문을 내려 담당 관원으로 하여금 읽도록 하기

---

4) 승정원(承政院)은 왕명을 출납하는 기관으로서, 비서실과 같은 역할을 하였습니다. 승정원에는 도승지, 좌승지, 우승지, 좌부승지, 우부승지, 동부승지 등 6명의 승지를 두었는데 모두 정3품 당상관에 해당할 정도로 중요하게 취급되었습니다. 6명의 승지는 행정기관인 6조(六曹)에 대응하여 각 이조(도승지), 호조(좌승지), 예조(우승지), 병조(좌부승지), 형조(우부승지), 공조(동부승지)에 관한 왕명의 출납업무를 담당하였습니다.

도 하였습니다. 다만 이러한 경우는 임금이 상소문의 내용을 수용하여 그 집행을 위하여 필요한 경우 또는 상소문의 내용을 다른 관원으로 하여금 알게 할 필요가 있다고 판단한 경우에 한하는 것이었습니다.

위와 같이, "상소문"은 원칙적으로 승정원 관원과 임금 이외의 제3자에게는 공개되지 않는 문서입니다. 따라서 본건의 경우 공연성이 인정되지 않으므로 명예훼손죄는 성립되지 않는다고 해야 합니다.

검사의 공소장 변경신청

검사는 형사소송법 제298조 제1항[5])에 따라 다음과 같이 공소장변경을 신청합니다.

공소사실 제2항(명예훼손의 점)에 다음의 내용을 추가하고, 적용법조에 형법 제307조 제2항을 추가함.

다　음

한편 피고인 송시열은 이경석을 손적(孫覿)에 빗대어 비난한 자신의 상소문이 지나쳤다는 여론이 일자, 그 무렵 곧바로 지인들에게 다음과 같은 글을 보냈다.

"이경석이 당시에 부득이한 데에 몰리기는 하였으나 짐작하건대 어찌 적절히 처리하는 방도가 없었겠는가. 그런데 이경석의 마음이 청(淸)나라에 아첨하고 기쁘게 하려는 데에만 오로지 있었을 뿐, 원통함을 숨기지 않고 말하고자 하는 바를 말하려는 의사가 조금도 없었으니, 진실로 사람의 성품이 있다면 어찌 차마 그렇게 하였겠는가. 그(이경석)의 소행이 매우 잘못되었는데도

---

5) 형사소송법 제298조(공소장의 변경)
　① 검사는 법원의 허가를 얻어 공소장에 기재한 공소사실 또는 적용법조의 추가, 철회 또는 변경을 할 수 있다. 이 경우에 법원은 공소사실의 동일성을 해하지 아니하는 한도에서 허가하여야 한다.

당시 사람들이 망령되이 그를 존경하여 세상의 도리가 나날이 허물어지게 되어, 내가 부득이하게 손적(孫覿)의 일을 인용해서 그를 배척한 것이다."

"대체로 그 사람(이경석)의 정치적 생애는 탐관오리의 심리로 청나라의 세력에 의탁함으로써 일생을 행세하는 방법으로 삼는다. 그나마 경인년의 일(이경석이 백마산에 위리안치 되었었던 일)이 아니었으면 개도 그의 똥을 먹지 않았을 것이다."

위와 같이 피고인 송시열은 피해자 이경석이 1637년 청나라의 요구에 의해 삼전도비문을 찬술한 일과 관련하여, "이경석이 오로지 청나라에 아첨하고 기쁘게 하려는 데에만 마음을 쏟아 삼전도비문을 지었다"며 공연히 허위의 사실을 적시하여 피해자의 명예를 훼손하고, "이경석은 평생 탐관오리로서 청나라 세력에 의지해 행세했으므로 개도 그의 똥을 먹지 않는다"고 비난하여 공연히 피고인을 모욕한 것이다.

변경된 공소사실에 검사의 논고(論告)

변경 전 공소사실에 의하면, 피고인 송시열은 현종에게 올린 상소문에서 피해자 이경석의 삼전도비문 찬술행위를 직접 언급하지 아니하고, 단지 피해자 이경석을 손적(孫覿)에 비유한다던가, "피해자 이경석이 의리를 알고 기강을 진작시키지 못했다"는 정도로만 언급함으로써 모욕 내지 명예훼손죄가 성립되는지 여부에 대하여 의견이 나뉠 수밖에 없었습니다.

그러나 변경된 공소사실에 의하면, 피고인 송시열은, 피해자 이경석이 "오로지 청나라에 아첨하고 (청나라를) 기쁘게 하려는 마음으로" 삼전도비문을 찬술하였다고 명확히 기재되어 있습니다. 여기서 ① 이경석이 삼전도비문을 찬술한 행위가 이경석의 사회적 평가를 저하시킬 만한 구체적 행위라는 점에는 의견이 없습니다. 그런데 ② 피고인 송시열의 주장과 같이, 과연 이경석이 "오로지 청나라에 아첨하고 청나라를 기쁘게 하려는 마음만으로" 삼전도비문을 찬술하였는지 여부가 "허위성"의 입증을 위한 중요 포인트가 됩니다.

생각건대, 이경석의 글이 삼전도비문으로 채택되게 된 경위 및 과정을 검토한다면, 결코 피해자 이경석이 "오로지 청나라에 아첨하고 청나라를 기쁘게 하려는 마음"으로 삼전도비문을 찬술한 것이 아님을 알 수 있습니다. 병자호란이 끝난 이듬해, 청나라 사신이 와서 삼전도의 비문을 지을 것을 요구했을 때, 인조는 학식과 문장이 출중한 4명의 신하에게 삼전도비문 찬술을 요청했습니다. 그런데 조희일과 이경전은 일부러 거칠게 지어 고의로 탈락하였고, 결국 청나라는 이경석이 지은 글을 낙점하였습니다. 다만 그 역시 내용이 소박하고 간략하다는 이유로 개술을 요구했는데, 이 때 인조는 이경석을 불러 나라의 존망이 경각에 달려 있으니 부디 저들의 마음을 안정시키도록 하라는 간곡한 명을 아래와 같이 내리게 되었습니다.

지금 저들이 이 비문으로 우리의 향배를 시험하려 하니 나라의 존망이 여기에 달렸다 …. 후일 나라가 일어서는 것은 오직 내게 달려 있지만 오늘의 급선무는 문자로서 저들의 마음을 달래어 사세(事勢)가 더욱 격화되지 않도록 하는 것일 뿐이다.6)

인조(仁祖)의 위 명령은 "명령"이라기보다는 오히려 이경석이라는 명신(名臣)에 대한, 최고의 예우를 갖춘 간곡한 "부탁"의 성격에 가깝습니다. 즉 설령 이경석이 삼전도비문을 찬술함에 있어서 일부 문구가 청나라의 요구대로 기술된 면이 있다고 하더라도, 이는 인조가 요구한 바와 같이 "저(청나라)들의 마음을 달래서 사세(事勢)가 더욱 악화되지 않도록 하기 위한" 불가피한 선택일 뿐, 피고인 송시열의 주장과 같이 "오로지 청나라에 아첨하고 그들을 기쁘게 하기 위해" 그와 같이 하였던 것은 아닌 것입니다. 따라서 피고인 송시열의 위와 같은 발언내용은 명백히 허위사실에 해당한다고 보아야 합니다.

결국 변경된 공소사실에 의할 경우, 피고인 송시열의 피해자 이경석에 대한 허위사실적시에 의한 명예훼손죄 및 모욕죄의 성립은 넉넉히 인정될 수 있다고 할 것입니다.

---

6) 「연려실기술」 권31, 「현종조고사본말」에서 발췌.

1. 집권하면 분열한다 - 2 (인조반정 이후의 붕당의 모습)

1623년의 인조반정은 서인(西人)의 쿠데타였습니다. 앞서 설명했듯, 서인은 최초 사림(士林)이 분열하여 이 땅에 "붕당"이라는 것이 태동될 때 처음으로 출생신고를 한 원조붕당이었지만, 오랜 기간 북인(北人)의 독주에 밀려 정계에서는 거의 잊혀진, 말하자면 붕당계의 "삼엽충" 같은 존재였습니다. 하지만 율곡(栗谷) 이이와 우계(牛溪) 성혼을 종주로 한 서인은, 북인이 권력에 취해 있는 동안 기호지방을 중심으로 꾸준히 세(勢)를 넓혀 가고 있었고, 광해군 말기에 이르러서는 이미 무시 못할 하나의 세력을 형성하기에 이르게 됩니다. 물론 이 때까지는 아직 권력으로부터 철저히 배제되어 있었지만, 언제 급작스럽게 권력을 담당하게 되더라도 능숙히 국가를 경영할 준비가 되어 있는, 적어도 "준(準)프로페셔널" 급은 되었던 것입니다.

30년 가까운 북인의 집권기 동안 기초부터 착실하게 실력을 다져온 서인이었기에, 광해군 말기 썩은 문짝과도 같은 이이첨의 대북(大北)정권을 무너뜨리는 것은 사실 일도 아니었을 것입니다. 그리고 쿠데타가 성공하면 으레 일어나기 마련인 "이미테이션 쿠데타"(제5장에서 자세히 다룬 '이괄의 난'이 그 예가 될 것입니다)도 간단히 제압했습니다. 이제 서인의 독주체제가 갖추어진 것이지요.

그러나 율곡 이이의 제자들(정확히 표현하면 율곡의 제자임을 자처하는 자들7))이라고 하여 별반 다를 것 없다는 사실은 이내 드러납니다.

이들 역시 세포분열을 시작한 것입니다. 외부의 적인 남인(南人)이 있
는 동안은 그나마 나았습니다. 기껏해야 대동법 실시 문제를 둘러싸고
한당(漢黨)과 산당(山黨)으로 나뉘어 티격태격하는, 부부싸움 수준이었
으니까요. 특히 남인과 치열한 예송논쟁을 벌이던 시기(1659년 기해예
송; 1674년 갑인예송), 서인이 보여준 단결력은 참으로 놀라운 것이었
습니다.

기해예송(己亥禮訟)

효종(孝宗, 재위 1649~1659)이 죽자, 부왕인 인조(仁祖, 재위 1623
~1649)의 계비(繼妃)인 장렬왕후 조씨가 어떤 상복을 입어야 하는지
를 두고 치열한 논쟁이 벌어졌는데, 이를 기해예송이라 합니다. 송시
열과 송준길을 주축으로 한 서인은 기년복(1년복)을 주장했고, 허목,
윤휴, 윤선도 등 남인은 3년복을 주장했는데, 특히 윤선도는 "서인의
기년복 주장은 효종을 적통(嫡統)으로 인정하지 않는 것에서 비롯된
것"이라고 주장하며 예송논쟁을 정치 쟁점화시켰습니다.

최초 윤휴는 「의례(儀禮)」를 따라 "차자(次子)라도 왕위를 이었으
면 적통을 이은 것으로 보아 3년복(참최복)을 입어야 한다"고 주장했
습니다. 그러나 이에 대해 송시열은 "「의례(儀禮)」에 왕위를 이었어도
3년복을 입을 수 없는 4가지 경우(이른바 '4종지설'(四種之說))가 기재
되어 있는데, 효종의 경우 이 중 '체이부정'(體而不正), 즉 서자(庶子)
로서 왕위를 이은 경우에 해당하므로 1년복을 입어야 한다"고 주장하
였습니다(송시열은 4종지설이 말하는 '서자'(庶子)란 장자(長子) 이외의
아들을 의미한다고 해석하였습니다). 그런데 이에 대해 허목은 "4종지
설이 말하는 '서자'(庶子)는 '첩의 아들'을 의미하므로 4종지설을 효종
의 경우에 적용할 수는 없다"고 반박하였고, 윤선도는 "세자가 되었으

---

7) 이렇게 표현하는 이유는 인조반정 이후의 "서인"이 그 이전의 서인, 즉 율곡과 동시대
를 살았던 서인과는 학문을 대하는 태도에서 근본적인 차이를 보이기 때문입니다. 즉
율곡이 성리학의 수준을 한 단계 끌어 올린 탁월한 학자이면서 동시에 개혁정치가였
던 반면, 인조 반정 이후 서인의 주류인 산당(山黨) 계열은 관념론적인 예학(禮學)에
몰두한 채 현실세계를 철저히 외면하게 됩니다. 이에 관하여는 제7장 '집안싸움이 당
파싸움으로' 편에서 구체적으로 언급하였습니다.

면 이미 장자(長子)가 된 것이며, 둘째 아들이라도 왕위를 계승하였으면 적통(嫡統)을 이은 것이다"라고 하며 3년복을 입어야 한다고 주장하였습니다.

현종(顯宗)은 대신(大臣)들의 의견을 들은 뒤 장렬왕후의 상복으로 기년복(1년복)을 채택하였습니다. 그런데 사실 현종은 「경국대전」과 「대명률」에 따라 기년복으로 결정한 것이었으나, 송시열을 비롯한 서인들은 자신들의 주장이 받아들여져 그와 같이 결정된 것으로 생각하였습니다. 결국 15년 뒤 효종비 인선왕후가 죽었을 때 동일한 논쟁이 재현되게 됩니다.

갑인예송(甲寅禮訟)

1674년 효종비 인선왕후가 죽었을 때 기해예송의 당사자였던 인조의 계비 장렬왕후는 아직 생존해 있었습니다. 기해예송이 둘째 아들(효종)이 죽었을 때 어머니(장렬왕후)가 입을 상복에 관한 논쟁이었다면, 갑인예송은 둘째며느리(인선왕후)가 죽었을 때 시어머니(장렬왕후)가 입을 상복에 관한 논쟁이었습니다. 즉 두 사건의 쟁점은 동일한 것이었습니다.

처음에 예조(禮曹)에서는 장렬왕후의 상복으로 기년복(1년복)을 정하여 현종의 결재를 받았었는데 이튿날 곧바로 대공복(9개월복)으로 바꾸어 수정안을 올렸습니다. 앞선 기해예송 당시, 효종을 서자(庶子)로 본 송시열의 주장을 따라 수정안을 올린 것이었습니다. 그런데 이에 대해 현종은 "기해예송 당시 기년복(1년복)으로 결정했던 것은 경국대전에 따른 것이지, 효종을 서자로 보았기 때문이 아니다"라고 하며 장렬왕후가 입을 상복을 기년복(1년복)으로 결정해 버렸습니다. 그리고 이에 반대한 서인들을 대거 축출하고 남인을 요직에 등용함으로써, 인조반정 이후 60여 년 만에 남인정권이 성립하게 되었습니다.

1674년 갑인예송에서 패배하여 남인에게 정권을 내어 준 서인이 드디어 "분열다운 분열"을 하는 시점은 1680년 경신환국으로 정권을 되찾아 온 직후입니다. 앞서 언급했듯, 외척인 김석주와 김익훈을 변호하는 송시열에 실망한 신진 사류(士類)들이 송시열에게 등을 돌리는

1682년의 일입니다. 이 때 송시열에게 등을 돌린 이들이 "소론"(少論)
이라는 이름을, 여전히 송시열을 지지하는 이들이 "노론"(老論)이라는
이름을 얻게 되었던 것이지요. 그리고 이와 같이 시작된 노·소분열은
1683년부터 시작된 회니시비(懷尼是非)에 의해 가속화되어 더 이상 돌
아올 수 없는 강을 건너게 됩니다.[8]

　외부의 적(남인)이 사라져 서인 단독 정권이 구축되자, 거짓말같이
곧바로 다시 분열해 버린 것입니다. 갑술환국(甲戌換局, 1694)으로 남
인이 궤멸되었을 때, 이미 "서인"이라는 이름은 더 이상 존재하지 않
았습니다. 오직 노론과 소론이 있을 뿐이었습니다. 이어 경종(景宗, 재
위 1720~1724)조를 거쳐 영조(英祖, 재위 1724~1776)조 말기까지 이
어진 살육의 굿판 끝에 최종적으로 승리를 거머쥔 노론. 남인에 이어
소론까지 궤멸되었습니다. 이제야말로 노론 단독 정권이 구축될 차례
입니다. 하지만 이미 영조(英祖)조 말, 노론은 마지막 분열을 준비하고
있는 상황이었습니다. 그리고 정조(正祖, 재위 1776~1800)가 즉위한
후, 노론은 벽파(僻派)와 시파(時派)로 분열하며[9] 200여 년에 걸친 조
선 당쟁사의 대미를 장식합니다. 정조(正祖)의 죽음과 함께 붕당정치
의 시대는 막을 내리고, 당쟁의 최종 생존자인 시파는 기어코 악랄한
세도정치의 시대를 활짝 열어 젖히게 된 것입니다.

2. 우암 송시열, 송자(宋子)인가 원흉인가

　서인(西人)이 노론(老論)과 소론(少論)으로 분열되는 과정에 대해서
는 제6장 '윤선거의 죽음, 리얼 서바이벌 당쟁의 시작'편 및 제7장

---

8) 노·소 분당과정에 관하여는 제7장 '집안싸움이 당파싸움으로'편에서 자세히 다루었
　습니다.
9) 노론이 시파와 벽파로 분열하는 과정 및 그 의의에 관하여는 제9장 '송시열과 노론,
　조선을 삼키다'편에서 자세히 다루었습니다.

'집안싸움이 당파싸움으로' 편에서 상세히 설명하였습니다. 즉 1682년 경 척신(戚臣)과 결탁하여 그들을 변론하는 송시열에 실망한 젊은 선비들이 "소론"을 형성하기 시작하였고 윤증이 소론의 리더로서의 역할을 하였다는 점, 이어 송시열과 윤증 간에 벌어진 회니시비(懷尼是非) 및 송시열의 제자인 유상기와 윤증 간에 일어난 「가례원류」 파문이 노소분열을 가속화시키는 촉매제로서 작용하였다는 점에 대하여 자세히 설명하였습니다. 아울러 「가례원류」 파문은 그 내용에 비추어 사실상 "회니시비(懷尼是非) 시즌 2"에 불과하다는 점 역시 이미 설명한 바 있습니다.

그런데 역시 앞서 제6장 및 제7장에서 언급한 바와 같이, 사실 '회니시비'는, 주자(朱子)의 저술을 고쳐 쓴 윤휴를 송시열이 사문난적으로 규정하며 절교한 데로부터 비롯된 것입니다. 즉 "회니시비"는 본래 송시열과 윤증 간의 논쟁을 일컫는 것이지만, 그 "논쟁"이 일어나게 된 발단 내지 논쟁의 핵심 쟁점은 "윤휴의 위와 같은 행위(주자의 저술을 고쳐 쓴 행위)를 용납할 수 있는지 여부"였던 것입니다. 따라서 노・소분당을 이야기할 때 송시열과 윤증 이외에 윤휴를 결코 빠뜨릴 수 없는 것입니다.

위와 같이 노・소분당 과정에서 일어난 일련의 사건들은 송시열의 학문적 편협성과 비타협성을 여과없이 보여주고 있습니다. 더욱이 본장에서는 송시열이 이경석에게 퍼부었던 인신공격적 비방을 자세히 살펴보았는바, 이를 놓고 볼 때 송시열이 과연 "송자"(宋子)라고 불릴 만큼 성인(聖人)의 반열에 올랐다고 평가될 만 한 사람이었는지, 매우 회의적인 생각을 갖지 않을 수 없습니다. 송시열이 이경석에게 한 행동들은, 송시열의 평생의 벗이자 끝까지 송시열과 학문적 입장을 같이한 송준길조차 "놀랍고 한탄스럽다"고 할 정도로 많이 어긋난 것이었

습니다. 주자의 저술을 임의로 고치고 편집했다는 이유로, 윤휴와 마
찬가지로 송시열로부터 사문난적이라고 공격받았었던 박세당10)은 이
경석의 비문(碑文)에 다음과 같이 쓴 바 있습니다.

> 송시열은 불상(不祥)한 행실이 있으므로 반드시 불상(不祥)한 응보를 받을
> 것이다. 이것이 하늘이 도(道)이니, 두렵지 아니한가.
> 제 멋대로 꾸미고 방자하게 속이는 것으로 세상에 이름이 알려진 사람이
> 있다. 올빼미는 봉황새와 달라서 제멋대로 성내고 제멋대로 꾸짖는다. 착하지
> 못한 자가 미워하는 것이니 군자가 무엇을 염려하겠는가.11)

송시열은 주자학(朱子學)에 교조주의적으로 몰두했습니다. 주자학은
공자와 맹자의 저서와 언행에 대한 주자(朱子)의 해석론입니다. 단지
주자의 저술을 고쳐 썼다는 이유로 '사문난적'이라고 공격하는 송시열
에게, 윤휴는 "공맹(孔孟)의 뜻을 주자만 알고 나는 왜 모른다고 단정
하는가"라고 되물었지만 송시열에게는 전혀 통하지 않았습니다. 분명
송시열의 학문은 편협했습니다. 그의 머리는 열려있지 않았고, 그의
가슴은 너그럽지 못할 뿐 아니라 옹졸하기까지 했습니다. 성격도 쿨하
지도 못했고, 거기에다가 "뒤끝"까지 있어서, 한번 마음에 담아 둔 것
은 수십년이 지난 후에라도 반드시 앙갚음을 하곤 했습니다. 분명 우
리가 머리 속에 떠올리는 성인(聖人)의 모습은 아닙니다.

그럼에도 불구하고, 송시열이 조선 후기 정계와 사상계(思想界)에
가장 큰 영향력을 미친 학자임을 부정하는 사람은 아마도 없을 것입
니다. 이것을 어떻게 해석하여야 할까요. 단지 그의 제자들이 형성한

---

10) 박세당은 「사변록(思辨錄)」을 지어 주자의 4서집주를 개변(改變)하였고, 노장사상 및
   불교에도 심취하여 「신주도덕경(新註道德經)」 등을 쓰기도 했습니다. 이러한 면에서
   박세당은 윤휴보다 더 폭넓은 범위의 학문 세계를 구축하였다고 볼 수 있습니다.
11) 여기서 '올빼미', '착하지 못한 자'는 송시열을, '봉황새', '군자'는 이경석을 의미합니다.

당파(노론)가 조선 후기 정치적 헤게모니를 장악했기 때문이라고 하면 충분할까요. 하지만 이는 1차원적인 결과론적 해석으로 보일 뿐만 아니라, 그 논리도 너무 빈약해 보입니다. 위 질문에 대해 위와 같은 답을 내어놓기 위해서는, "송시열이 '왜', 그리고 '어떻게' 조선 후기 정계와 사상계에서 헤게모니를 거머쥘 수 있었는지"에 대해 납득할 수 있는 설명이 뒤따라야 하기 때문입니다.

우리는 "송시열"이라는 인물을 입체적으로 관찰할 필요가 있습니다. 그 출발점은, 송시열에게 "송자"(宋子)라는 칭호를 붙여 그를 성인의 반열에까지 밀어 올린 "노론"이라는 당파를 이해하는 일일 것입니다. 즉 송시열을 따르던 사람들, 그리고 송시열을 계승한 사람들을 통해 송시열이라는 인물을 다른 각도에서 객관적으로 들여다보는 것입니다.

우리 사회에서 소위 "진보"라고 자처하는, 정치적으로는 야당 성향을 띤 인사들 가운데 글빨이나 말빨로 힘깨나 쓰는 사람들은 송시열과 노론을 친일파와 군사독재정권의 "원흉"으로 보는데 주저하지 않습니다. 그들은 조선 후기 노론에서 오늘날 한국사회가 안고 있는 모순이 모두 잉태되었다고 주장합니다.[12] 그리고 소위 "식민사관"은 모두 일본 제국주의자들에 의하여 날조된 것이며, "붕당"과 "당쟁"이라는 용어 자체가 우리 민족을 비하하기 위하여 일본 제국주의자들이 만들어낸 개념이라고 설명합니다. 즉, "조선인은 당파성을 강하게 띤다. 스스로는 뭉치지 못한다"라는 인식을 심어 놓기 위해, 일본 제국주의자들이 의도적으로 조선의 당쟁사를 부각시켰다는 것입니다. 이것이 식민사관의 정체라고 말합니다.

---

12) 이주한, 「노론 300년 권력의 비밀」 위즈덤하우스; 이덕일, 「송시열과 그들의 나라」, 김영사; 이덕일 「사도세자의 고백」, 휴머니스트.

그러면서도 한편으로는 "진보"사학자들은 사도세자의 죽음을 당쟁의 희생양이라고 주장합니다. 사도세자는 노론의 음모에 의해 희생되었다는 것입니다. 즉, 이번에는 "진보"사학자들은 노론을 비판하기 위해, "보수꼴통"사학자들도 주장하지 않는 "사도세자 당쟁희생론"을 만들어 낸 것입니다. 철저히 당쟁의 개념을 부정하다가 필요할 때에는 슬그머니 당쟁의 개념을 빌어다 씁니다. 오로지 노론과 친일파 – 군사정권을 한데 묶어 비난하겠다는 목적으로 응집되어 스스로 스텝이 꼬이고 있는 줄도 모르는 듯 합니다. 심지어 이들은 노론을 옹호하는 학자들이 "서울대 교수"라는 사실 자체를 문제삼기도 합니다. 그러면서 끝까지 노론의 정체가 무엇인지, 그들의 학설(주장) 가운데 어떤 점에 오류가 있었는지에 대해서는 단 한 줄도 설명하지 못합니다. 단지 "노론 = 기득권 = 서울대(학벌주의) = 惡"이라는, 놀라울 정도로 단순화된 공식만을 고장 난 라디오처럼 반복할 뿐입니다.

제5장 '권력쟁취보다 어려운 권력의 파이 나누기'편에서 설명한 바와 같이, 붕당과 당쟁의 발생은 자연스럽고 필연적인 것입니다. 노론은, 조선 후기 형성된 붕당의 하나로서, 당쟁의 최후 승자일 뿐입니다. 이것이 비난의 이유가 될 수는 없습니다. 더욱이 노론이라는 당파는 19세기 안동 김씨의 세도정치(勢道政治) 시대를 맞아 형체도 흔적도 없이 사라져 버렸습니다. 즉 1800년대로 접어들면서 "붕당"과 "당쟁"이라는 것 자체가 조선 반도에서 더 이상 존재하지 않게 된 것입니다. 진보사학자를 자처하는 자들은, 안동 김씨의 세도정치 시대를 연 김조순이 김상헌 – 김창집으로 이어지는 노론 명문가의 후손이며, 김조순이 노론 시파(時派)로 분류된다는 점을 들어, 19세기 안동 김씨 세도정치를 노론 정권의 연장으로 보고 있습니다. "백두혈통" 한마디로 모든 이성과 논리를 말살시키는 것과 다름없어 보입니다.

　노론은, 의리와 명분을 중시하는 자들의 정치집단이었습니다. 그 의리와 명분은 모두 성리학 즉, 주자학(朱子學)에 근거한 것이었고, 노론을 나름(?) 논리적으로 비판하는 이들은 일단 이것부터 문제삼습니다. 하지만 성리학의 의리와 명분에 충실하였다는 것 자체가 문제되어야 하는 것일까요. 그렇다면, 노론의 방해에 의해 개혁을 완수하지 못한 비운의 왕으로 묘사되는 정조(正祖, 재위 1776~1800)가 "조선 주자학의 대통이 나(정조)에게 있다"고 한 말은 어떻게 받아들여야 하는 것일까요.

　제7장과 제9장에서 설명한 바와 같이, 서인(西人)이 노론과 소론으로 분열된 시점은 1682년경입니다. 그리고 노론과 소론이 본격적으로 대립하기 시작한 것은 숙종(肅宗, 재위 1674~1720)조 당시 세자(장희빈의 아들, 훗날의 경종)와 연잉군(훗날의 영조) 중 누구를 지지할 것인가에 관한 문제였습니다. 제9장에서 설명한 바와 같이, 소론은 세자의 보호자임을 자처하였습니다. 그러나 노론은, 숙종의 뜻이 세자를 연잉군으로 교체하는 데에 있음을 알고, 이를 따르고자 하였습니다. 노론 역시, 생모 장희빈에 의해 생산능력을 상실하였을 뿐만 아니라, 무능하고 무기력한 세자(훗날의 경종)로는 어렵다고 판단한 것입니다. 더욱이 숙종은 세자를 교체하고자 하는 뜻을 '노론 4대신' 중 한 명인 이이명을 통하여 명확히 밝히기까지 하였습니다.[13] 노론은 임금(숙종)의 뜻을 따른다는 명분을 가지고 흔들림 없이 행동하였습니다. 그리하여 세자(경종)가 즉위한 이후, 연잉군을 세제(世弟)로 책봉하고, 세제로 하여금 경종을 대신하여 대리청정할 것을 청하는, 목숨을 건 상소(上疏)를 올리기에 이른 것입니다. 그리고 그 결과는, 제9장에서 언급한 바

---

13) 1717년 숙종은 이이명과 독대하여 세자를 연잉군으로 교체하려는 뜻을 밝혔는데, 이를 정유독대(丁酉獨對)라 합니다.

와 같이, 노론 4대신(김창집, 이건명, 이이명, 조태채)의 사사(賜死)를 포
함한, 궤멸에 가까운 피해였습니다.14) 이에 반하여, 소론과 남인(南人)
은 "현재의 권력"에 충실히 영합하였습니다. 숙종이 1717년 정유독대
(丁酉獨對)를 통하여 세자교체의 뜻을 밝혔을 때, 이미 숙종은 급격히
노쇠하여 내일 바로 죽어도 전혀 이상하지 않은 상황이었습니다. 그리
고 3년 후 숙종이 죽고 세자가 즉위하였을 때, 과거의 세자(즉, 경종)
는 온전한 "현재의 권력"이 되었습니다. 소론과 남인이 "현재의 권력"
인 경종(景宗)에게 철저히 복종한 데 반해, 노론은 이미 죽은 선왕(숙
종)이 천명한 명분과 의리를 지키기 위해, 기꺼이 목숨을 내 놓았던
것입니다.

　위와 너무나도 닮은 사건이 약 40여 년 후에 다시 일어납니다. 경
종의 뒤를 이어 왕위를 이은 영조(英祖, 재위 1724~1776)가 사도세자
(思悼世子)를 뒤주에 가두어 죽인 사건입니다. 사도세자는 이미 군왕
(君王)이 될 자격을 상실한 상태였습니다. 툭하면 칼을 휘둘러 내관이
나 궁녀를 죽이고, 궁궐을 몰래 빠져나가 시정잡배와 어울리고 상인들
로부터 돈을 강탈하였으며, 1년 넘게 부왕(父王)인 영조를 문안하지
않는 등, 세자 시절 이미 연산군에 버금가는 행태를 보였던 것입니다.
사도세자가 왕위를 이어서는 안된다는 공감대는 이미 형성되었습니다.
그리고 사도세자의 대안으로 세손(훗날의 정조)까지 준비되어 있는 상
황이었습니다. 이에 영조는 아들(사도세자)을 뒤주에 넣어 죽이는 참담
한 일을 벌이고 맙니다.15) 하지만 그것이 나라를 위한 불가피한 선택
이었음을 잘 알기에, 집권 노론은 이에 반대하지 않습니다. 반대하지
않았을 뿐만 아니라, 아버지가 아들을 죽인 참담한 사건(임오화변)의

---

14) 1721년과 1722년에 걸쳐 일어난 이 사건을 신임사화(辛壬士禍)라 합니다.
15) 1762년에 벌어진 이 일을 임오화변(壬午禍變)이라 합니다.

진정한 의미가 변질되거나 희석되지 않도록 끝까지 노력하였습니다. 사도세자의 아들인 세손이 영조의 뒤를 이어 즉위한 후, 사도세자를 신원(伸冤)하고 추숭(追崇)하고자 했을 때 노론[16]은 마지막 순간까지 임금(正祖)에 맞서 이를 반대했던 것입니다. 이유는 단 하나, 당시의 영조의 선택이 불가피했을 뿐만 아니라 오히려 지극히 정당한 것이었다고 생각했기 때문입니다. 이 때에도 소론과 남인은 "현재의 권력" 즉 정조의 뜻에 철저히 영합하는 모습을 보여줍니다. 정조가 "탕평"이라는 이름 아래 소론과 남인을 기용하면서도 자신의 뜻을 거스르는 노론(벽파)을 더 중용한 것은, 사실은 노론이 내세우는 의리와 명분이 옳다는 것을 잘 알고 있었기 때문입니다.

영조, 정조 대에 이르러 소론과 남인이 당파로서 가지는 고유한 의리나 명분 없이 그때그때의 살아있는 권력에 영합하여 집권을 도모했던 것에 반하여, 노론은 언제나 뚜렷한 의리와 명분을 쥐고 행동했습니다. 그리고 그 의리와 명분은 주자학(朱子學)에 근거한 것이었습니다. 이에 따라 본 장에서 다룬 이경석에 대한 송시열의 비난 사건에서 보는 바와 같이, 때로는 편협하고 옹졸하기도 했고, 대의명분에 사로잡혀 병자호란을 초래하는 등 나라를 위험에 빠뜨리기도 했습니다.[17] 그러나 그들이 내세운 주자학적 의리와 명분의 옳고 그름은 별론으로

---

16) 엄밀히 말하면 사도세자의 신원과 추숭을 반대했던 것은 노론 벽파(僻派)입니다. 이 즈음 노론은 시파(時派)와 벽파(僻派)로 분열되고 있었는데, 시파는 문자 그대로 '그때그때의 시류(時流)에 영합한다'는 의미가 담겨져 있고, 벽파는 '편벽(偏僻)하게 명분과 의리만을 내세운다'는 의미가 담겨져 있습니다. 이는 구체적으로, 사도세자의 죽음을 어떻게 볼 것인지, 나아가 사도세자를 신원하고 추숭하려는 정조의 정책에 대해 어떠한 태도를 취할 것인지에 대한 입장차이로 나타나게 됩니다. 따라서 의리와 명분을 중시하는 노론 본류를 계승한 것은 노론 벽파이며, 노론 시파는 노론으로부터 서서히 분리되어 당파로서의 색채가 탈색되어 간, 비당파적 인물을 뭉뚱그려 일컫는 용어라고 할 수 있습니다.

17) 병자호란은 서인이 노론과 소론으로 분열되기 전인 1636년에 일어났으나, 노론의 뿌리가 서인이었기에 이와 같이 서술하였습니다.

하더라도, 적어도 그들이 일관된 명분을 쥐고 어긋남 없이 행동했기에 시간이 흐를수록 사대부층의 광범위한 지지를 얻을 수 있었고, 나아가 종국에는 당쟁의 최후 승자가 될 수 있었던 것은 아닐까요.

제 9 장

송시열과 노론, 조선을 삼키다

− 신임사화(辛壬士禍)를 중심으로 −

공소장

피고인 관련사항

1. 피 고 인 　김창집(金昌集, 73세)
　　　　　　　직업: 정치인(영의정)
　　　　　　　주거: 한양
　　죄　　명　　내란
　　적용법조　　형법 제89조, 제87조

2. 피 고 인 　이건명(李健命, 58세)
　　　　　　　직업: 정치인(좌의정)
　　　　　　　주거: 한양
　　죄　　명　　내란
　　적용법조　　형법 제89조, 제87조,

3. 피 고 인 　이이명(李頤命, 63세)
　　　　　　　직업: 정치인(영중추부사)
　　　　　　　주거: 한양
　　죄　　명　　내란
　　적용법조　　형법 제89조, 제87조

4. 피 고 인 　조태채(趙泰采, 61세)
　　　　　　　직업: 정치인(우의정)
　　　　　　　주거: 한양
　　죄　　명　　내란
　　적용법조　　형법 제89조, 제87조

5. 피 고 인 　김씨(이이명의 妻)
　　　　　　　직업: 주부

주거: 한양
죄　　명　　위력에 의한 살인
적용법조　　형법 제253조, 제250조

형법 제87조(내란)
국토를 참절하거나 국헌을 문란할 목적으로 폭동한 자는 다음의 구별에
의하여 처단한다.
1. 수괴는 사형, 무기징역 또는 무기금고에 처한다.
2. 모의에 참여하거나 지휘하거나 기타 중요한 임무에 종사한 자는 사형,
   무기 또는 5년 이하의 징역이나 금고에 처한다. 살상, 파괴 또는 약탈
   의 행위를 실행한 자도 같다.
3. 부화수행하거나 단순히 폭동에만 관여한 자는 5년 이하의 징역 또는
   금고에 처한다.

형법 제252조(촉탁, 승낙에 의한 살인 등)
① 사람의 촉탁 또는 승낙을 받아 그를 살해한 자는 1년 이상 10년 이
   하의 징역에 처한다.
② 사람을 교사 또는 방조하여 자살하게 한 자도 전항의 형과 같다.

형법 제253조(위계 · 위력에 의한 살인)
위계 또는 위력으로써 사람의 승낙을 받아 그를 살해하거나 자살을 결의
하게 한 때에는 제250조의 예에 의한다.

공소사실

1. 피고인 김창집, 피고인 이이명, 피고인 이건명, 피고인 조태채의 내란

　　피고인 김창집, 피고인 이이명, 피고인 이건명, 피고인 조태채(이하 4
인을 총칭하여 '피고인 노론 4대신'이라 함)는 모두 1720년 경종 즉위 전
부터 당상관의 직책을 가지고 국정 전반을 담당해 오던 자들로서, 새로
보위에 오른 경종을 보필하여 경종으로 하여금 안정적인 국정운영을 펼
치도록 충실히 보좌하고, 나아가 2차례 전란과 현종(顯宗)대의 대기근으
로 황폐화된 농토를 회복하여 식량생산량을 증대시키고, 상업과 공업을

활성화함으로써 하루 빨리 국민의 생활을 개선해 나아가야 할 시대적 책무를 지고 있었다.

그러나 피고인 노론 4대신은 1721년 8월 20일, 사간원 정언(正言) 이정소로 하여금 노론이 추대하는 연잉군(延礽君)을 세제(世弟)로 세울 것을 청하는 상소를 올리도록 하고, 그 무렵 소론계 및 남인계 대신을 배제한 채 곧바로 노론계 대신들만을 참석시킨 어전회의를 개최하여 경종으로 하여금 연잉군을 세제로 책봉하는 내용의 교지를 발표하도록 하였다. 이와 같은 방법으로, 피고인 노론 4대신은 위력으로 경종을 협박하여 연잉군을 세제로 세우는 데 성공하였다.

또한, 피고인 노론 4대신은 이에 그치지 않고 1721년 10월 10일, 사헌부 집의(執義)[1] 조성복으로 하여금 세제의 대리청정을 청하는 상소를 올리도록 하는 등, 노론계 관리들을 앞세워 국사 일체에 대한 집무권한을 세제인 연잉군에게 이전하도록 압박을 가함으로써, 그 무렵 경종으로 하여금 그러한 취지의 교서를 반포하도록 하였다.

위와 같이 피고인 노론 4대신은 경종을 위협하여 경종으로 하여금 자신들이 지지하는 연잉군을 세제로 책봉하도록 하고, 이어 곧바로 세제 대리청정을 명하는 교서를 반포하게 함으로써, 국법이 예정하지 않은 방법으로 경종으로부터 모든 국정운영의 실질적 권한을 강탈한 것이다.

2. 김씨(이이명의 妻)의 위력에 의한 살인

피고인 이이명은 위 제1항과 같이 내란에 성공하여 연잉군을 세제로 옹립하고, 대리청정의 명을 받아냄으로써 국권을 실질적으로 장악하게 되었다.

그러나 1721년 12월 6일, 소론계 김일경이 상소를 올려 피고인 노론4대신의 내란행위를 통렬히 지적한 후, 이어 다시 1722년 3월 7일, 남인계 목호룡이 "노론이 경종의 살해를 도모하고 있다"는 취지로 고변하였는바, 수사결과 사실로 드러나자 노론 4대신은 실각하여 사사(賜死)되었을 뿐만 아니라 그 가족, 친지들까지 연좌하여 처형되는 등 멸문(滅門)의 위기에 처하게 되었다.

---

1) 집의(執義)는 관리에 대한 규찰 및 감찰을 담당하던 사헌부의 종3품 관직입니다.

이에 이이명의 처는, 1722년 4월경, 이이명의 손자와 나이 및 용모가
비슷한 종(성명불상자)에게, 이이명의 손자를 대신하여 자살할 것을 요구
하였다. 엄격한 신분제도 아래에서 이이명의 처의 요구에 복종할 수밖에
없었던 위 종(성명불상자)은 자살을 결의하여 곧바로 자살하였고, 이이명
의 처는 위 종(성명불상자)의 시체를 마치 이이명의 손자인 것처럼 장례
를 치루어 주었다.

위와 같은 방법으로, 이이명의 처는 종인 성명불상자에게 위력으로써
자살을 결의하게 하여 자살하도록 하였다.

검사의 기소요지 보충설명

1. 노론 4대신의 내란죄에 관하여

내란은 어떠한 특정한 실행형태를 갖는 것은 아니며, 따라서 반드시
전투나 교전상황이 전제되는 것도 아닙니다. 형법 제87조는 살상, 파괴,
약탈 등을 내란행위의 태양으로 언급하고 있으나, 반드시 살상, 파괴, 약
탈이 수반되어야만 "내란"에 해당되는 것은 아닌 것입니다. 성공한 쿠데
타였던 중종반정(1506)이나 인조반정(1623)을 살펴보더라도, 쿠데타군은
사실상 피한방울 흘리지 않고 대궐에 무혈입성하였던 바 있습니다. 단지,
당시 폭군의 총애를 입고 권세를 누리던 몇몇 권간(權奸)들만이 쿠데타세
력에 의해 처단되었을 뿐이었습니다.

결국 "내란"이란 헌법과 법률이 정하지 않은 방법으로 국가권력의 전
부 또는 일부를 획득하는 것을 일컫는 말이라 생각됩니다. 우리 헌법 및
형법규정 역시 이와 같은 상식적인 의미의 내란 개념에서 벗어나는 것으
로 보이지는 않습니다.

경종은 집권 노론과 야당인 소론이 생사를 건 당쟁을 벌이는 틈바구
니에서 어렵게 보위를 이었습니다. 문제는 집권당인 노론이 경종을 왕으
로 인정하지 않는다는 점이었습니다. 그 연원은 경종이 세자이던 시절,
부왕 숙종(肅宗, 재위 1674~1720)과 이이명의 정유독대(丁酉獨對, 1717)
에서 기원합니다. 유교를 국시로 하는 세련된 문치국가인 조선에서 국왕

과 신하가 사관(史官)없이 독대한 사례는 다섯 손가락 안에 꼽을 정도인데, 위 "정유독대"가 바로 그 중 하나입니다. 사관이 없어 정유독대의 정확한 내용을 파악하기는 어려우나, 여기서 세자(훗날의 경종)교체에 관한 심도 깊은 이야기가 오고 갔다고 보는 것에 이론(異論)이 없습니다. 즉, 장희빈의 아들인 세자를 폐하고 연잉군을 새로이 세자로 세우는 데에 숙종과 집권 노론의 뜻이 일치한 것입니다.

그러나 조선은 국왕이라고 하여도 특별한 사유없이 함부로 세자의 지위를 박탈할 수는 없을 정도의 문명화된 정치체제를 갖추고 있었습니다. 이에 숙종과 집권 노론은 우선 세자에게 숙종의 대리청정(代理聽政)[2]을 명한 뒤, 대리청정 과정에서 결격사유가 드러날 경우 이를 빌미로 삼아 세자를 폐위할 것을 계획하였던 것으로 추측됩니다. 그러나 대리청정 기간 동안 세자는 이렇다 할 만한 실수를 저지르지 않았고, 이에 1720년 부왕 숙종이 죽자 세자가 조선의 20대 임금으로 즉위하게 됩니다.

이와 같이 경종이 합법적인 방법으로 세자의 자리를 유지하여 끝내 보위를 이은 이상, 당연히 그 정통성은 인정되는 것이며, 단지 선대왕의 뜻을 받든다는 명분으로 반란이 정당화될 수는 없는 것입니다. 그러나 집권 노론은 "숙종의 유교(遺敎)를 따르는 것이 곧 충(忠)"이라는 명분을 세우고, 경종 즉위 후 곧바로 인위적 정권교체를 시도하였습니다. 이제 겨우 33세에 불과한 임금에게 아들이 없다는 이유를 들어, 연잉군을 세제로 책봉할 것을 요구한 것입니다. 경종이 즉위한 지 1년도 채 지나지 않은 1721년 8월의 일입니다. 그런데 문제는 이와 같이 세제책봉을 논하는 중요한 어전회의에 반대 당파인 소론과 남인계 관료들은 출석 기회조차 갖지 못하였다는 점입니다. 즉 노론계 대신(大臣)들은 소론과 남인계 인사들의 참석을 막은 채 기습적으로 경종에게 연잉군을 세제로 책봉할 것을 강요하였고, 경종은 강압적인 분위기 속에서 결국 연잉군을 세제로 책봉하는 교지를 내리게 됩니다.

집권 노론은 여기서 그치지 않고 1721년 10월경, 이번에는 세제에게

---

[2] 국왕을 대신하여 세자 또는 세제가 국정의 전부 또는 일부를 맡아보는 제도였습니다. 세종(世宗, 재위 1418~1450)이 말년에 약 8년간 문종(文宗)에게 대리청정을 시킨 이래, 국왕이 살아 있는 동안 세자에게 대리청정을 시켜 정치실무를 익히도록 하는 것은 하나의 관행처럼 되어 있었습니다.

대리청정을 시킬 것을 경종에게 요구하게 됩니다. 즉 경종에게, 국왕으로 서의 모든 권한을 실질적으로 세제에게 넘길 것을 요구한 것입니다. 이와 같은 강압에 굴복하여, 경종은 세제에 대한 대리청정의 명을 내리지 않을 수 없었던 것입니다.

위와 같이, 피고인 노론 4대신이 반대당(소론과 남인)의 참석을 물리 적으로 봉쇄한 채 경종을 위협하여 강압적인 분위기를 조성, 경종으로 하 여금 세제책봉 및 대리청정을 명하는 문서에 서명하도록 함으로써, 내란 죄는 기수에 이르렀다고 해야 합니다.

2. 이이명의 처(妻) 김씨의 위력에 의한 살인죄에 관하여

살인죄(제250조)는 "타인을 살해할 것"을 구성요건으로 하므로, '자살' 은 구성요건해당성을 결하여 형법상 처벌되지 않습니다. 그러나 '자살'이 형법상 '범죄'를 구성하지 않는다고 하여 타인의 자살에 관여하는 것까지 처벌의 대상이 되지 않는 것은 아닙니다. 이에 형법은 교사범(제31조), 방조범(제32조)에 대한 특칙으로서 자살교사·방조죄(형법 제252조)를 별 도로 마련하고 있습니다.

형법이 총론상의 교사·방조범에 대한 특칙으로서 자살교사·방조죄 를 규정하고 있기는 하지만, 자살교사·방조죄에서의 교사·방조의 의미 는 총론에서의 그것과 서로 다르지 않다고 할 것입니다. 즉 자살의 교사 란 자살의 의사가 없는 자에게 자살을 결의하게 하는 것을 의미하며, 교 사의 수단이나 방법에도 특별한 제한이 있지 않습니다. 다만, 교사의 수 단이나 방법이 '위계' 또는 '위력'인 경우에는 '위계 또는 위력에 의한 살 인죄'(형법 제253조)가 성립되어 일반 살인죄(형법 제250조)와 동일한 형 으로 처벌받게 됩니다. 통상 '위력'(威力)이란 사람의 의사를 제압할 수 있는 유·무형의 힘을 의미하는데, 법조문의 체계상 형법 제253조에서의 '위력'이란 사회적·경제적 지위를 이용하여 다른 사람의 의사를 제압하 는 경우를 의미하는 것으로 해석하는 것이 타당하다고 생각됩니다. 만일 '위력'이 폭행·협박에 이르러 당사자의 자유의사를 박탈하는 정도에 이르 렀다면 이는 일반 살인죄(형법 제250조)로 의율할 문제이기 때문입니다.

본건의 경우, 이이명의 처(妻) 김씨는 자신의 손자와 나이·외모가 비 슷한 종에게 자신의 손자를 대신하여 자살하여 달라고 요구하였습니다.

그러나 당시의 엄격한 신분제도를 감안한다면, 위와 같은 행위를 단순한 자살 '교사'라고 볼 수는 없을 것입니다. 즉 이이명의 처는 당대 최고의 명문 사대가라는 사회적·신분적 지위에 바탕한 위력의 행사를 통하여 위 종(성명불상자)으로 하여금 자살을 결의하게 한 것이므로, 이에 대하여는 자살교사죄(형법 제252조 제2항)가 아닌, 위력에 의한 살인죄(형법 제253조)가 적용되어야 하는 것입니다.

변호인의 변론요지서

1. 내란죄의 행위태양은 "폭동"에 한정됨

형법 제87조는 "국토를 참절하거나 국헌을 문란할 목적으로 폭동한 자"를 내란죄로 처벌하고 있습니다. 여기서 "폭동"이란 다수인이 함께 폭행·협박을 하는 것을 의미하며, 이는 적어도 한 지방의 평온을 해할 정도에 이르러야 합니다. 검사는 내란죄가 특정한 실행형태를 갖는 것은 아니므로, 반드시 폭행이나 협박과 같은 유형력이 동반되어야 하는 것은 아니라고 주장하나, 이는 "폭동"이라는 단어의 문언적 해석범위를 넘어선 것으로서 타당하지 않다고 해야 합니다.

예컨대 형법 제87조 제2호는 "모의에 참여하거나 지휘하거나 기타 중요한 임무에 종사한 자는 사형, 무기 또는 5년 이상의 징역이나 금고에 처한다. 살상, 파괴 또는 약탈의 행위를 실행한 자도 같다"고 규정하고 있는바, 이는 형법이 "폭동"의 행위태양으로서 살상, 파괴 또는 약탈 예시하고 있는 것으로 보아야 합니다. 즉 "살상, 파괴 또는 약탈"에 이르는 정도의 강한 물리력을 행사한 자는 제87조 제2호로, 이에 이르지 않는 수준의 단순한 폭행·협박행위만을 한 자는 동조 제3호로 처벌하겠다는 것으로서, 내란죄의 구성요건인 "폭동"에는 폭행·협박과 같은 유형력의 행사가 당연히 전제되어 있는 것입니다.

만일 "폭행" 또는 "협박"과 같은 유형력이 행사된 바 없이 단순히 언어적 강요에 의해 권력을 탈취하고자 한 경우라면, 이는 직무·사직강요죄(형법 제136조 제2항)에 해당될 수 있음은 별론으로 하고, 내란죄에 해당될 여지는 없는 것입니다.

그런데 본건의 경우 검사의 공소사실에 의하더라도 피고인 노론 4대 신은 상소(上疏)를 올리거나 임금에게 주청(奏請)하는 방식으로 세제책봉 및 세제 대리청정을 요구했을 뿐, 어떠한 폭행이나 협박을 한 사실도 없 다고 해야 합니다.

법률상 "폭행"과 "협박"의 개념을 최대한 넓게 파악하더라도 마찬가 지입니다. 형법상 "가장 넓은 의미의 폭행"이라고 하더라도 적어도 (사물 에 대한) 어떠한 "유형력"의 행사를 필요로 한다는 것이 확립된 견해입 니다. 그리고 이러한 "유형력"은 통상 "물리력"과 같은 의미로 사용됩니 다. "물리력"의 개념을 이와 같이 파악한다면, 단순히 사람이나 물건을 타격하는 따위의 행위 뿐 아니라, 예컨대 가까이에 있는 사람에게 큰 소 리를 질러 강력한 공기의 파동을 일으키는 행위나, 인위적으로 강한 자기 장을 발생시켜 선박의 항해를 방해하는 행위 등도 모두 "물리력"의 행사 에 포함될 것입니다. 그러나 검사의 공소사실 어디를 살펴보아도 피고인 노론 4대신이 이러한 가장 넓은 의미에서의 "물리력"을 행사하였다는 흔 적은 발견되지 않습니다.

"협박"의 경우 역시 마찬가지입니다. 형법상 "협박"의 의미를 가장 넓은 의미로 파악하더라도, 이와 같은 "협박"이 인정되기 위해서는 상대 방에게 공포심을 일으킬 만한 "해악의 고지"가 존재해야 합니다. 그러나 검사의 공소사실 어디를 살펴보아도 피고인 노론 4대신이 경종에게 해악 을 고지하였다는 내용은 담겨 있지 않습니다. 즉 노론 4대신은 경종의 병 세가 위중하여 후사(後嗣)를 두지 못하고 있으므로 왕위를 둘러싼 혼란을 방지하기 위하여 세제책봉 및 세제 대리청정이 시급하다는 논의를 펼친 것일 뿐, 경종에게 어떠한 해악도 고지한 사실이 없습니다. 검사는 노론 4대신의 위와 같은 세제책봉 및 대리청정 주장이, 사실은 경종으로 하여 금 연잉군에게 양위(讓位)하도록 압박하기 위한 구실에 불과했다는 취지 로 주장하는 듯합니다. 그러나 이는 사람의 "행위"가 아닌 "내심의 의사" 를 형사처벌의 대상으로 삼겠다는 것과 다르지 않아, 죄형법정주의에 정 면으로 배치됩니다.

결국, 본건의 경우 피고인 노론 4대신의 거듭된 요청에 따라 심리적 부담을 느낀 경종이 세제책봉과 세제 대리청정의 결정을 내린 것으로 볼 수는 있을지언정, 형법상의 "폭행" 또는 "협박"이 있었던 것으로 볼 만한 자료는 어디에도 존재하지 않습니다. 따라서 본건의 경우 내란죄의 객관적 구성요건을 충족시키지 못한다고 보아야 합니다.

위와 같이 본건의 경우 내란죄의 객관적 구성요건을 충족시키지 못하여 내란죄가 성립하지 않는다고 보아야 하나, 만에 하나 내란죄의 객관적 구성요건을 충족시킨다고 보더라도 주관적 구성요건요소인 "목적"이 존재하지 아니하여 결국 내란죄가 성립하지 않는다고 보아야 하는바, 이에 관하여 항을 바꾸어 상세히 설명드리도록 하겠습니다.

2. "국헌을 문란할 목적"이 존재하지 아니함

내란죄는 국토를 참절(僭竊)하거나 국헌을 문란할 목적이 있어야 성립되는 이른바 "목적범"입니다. "국토를 참절한다"는 것은 영토의 전부 또는 일부를 장악하여 국가의 존립을 위태롭게 하는 것을 의미하므로, 본건과는 무관한 것으로 판단됩니다. 따라서 본건의 경우, "국헌을 문란할 목적"이 있었는지 여부만이 문제될 것입니다.

"국헌을 문란한다"는 것은 헌법의 기본질서를 침해하는 것을 의미합니다. 이를 본건이 일어난 18세기의 조선에 적용할 경우, "국헌을 문란한다"는 것은 바로 조선의 통치이념인 성리학적 기본질서를 부정하는 것으로 해석할 수 있습니다. 성리학적 기본질서는 삼강오상(三綱五常)[3]으로 요약될 수 있는데, 삼강오상 중에서도 가장 첫 머리에 오는 것이 바로 군위신강(君爲臣綱), 즉 임금과 신하 사이에서 지켜야 할 도리입니다. 결국, 신하가 임금에게 신하로서의 도리를 다하지 못하는 것이 성리학적 기본질서를 거스르는 가장 큰 죄에 해당하는 것입니다.

그런데 본건의 경우, 앞서 검사가 '기소요지 보충설명'에서 언급한 바와 같이, 정유독대(1717)를 통하여 숙종(肅宗)은 이이명을 비롯한 노론 4대신에게 세자를 연영군으로 교체할 뜻을 명백히 한 바 있습니다. 그런데

---

3) 삼강오상, 또는 삼강오륜이란 유학(儒學)의 기본이 되는 세 가지의 강령(綱領)과 다섯 가지의 인륜(人倫)을 가리킵니다. 구체적으로 삼강(三綱)은 군위신강(君爲臣綱, 임금과 신하 간의 도리), 부위자강(父爲子綱, 부모와 자식 간의 도리), 부위부강(夫爲婦綱, 부부 간의 도리)을, 오상(五常)은 부자유친(父子有親), 군신유의(君臣有義), 부부유별(夫婦有別), 장유유서(長幼有序), 붕우유신(朋友有信)을 의미합니다. 성리학적 이념이 지배한 조선사회에서는 삼강오상에 위배되는 행위를 이른바 '강상죄'(綱常罪)라 하여 가장 무거운 벌로 다스렸습니다.

조선의 통치체계상 한 번 정해진 세자의 지위는 임금이라도 함부로 빼앗을 수 없었고, 결국 숙종은 세자교체를 단행하지 못한 채 1720년 세상을 뜨게 됩니다.

이와 같은 상황에서, 선왕인 숙종의 고명대신(顧命大臣)[4]인 피고인 노론 4대신들로서는 일응 깊은 고민에 빠질 수밖에 없었을 것입니다. 더욱이 보위를 이은 경종은 세자시절부터 몸이 허약하여 정사를 제대로 처리하지 못하였을 뿐만 아니라, 생모 장희빈에 의해 생식능력까지 상실한 상황이었습니다.[5]

이와 같은 상황에서, 고명대신인 노론 4대신으로서는 결국 선왕인 숙종의 유교(遺敎)를 따르는 길을 선택할 수밖에 없었을 것입니다. 즉 노론 4대신이 이제 막 즉위한 경종에게 세제책봉 및 세제 대리청정을 청했었던 것은, 경종을 왕위에서 끌어내리기 위함이 아니라, 선왕인 숙종의 유교(遺敎)를 따르기 위함이었던 것입니다. 그리고 아마도 여기에, 생식능력을 상실하여 후사(後嗣)를 기대할 수도 없는 (따라서 사후 피비린내 나는 왕위쟁탈전을 예고하고 있는) 경종보다는, 정치적 안정을 위해서라도 연잉군이 군주로서 더 적합하다는 현실적 판단이 결합되었을 것입니다. 이렇게 본다면, 이들의 행위는 성리학적 통치질서에 반하는 것이 아니라, 오히려 성리학의 도학정치 사상을 보다 충실히 구현하기 위한 결단의 소산이었다고 보는 것이 타당할 것입니다.

따라서, 본건의 경우 내란죄의 주관적 구성요건요소인 "국헌을 문란할 목적"이 존재하지 아니하므로, 결국 어느 모로 보나 피고인 노론 4대신들에게 내란죄가 성립될 수는 없다고 보아야 할 것입니다.

---

4) 임금의 유언을 받들어 이를 집행하는 대신(大臣)을 일컫는 말입니다. 고명대신이 된다는 것은 영예로운 일이나 사실은 매우 위험한 것이기도 합니다. 만일 왕위를 둘러싼 권력투쟁이라도 벌어지는 경우에는 본의 아니게 권력투쟁의 한 복판에 서게 되어 자칫하면 목숨을 잃기 쉽상이기 때문입니다. 문종(文宗, 재위 1450~1452)의 고명대신인 김종서가 수양대군에 의해 살해된 일, 선조(宣祖, 1567~1608)의 고명대신이었던 유영경이 광해군에 의해 사형에 처해진 일 등이 유명한 예입니다.
5) 경종의 생모인 희빈 장氏는 1701년 사사(賜死)되었습니다. 야사에 의하면 희빈 장씨는 사약을 마시기 전에 마지막으로 세자를 볼 수 있게 해 달라고 간청하였고, 인정에 못 이긴 숙종이 그 청을 들어 주었는데, 희빈 장씨는 세자를 보자마자 세자의 성기를 움켜쥐고 잡아 뽑으려 했다고 합니다. 희빈 장씨가 얼마나 표독스러웠는가를 보여주기 위해 꾸며낸 이야기일 수도 있으나, 어찌되었든 세자는 그 후 시름시름 앓았고, 자

3. 이이명의 처(妻) 김씨에 대하여는 자살교사죄(형법 제252조 제2항)가 성립함

검사는 이이명의 처(妻) 김씨가 성명불상자인 종에게 자신의 손자를 대신하여 자살하도록 요구한 행위가 위력에 의한 살인죄(형법 제253조)에 해당한다고 하고 있습니다.

그러나 어떠한 기본적 구성요건에 대한 가중처벌을 규정하고 있는 구성요건의 경우 특히 엄격하게 해석되어야 할 것입니다. 특히 위력에 의한 살인죄(형법 제253조)의 경우 일반 살인죄(형법 제250조)와 동일한 법정형이 규정되어 있다는 점을 감안한다면, 단순히 타인에게 심리적 압박을 가하는 정도에 불과한 경우에는 쉽사리 '위력에 의한 살인죄'의 성립을 인정해서는 안될 것입니다. 일반 "교사범"의 개념 자체에 이미 어느 정도 타인에 대하여 심리적 압박을 가한다는 점이 내포되어 있기 때문에, 이와 같은 경우까지 "위력에 의한 살인죄"를 인정한다면, 자살교사죄(형법 제252조 제2항)가 인정될 여지가 전혀 없어지기 때문입니다.

생각건대, 본건이 일어난 시점에 이미 이이명은 사사되었고, 이이명의 직계가족과 가까운 친인척은 연좌되어 대부분 처형되었거나 노비로 전락한 시점이었습니다. 따라서 이이명의 처가 위 성명불상자인 종(사실 이 시점에 이르러서는 이 성명불상자인 종에 대한 소유권도 상실하였을 것으로 추측됨)에 대하여 그 의사를 제압할 만한 힘을 가지고 있었다고 단정하기 어렵습니다.

따라서 이이명의 처에 대하여는, 위계에 의한 살인죄(형법 제253조)가 아닌, 자살교사죄(형법 제252조 제2항)로 의율하는 것이 타당하다고 할 것입니다.

식을 낳지도 못하였습니다.

검사의 반박 의견서

변호인의 변론의 요지는, 첫째, 피고인 노론 4대신이 경종으로 하여금 연잉군의 세제책봉 및 세제 대리청정을 명하도록 한 것은 선왕인 숙종의 유교(遺敎)를 따르기 위함이었으므로 초과주관적 구성요건요소인 "국헌 문란의 목적"이 존재하지 않으며, 둘째, 형법은 내란죄의 행위태양으로 "폭동할 것"을 규정하고 있으나 본건의 경우 어떠한 유형력(물리력)도 행사된 사실이 없으므로 객관적 구성요건 역시 충족시키지 못한다는 것입니다.

그러나 "선왕의 유교(遺敎)를 따른다는 것"은, 피고인 노론 4대신으로 하여금 공소사실 기재와 같은 행위로 나아가게끔 한 "정치적 결단" 내지 "명분"에 불과할 뿐, 이것이 "국헌 문란의 목적"을 부정하는 근거가 될 수는 없습니다. 아니, 사실 양자는 서로 아무런 관계가 없습니다. 형법이 내란죄의 구성요건으로 규정하고 있는 "국헌 문란의 목적"의 존부는 철저히 법률 내재적으로, 법리의 틀 안에서 해석되고 적용되어야 하는 것입니다. "명분으로 내란죄의 구성요건을 조각(阻却)할 수 있다"는 식의 변호인의 주장은, 사실 모든 내란행위자들이 자신의 행위를 정당화하기 위해 사용하는 낡아빠진 논법에 지나지 않습니다.

즉, 피고인 노론 4대신이 내세운 "명분" 또는 그들의 "정치적 결단"이 타당한지 그른지를 따지는 것은 내란죄의 성립 여부(여기서는 "국헌 문란의 목적")를 판단함에 있어 전혀 무의미합니다. 앞서 언급했듯, 이는 철저히 법률의 규정과 법리에 입각하여 판단되어야 하는 것입니다. 그런데 다소 추상적이어서 자칫하면 해석상의 논란을 낳을 수도 있는 이 "국헌 문란의 목적"의 의미에 관하여, 형법은 "헌법에 의하여 설치된 국가기관을 강압에 의하여 전복 또는 그 권능행사를 불가능하게 하는 것"이라고 명쾌하게 설명하고 있습니다(형법 제91조 제2호). 결국 본건의 경우 "국헌 문란의 목적"의 존부는 동 규정에 따라 판단하지 않을 수 없습니다.

본건의 경우, 1688년에 태어난 경종은 1689년 부왕 숙종(肅宗)에 의해 원자(元子)[6]로 책봉되고, 이어 1690년 세자(世子)로 책봉되었습니다. 원자(元子) 책봉과 세자 책봉 모두 조선왕실의 규범과 관행7)에 따라 이루어졌으며 그 과정에서의 어떠한 절차적 하자도 존재하지 않았습니다. 그리고 1720년 숙종이 사망함에 따라 경종은 합법적인 절차에 따라 왕위를 계승, 조선의 제20대 임금으로 등극하였던 것입니다. 그렇다면, 피고인 노론 4대신이 경종에게 연잉군의 세제 책봉과 세제 대리청정을 강요한 것은 바로 "헌법에 의하여 설치된 국가기관(국왕)의 권능행사를 불가능하게 한 것"에 해당한다고 하지 않을 수 없습니다. 즉 본건의 경우 법률상 "국헌 문란의 목적"이 존재하였다는 점은 의문의 여지없이 명백합니다.

한편, 변호인은 형법 제87조가 내란죄의 구성요건으로 규정하고 있는 "폭동"은 "폭행 또는 협박"을 의미한다는 전제하에 논의를 전개하고 있습니다. 그러나 "폭동"이 "폭행 또는 협박"과 같은 의미라고 볼 근거는 어디에도 없습니다. 만일 변호인의 주장 대로라면, 개념이 명확하고 체계적으로 정립되어 있는 "폭행·협박"이라는 법률용어 대신, 형법 제87조가 굳이 새로이 "폭동"이라는 단어를 사용할 이유가 없었을 것입니다. 결국, 형법 제87조가 규정하고 있는 폭동이라는 구성요건의 구체적 의미는 내란죄의 본질적 특성에 입각하여 해석되어야만 합니다.

역사를 상고해 보면 성공한 내란은 대부분 전통적인 의미에서의 "폭행"이나 "협박" 없이 이루어졌음을 알 수 있습니다. 조선의 건국은 겉으로 보기에는 그야말로 "평화로운" 정권교체였습니다. 적어도 이성계의 등극이 임박한 시점에서는, 피를 흘리는 권력투쟁이나 내전상황은 이미 종

---

6) "원자"(元子)란 임금의 맏아들에게 부여되던 칭호로서, 원자는 특별한 하자가 없는 한 6세~8세경 세자로 책봉되었습니다. 즉 "원자"의 칭호를 부여한다는 것은 장차 세자가 될 자임을 선언하는 것과 같은 것이었습니다. 숙종은 희빈 장씨가 왕자(훗날의 경종)를 출산하자, 출생 2개월 만에 왕자에게 원자의 칭호를 부여하려 하였고, 이에 대해 송시열 등 서인(西人)은 정비인 인현왕후가 아직 왕자를 생산할 가능성이 높으므로 희빈 장씨 소생의 왕자를 원자에 봉하는 것은 너무 성급하다며 극력 반대하였습니다. 이로 인해 종래 집권당인 서인(西人)은 대거 제거되고, 남인이 정권을 차지하게 되는데, 이를 기사환국(己巳換局)이라 합니다. 조선 후기 사상계를 지배한 노론의 영수 우암(尤庵) 송시열 역시 이 사건으로 인해 유배되었다가 사사(賜死)되었습니다.

7) 왕실의 의식과 의례는 원칙적으로 송(宋)나라 또는 명(明)나라 황실의 예에 의하였고, 이는 주(周)나라의 제도에 뿌리를 둔 것이기도 합니다. 따라서 조선은 명(明)나라의 제후국(본건 당시는 淸의 제후국)으로서 세자 책봉 및 즉위는 명(明)나라의 승인을 받음으로써 최종적으로 그 합법성을 인정받을 수 있었습니다. 세자의 지위가 한 번 정해지면 국왕이라 하더라도 이를 함부로 박탈할 수 없었던 이유가 여기에 있습니다.

료된 상황이었기 때문입니다. 단종 역시 매우 화기애애한(?) 분위기 속에서 수양대군에게 직접 옥새를 건네주었습니다. 단종은 "과인이 나이가 어려 왕위를 감당할 수 없으니 숙부(수양대군)께서 대임(大任)을 맡아 달라"고 간청하였고, 수양대군은 눈물로 거듭 사양하다가 한참 후에서야 이를 승낙하고 왕위를 이어받았습니다. 앞서 「기소요지 보충설명」에서 언급한 바와 같이 중종반정과 인조반정 역시 사실상 무혈쿠데타였습니다.

　　결국, "폭동 = 폭행 + 협박"이라는, 도식화된 변호인의 주장은 내란죄의 본질에 대한 이해의 결여에서 기인한 것으로서, 결과적으로 "성공한 쿠데타는 처벌하지 않겠다"는 말과 다르지 않습니다. 형법 제91조 제2호가 "국헌 문란의 목적"의 의미에 관하여, 폭력·폭행·협박이라는 용어 대신, 이번에는 "'강압'에 의하여 국기기관의 권능행사를 불가능하게 하는 것"이라고 표현하고 있는 취지를 되새겨 볼 필요가 있을 것입니다.

Issue & Debate

1. 영조의 탕평 - 노론 일당으로 귀결되다

제7장 '집안싸움이 당파싸움으로' 편에서 언급한 바와 같이, 1716년 "병신처분(丙申處分)"에 의해 조정에서 소론이 대거 축출되고, 노론이 권력을 장악하게 됩니다. 이는 세자에게 대리청정을 명하여 실무를 맡아보게 한 후 그 업무처리과정에서의 흠을 잡아 이를 명분으로 폐세자를 단행하기 위한 고도의 노림수가 들어간 사전정지 작업이었습니다. 즉 숙종은 궁극적으로 세자를 폐하기 위한 환경조성으로서, 우선 세자를 지지하는 소론을 축출하고 연잉군을 지지하는 노론을 등용하는, 또 한번의 환국을 연출해내는데, 이를 "병신처분"이라 합니다(가례원류 파문으로부터 병신처분에 이르기까지의 상세한 과정에 대하여는 제7장을 참조하시기 바랍니다).

	신임사화 (1721~1722)	영조 즉위년(1724)	무신란(1728)
소론 준론(峻論) (김일경, 목호룡, 이인좌 등)	김일경의 연명 상소; 목호룡의 고변(연잉군이 세자를 살해하려 했다는 '삼급수설' 주장) ⇒ 노론 공격에 앞장 서서 심대한 타격을 입힘	<u>소론 준론의 영수인 김일경과 목호룡 각 처형됨</u>	이인좌를 중심으로 소론 준론이 일으킨 난(亂)으로서, 무신란이 토벌됨으로써 <u>**소론 준론은 사실상 궤멸**</u>

소론 완론(緩論) (조태구, 이광좌 등)	노론 공격에 소극적	별다른 피해를 입지 않음	무신란 토벌에 앞장섬 ⇒ **이후 당파적 색채 탈색**
노론 (김창집 등)	노론 4대신이 멸문지화를 당하는 등 치명타를 입음	노론 4대신 모두 신원(伸冤)됨	무신란 토벌로 인해 사실상 소론 소멸, **노론단독정권 체제 구축**

위와 같이 1716년 병신처분 결과 조정(朝廷)에서 소론이 대거 축출되고, 노론이 다시 기용되었습니다. 그러나 "세자교체"라는 병신처분의 목적은 성공하지 못하였고, 불과 4년 후 숙종이 사망하자, 결국 1720년 소론이 지지하는 세자가 제20대 경종(景宗)으로 등극하게 됩니다.

그런데 숙종과 이이명의 정유독대(丁酉獨對, 1717) 등을 통하여, 노론은 이미 세자교체에 대한 "교감"을 마친 상태였습니다. 노론과 숙종이 나눈 "교감"에는, 만일 세자교체에 실패할 경우 (생식기능이 상실된 것으로 추측되는) 경종의 후사(後嗣)로서 연잉군을 세제(世弟)로 삼는다는 내용이 포함되어 있었던 것으로 생각됩니다. 이에 본건 공소사실에 기재된 바와 같이 피고인 김창집, 이건명, 이이명, 조태채 등 이른바 '노론 4대신'은 경종에게 연잉군을 세제로 책봉한 후 대리청정하게 할 것을 요구하였던 것입니다.

그러자 소론 과격파(峻論)의 영수 김일경의 상소문(上疏文)이 1721년 12월, 경종에게 올려졌습니다. 세제 책봉 및 대리청정을 청한 일 등은 군신 간의 분의(分義)를 잊고 임금을 업신여긴 죄로서 이는 강상죄(綱常罪)에 해당하니 엄히 처벌하여야 한다는 취지였습니다. 이에 그치지 않고 남인 서얼 출신의 목호룡이라는 자는 1722년 3월, 노론 4대신을 비롯한 노론 핵심가에서 숙종 말년 이래 경종을 살해하기 위해 모의해 왔다는 내용의 고변(告變)을 하기에 이릅니다. 이에 김창집, 이이명, 이건명, 조태채 등 노론 4대신은 가족까지 연좌되어 사사되어 멸문지화(滅門之禍)를 당하게 되었으며, 그 밖에도 많은 사람들이 죽고 상당수의 노론 명문가가 파멸하였습니다. 연잉군 역시 역모의 주모자로 이름이 거론되어 세제로서의 지위는커녕 목숨을 부지하기도 어려운 상황에 처했으나, 경종의 배려로 목숨을 보전하고 세제의 지위도 가까스로 지킬 수 있게 되었습니다.

위와 같이 소론 김일경과 목호룡의 고변으로 인하여 노론이 큰 타격을 입은 사건을 신임사화(辛壬士禍)라고 합니다. 그러나 어렵게 잡은 소론의 권력은 채 3년도 가지 못했습니다. 병약했던 경종이 후사도 없이 재위 4년 만인 1724년 사망한 것입니다. 결국 연잉군이 1724년 제 21대 영조(英祖)로 등극하게 되었습니다. 영조는 즉위 직후 소론 준론(峻論)의 영수인 김일경과 목호룡를 처형하고, 이들의 무고에 의해 희생된 노론 4대신 등을 신원(伸冤)하였습니다.

흔히 영조(英祖)는 '탕평의 아이콘'으로 알려져 있습니다. 그러나 앞서 상세히 언급한 바와 같이 사실상 노론의 지지에 의해 가까스로 생명을 건지고 즉위까지 할 수 있었던 영조는 즉위와 동시에 소론 강경파의 핵심인사들을 가차없이 처단하였고, 이에 따라 영조(英祖)조 초기 사실상 소론은 당파로서의 자생력을 상실한 상태였습니다.

영조 즉위 무렵부터 크게 위축되어 있었던 소론은, 영조 재위 연간 (1724~1776) 여러 차례 반란 등을 일으키며 계속하여 치명상을 입었고, 이에 따라 영조 말기에는 사실상 거의 소멸되기에 이릅니다. 따라서 영조 재위 시기의 탕평은 노론 1당 독주체제에 대한 견제책 이상의 의미를 갖지 못하며, 그 나마 재위 중기 이후 영조가 노론편향으로 흐름에 따라 탕평이라는 이름조차 무의미한 상황이 되고 말았던 것입니다.

2. 정조의 탕평 – 탕평의 종말, 당쟁의 종말

이와 같이 할아버지인 영조가 만들어 놓은 노론 1당 체제 하에서 정조(正祖)는 즉위하였습니다. 그런데 정조가 탕평을 펼쳐 나아가야 할 조정(朝廷)은 영조 말 조정과는 상황이 많이 달라져 있었습니다. 다시 노론이 "벽파"(僻派) 또는 "시파"(時派)로 세포분열을 시작한 것입니다.

"벽파"(僻派) 또는 "시파"(時派)라는 표현은 사실 조선왕조실록상으로는 정조 8년에 처음 등장합니다. 그리고 대부분의 역사서는 "벽파"(僻派)를 反사도세자 성향의 인사로서, 정조의 주요정책에 반대했던 인사들로 규정짓는 반면, "시파"(時派)는 정조의 주요정책에 찬성하였던, 親사도세자 인사로 규정하고 있습니다. 여기서 더 나아가, 정조가 훌륭한 자질을 갖추었음에도 성공하지 못했던 것은 정조의 정책을 반대하고 심지어 방해하기까지 했던 "벽파" 때문이었다고 해석하는 견해가 일반적인 것처럼 보입니다. 그렇다면, 정조는 자신의 정책에 사사건건 반대하고 나서는 벽파를 왜 쉽게 내치지 못했었던 것일까요. 바로 벽파가 내세우는 의리와 명분이 사도세자에 대한 선대왕(英祖)의 그것과 일치하고 있었고, 그 의리와 명분이 옳다는 사실을 정조 스스로 잘 알고 있었기 때문입니다. 즉, 정조는 할아버지인 영조가 아버지인 사도세자를 제거하는 것이 불가피한 선택이었다는 사실을 누구보다도 잘 이해하고 있었던 것입니다. 벽파는, 흔히 사극이 묘사하듯, 정조를 미워하여 사사건건 시비나 걸었던 그런 집단이 아닙니다. 벽파는, "종묘사직을 위한 대계(大計)로서, 세손(훗날의 정조)에게 곧바로 왕위를 승계시키기 위해 어쩔 수 없이 사도세자를 제거해야 한다" 영조의 결단에 동의한, 지극히 현실적이고 이성적인 당파였습니다. 그리고 자신들의 내세운 명분과 의리에 자신이 있었기에, 벽파는 정조 앞에서 시종 당당할 수 있었고, 정조 역시 그들을 제거하거나 징벌할 수 없었던 것입니다. 오히려, 벽파의 명분과 의리가 옳다는 것을 잘 알고 있었기에, 내치거나 벌주기는커녕 그들을 더욱 중용하였습니다.

사실 사도세자의 제거는 당파를 떠나 모두가 동의한 것이었습니다. 시파와 벽파의 차이라면, 아마도 "눈물"일 것입니다. 아버지(사도세자)의 죽음을 머리로는 이해하나 가슴으로 받아들이기 어려웠던 정조를 위해 함께 눈물을 흘려주었던 자들이 시파라면, 벽파는 임금이라면 차가운 머리로 사사로운 감정 따위는 억제할 수 있어야 한다고 생각했고, 또 이를 냉정하게도 정조에게 요구했던 자들인 것입니다.

따라서 정조의 탕평은 영조의 탕평과는 기본적으로 다를 수밖에 없었습니다. 비록 자신의 아버지를 죽이는 데 일정부분 역할을 한 자들이나, 이는 할아버지(英祖)의 뜻이자 대의를 위한 불가피한 선택이었음을 잘 알기에, 정조는 그들과 함께 정치를 해 나아가지 않을 수 없었습니다. 이런 점에서 본다면, 정조가 벽파를 제거하지 못한 것이 아니라 제거하지 않은 것이라는 결론에 이르게 됩니다. 오히려, 정조로서는 자신과 함께 새 세상을 만들어 나아가야 할 파트너로서, "Yes 맨" 시파보다는 냉정할 정도로 합리적이고 현실주의적인 벽파가 더 적합하다고 판단했을 가능성이 적지 않습니다. 정조의 위대함이 여기에 있습니다.

당쟁의 3대 법칙

제6장 "윤선거의 죽음, 리얼 서바이벌 당쟁의 시작"편에서 언급한 바와 같이, 1680년대 서인(西人)이 노론(老論)과 소론(少論)으로 분열된 이후 당쟁의 성격은 크게 변하여, 서로 죽고 죽이는 서바이벌 게임으로 전화(轉化)하게 됩니다. 이는 뉴턴의 고전물리학이 정립된 시기와 거의 일치하는데, 당쟁의 법칙 역시 다음과 같이 뉴턴 고전역학으로부터 추출할 수 있는바, 이것이야말로 바로 21세기 각광받는 "통섭"의 원조(元祖)라 하겠습니다.

당쟁의 제1법칙은 관성의 법칙입니다. 일단 집권하게 된 당파는 수단과 방법을 가리지 아니하고 권력을 유지하려 하는 것이지요.

인사(人事)의 기준은 오로지 "어느 당파에 속한 인물인지"뿐입니다. 자기와 같은 당파이면 군자(君子)라 하여 추천하고, 다른 당파이면 소인(小人)이라 하여 배척합니다. 하나의 예를 들어 봅니다. 1729년 노론 유겸명은 영조(英祖)에게 상소를 올려 소론 이광좌를 극력 탄핵한 바 있습니다. 영조가 유겸명에게 이광좌를 탄핵하는 이유를 묻자, 유겸명은 "이광좌는 소인이기 때문"이라고 답합니다. 이에 영조가 누가 군자고 누가 소인이냐고 묻자, 유겸명은, "이광좌가 소인이고 자신들(노론)이 군자이다"라고 대답합니다. 놀랍도록 뻔뻔하지만, 이들에게는 이것이 지조있고 절개있는 행동으로 여겨졌을 것입니다.

마찬가지로, 정책 결정의 기준 역시 오로지 "어느 당파에서 나온 정책인지"뿐입니다. 예컨대 송시열이 대동법(大同法)을 반대한 이유는, 대동법이 (같은 서인 계열이기는 하지만) 산당(山黨)이었던 송시열과 대립하고 있던 한당(漢黨)의 김육이 제안한 법률이기 때문입니다. 평생 "주자(朱子)의 가르침대로 살았다던" 송시열이, 백성에게 오로지 득이 될 뿐인 대동법을 반대한 이유는 이것이 아니면 설명되지 않습니다. "북벌(北伐)의 아이콘"이라는 송시열이, 막상 윤휴가 제안한 구체적인 북벌정책들에 대해서는 침묵한 이유 역시 마찬가지입니다. 윤휴가, 송시열이 이끌던 노론과 극단적으로 대립하고 있던 남인(南人)이었기 때문입니다.

조선의 백성이 부담하는 납세의무는 크게 세 가지로 나눌 수 있는데, 전세(田稅), 공납(貢納), 역(役)이 그것입니다. 전세(田稅)는 소유하는 토지에 따라 부담하는 일종의 재산세였고, 공납(貢納)은 당해 지역의 특산물을 바치는 조세였으며, 역(役)은 연간 일정 일수 무상으로 나라에 노동력을 제공해야 하는 의무였습니다. 그런데 조선 중기 이후 국가의 기강이 흐트러지면서 공납은 본래의 취지와 맞지 않게 당해 지역에서 생산되지 않는 물품이 배정되는 경우가 많았습니다. 이에 따라, 백성은 자신(이 사는 지역)에게 배정된 물품을, 당해 물품을 취급하는 상인(商人)으로부터 구입하여 나라에 바칠 수밖에 없게 되었는데, 이 과정에서 당해 물품을 취급하는 상인들은 관리(官吏)들과 결탁하여 폭리를 취하였습니다. 즉, 공납품을 거두는 관청에서 특정 상인이 취급하는 물품만을 정상품(正常品)으로 인정하여 수령하고, 다른 물품은 수령을 거부하면 백성들은 그 특정 상인으로부터 공납품을 구매하여 관청에 바칠 수밖에 없게 되므로, 당해 상인은 가격을 마음대로 올려 독점적 이윤을 취득할 수 있었던 것입니다. 이렇게 취득한 이윤의 상당부분은 부패한 관리들에게 흘러 들어갔음은 물론이고요. 이와 같이 관리(官吏)들이 특정 상인들과 결탁하여, 백성들이 그 특정 상인이 아닌, 제3자로부터 물품을 구입하여 납품할 경우 의도적으로 공납품의 수령을 거부하는 것을 "방납"(防納: '납품을 방해한다'는 의미)이라고 하였습니다.

위와 같은 이유로 공납은 조선 중기 이후 백성의 고혈을 짜는 가장 큰 폐단으로 지목되어 왔고, 이를 시정하기 위한 법률로 제안된 것이 대동법입니다. 대동법에 의할 경우, 지역의 특산물을 납품하는 대신, 토지소유자는 토지 1결당 2두의 쌀을 바치면 되었기 때문에, 대동법은 백성의 부담을 크게 덜어 주는 법이었습니다. 대동법을 최초로 제안한 것은 율곡 이이였으나 시행되지 못하였고, 1608년 이원익이 강력히 주장하여 경기도에서 비로소 시범 실시되게 되었습니다. 이후 김육이 대동법의 확대실시를 주장하였으나 송시열을 비롯한 산당(山黨)계의 반대로 인해 전국 실시까지는 100년 가까운 시간이 필요했습니다.

당쟁의 제2법칙은 가속도의 법칙입니다.

잡은 권력을 유지하기 위해서는 상대 당파를 더욱더 세차게 공격해야 합니다. 작은권력에 만족하고 안주하는 순간 바로 역습을 당하게 됩니다.

따라서 일단 권력을 잡으면 더 큰 권력을 추구해야 합니다.

당쟁의 제2법칙을 이용하여 왕권을 강화한 자가 바로 "환국정치"의 아이콘 숙종(肅宗, 1674~1720)입니다. "환국"(換局)이란 점잖은 표현으로 "국면을 전환한다"는 의미인데, 그 실질은 무자비한 친위 쿠데타입니다. 즉 임금의 마음대로 한 순간에 집권당이 바뀌고, 생과 사가 뒤바뀝니다. 어제 무릎에라도 앉힐 듯 가까이하던 신하에게 오늘 갑자기 사약을 내립니다. 여기에는 특별한 이유나 명분이 필요 없습니다. 임금이 바로 나라의 주인, 즉 "주권자"(主權者)이기 때문이죠.

숙종은 그러한 "주권자"로서의 자의식(Ego)이 너무나 투철한 임금이었습니다. 조선 반도에 존재하는 모든 생명체를 자신의 뜻대로 처분할 수 있다고 생각했던 왕이지요. 때문에 집권 46년 동안 무려 5번의 친위 쿠데타를 일으켜 수많은 신하들을 죽음으로 몰아넣었습니다. 문제는 여기에 부화뇌동한 당파들입니다. 임금의 마음이 언제 180도 바뀔지 모르는 상황! 그렇다면 이미 답은 나와 있습니다. 일단 정권을 잡았을 때 상대 당파를 철저히 짓밟아 재기불능의 상태로 만들어야만 하는 것입니다. 도저히 회생이 불가능하도록. 이제 인정사정 없는 무자비한 살육전이 펼쳐질 최적의 조건이 갖추어졌습니다. 조선 팔도의 풀 한 포기까지 모두 자기 것이라고 생각하는 안하무인의, 게다가 변덕스럽기까지 한 임금, 체세포 분열하듯 집권하면 분열하기 바쁜 당파들, 문란해질 대로 문란해져 붕당에 줄을 대지 않으면 도저히 급제가 불가능해진 과거시험까지. 당쟁의 제2법칙 ─ 가속도의 법칙 ─ 은 이렇게 탄생하였습니다.

이와 관련하여, 이건창은 「당의통략」(黨議通略)[8]에서 다음과 같이 신랄한 비판을 가하고 있습니다. 당쟁 200년 동안 가속도의 법칙이 적용된 결과, 이제는 조금만 자기 뜻과 맞지 않으면 상대에게 반드시 역적의 누명을 씌워 죽음으로 몰아넣으려 하는 상황을 한탄하고 있는 것입니다.

옛날로부터 붕당 싸움을 하는 사람들이 누구나 저마다 군자(君子)라고 자칭하고, 다른 사람은 소인(小人)이라고 배척했기 때문에 뒤에 의논하는 사람

---

8) 「당의통략」(黨議通略)은 1890년 경 소론계 이건창이 조선후기 당쟁사를 정리하여 엮은 책입니다. 본 책에서 인용하고 있는 「당의통략」(黨議通略)은 1972년 을유문화사가 발행한 번역본입니다(역자: 이민수).

들이 이것을 가지고 병으로 삼았었다. 그런데 지금은 이보다도 더 심해서 소인이라고 지목하는 것만으로는 마음에 만족하지 못함인지 반드시 어떠한 명분이라도 만들어 난적(亂賊)의 함정에까지 몰아넣은 뒤에야 통쾌하게 여기니, 이야말로 어질지 못하기 짝이 없다.

당쟁의 제3법칙은 작용·반작용의 법칙입니다. 화(禍)를 입은 당파는 반드시 동일한 에너지 총량의 화(禍)를 상대방 당파에게 되갚아 주는 것이지요.

이렇게 되면, 특정한 이슈를 놓고 벌인 대결에서는 일견 승리한 것처럼 보이더라도 사실은 상대방에게 입힌 피해만큼 (가까운 시간 내에) 고스란히 되돌려 받게 됩니다. 즉 전투는 이기지만 전쟁은 결국에는 비기게 되어 있는 것입니다. 왜냐면 종국에는 모두 전사(戰死)하기 때문입니다. 남아 있는 최후의 1인까지 OUT되어야 끝나는 피구(避球)경기처럼, 당쟁은 북인[9]과 남인, 소론과 노론, 시파(時派)와 벽파(僻派)가 모두 남김없이 도륙되어 더 이상 싸울 선수(Player)가 남아 있지 않게 된 다음에서야 비로소 끝이 나게 됩니다. 모든 당파가 사라지고 세도정치가 시작되는 1800년대의 일입니다.

이와 관련하여 「당의통략」(黨議通略)이 지적하고 있는 내용은 너무나도 정확하게 핵심을 짚어내고 있어 더욱더 뼈아프게 느껴집니다.

우리나라는 충의로 나라를 세웠다면서 당화(黨禍)로 인해 사람 죽이는 것이 법도가 없어서 임금의 집안이나 귀한 사람의 가족까지도 죽이는 것이 그치지 않았으니 참으로 유감스런 일이다. …

또 한 사람을 죽였으면 그 한 사람뿐이요 여럿을 죽이거나 국문할 필요가 없는 것이니, 만일 자기 몸뚱이가 몹시 아파서 죽게 되고 보면 자기 자신을 속이는 것도 쉬운데 더구나 남을 속이는 것쯤이야 거리낄 것이 있겠는가? 이렇게 하여 서로 끌어대어 연좌되고 보면 그 붕당을 모두 섬멸시킬 것이니 이것은 도둑을 다스리는 법인데 이를 사대부에게 써 왔으니 되겠는가?

이것은 비록 시일이나 일에 따라 다른 것은 있다 하겠지만 이같이 하여

---

9) 앞서 언급한 바와 같이, 선조(1567~1608)조 말엽부터 광해군 재위기(1608~1623)까지 권력을 독점한 북인(北人)은 인조반정(1623)으로 사실상 궤멸되었습니다.

서로 상잔(相殘)하고 서로 보복해서 똑같은 전철을 밟고 조금도 회개하지 않으면 이러고서도 나라가 망하지 않는 것이 오히려 이상하겠거늘 어찌 인재의 많음을 바랄 수 있겠는가.

참고문헌

강효석 편저,『조선왕조 오백년의 선비정신』, 화산문화, 1996.

김경준,『철종이야기』, 아이올리브, 2006.

명재 윤증 저, 공근식·서정문 옮김,『명재유고』, 한국고전번역원, 2011.

박영규,『한권으로 읽는 조선왕조실록』, 들녘, 1996.

삼성출판사,『율곡 이이 集』,『퇴계 이황 集』, 1981.

신정일,『똑바로 살아라』, 다산초당, 2008.

_____,『조선을 뒤흔든 최대 역모사건』, 다산초당, 2007.

이건창 저, 이민수 역,『당의통략』, 을유문화사, 1972.

이덕일,『당쟁으로 보는 조선역사』, 석필, 1997.

_____,『송시열과 그들의 나라』, 김영사, 2000.

이성무,『조선시대당쟁사 1, 2』, 동방미디어, 2000.

이은순,『조선후기당쟁사연구』, 일조각, 1988.

이이화,『한국의 파벌』, 어문각, 1983.

이주한,『노론 300년 권력의 비밀』, 역사의 아침, 2011.

이현종,『청백리 정신과 열전』, 아세아문화사, 1977.

작자미상, 김광순 옮김,『산성일기』, 서해문집, 2004.

작자미상, 조재현 옮김,『계축일기』, 서해문집, 2003.

한국인물사연구원,『무오사화』, 타오름, 2010.

JU네트워크 재심사건 판결문

– 서울동부지방법원 2014. 1. 27. 선고
2012재고합2 판결 –

서 울 동 부 지 방 법 원

제 1 2 형 사 부

판   결

사 건	2012재고합2 특정경제범죄가중처벌등에관한법률위반(사기), 특정경제범죄가중처벌등에관한법률위반(배임), 특정경제범죄가중처벌등에관한법률위반(횡령){일부 인정된 죄명 특정경제범죄가중처벌등에관한법률위반(배임)}, 방문판매등에관한법률위반
피 고 인	주수도 (561125-1850712), 기업체임직원 주거 서울 강남구 언주로 332 111동 1803호 (역삼동, 역삼푸르지오) 등록기준지 서울 강남구 대치동 899-28
재심청구인	피고인
검 사	김진모, 황의수, 차승우(기소), 이종근, 오재현, 박수민(공판)
변 호 인	법무법인 바른 담당변호사 김재호, 이영희, 고영식, 이응세 법무법인 대륙아주 담당변호사 정성태, 박지훈, 이종식 변호사 강하영, 김종한
재심대상판결	서울동부지방법원 2007. 2. 20. 선고 2006고합187, 160(병합), 192(병합), 203(병합), 217(병합), 228(병합), 277(병합), 282(병합), 283(병합), 284(병합), 302(병합) 중 피고

인에 대한 부분

판 결 선 고   2014. 1. 27.

주   문

피고인을 징역 12년에 처한다.

이   유

재심사유 및 이 법원의 심판범위

1. 이 사건 재심판결에 이른 경위

가. 서울동부지방법원은 2007. 2. 20. 피고인에 대한 2006고합187 등 특정경제범죄가중처벌등에관한법률위반(사기) 등 사건(이하 '재심대상사건'이라 한다)에서 일부 횡령 및 배임의 점을 제외한 나머지 공소사실을 모두 유죄로 인정하고 피고인을 징역 12년에 처하는 이 사건 재심대상판결을 선고하였다. 피고인 및 검사는 위 판결에 대하여 서울고등법원 2007노687호로 항소하였으나, 서울고등법원은 2007. 6. 21. 피고인 및 검사의 항소를 모두 기각하였다. 이에 피고인이 대법원 2007도6012호로 상고하였으나, 대법원은 2007. 10. 11. 위 상고를 기각하여 같은 날 이 사건 재심대상판결이 확정되었다.

나. 이 사건 재심대상판결은 판시 범죄사실 제1, 2, 3항 범죄사실을 유죄로 인정하면서 그 '증거의 요지'란에 '증인 서석봉의 법정진술'을 거시하였다.

다. 서석봉은 '2006. 10. 16. 및 같은 달 30. 서울동부지방법원 법정에서 재심대상사건의 증인으로 출석하여, ① 제이유네트워크 주식회사(이하 'JU네트워크'라 한다) 등의 판매원들이 1점을 달성하는 데 사용한 금액, ② 촉진 2 마케팅에 관한 피고인의 사업설명 내용, ③ 피고인으로부터 수익사업에 대한 설명을 들었는지 여부, ④ 시중품과 비교한 JU네트워크 전용상품의 가격, ⑤ 구입가격 이상에 제품을 판매하는 것이 가능한지 여부, ⑥ 서석봉의 물품출고율, ⑦ 물품출고가 정상적으로 이루어졌는지 여부, ⑧ 피고인이 주식회사 쿠모를 인수한 시기 및 경위, ⑨ 은현수가 훼이컷 주식회사에 참여하였는지 여부, ⑩ 청약철회가 가능하였는지 여부 등에 관하여 자신의 기억에 반하는 허위의 진술을 하였다.'는 범죄사실로 약식기소되어 서울중앙지방법원 2010. 11. 26.자 2010고약37427호로 벌금 300만 원의 약식명령을 발령받아 그 무렵 위 약식명령이 확정되었다(이하 '이 사건 약식명령'이라 한다).

이에 피고인은 이 사건 재심대상판결이 유죄 인정의 근거로 삼았던 서석봉의 증언이 확정된 약식명령에 의하여 허위인 것이 증명되었다는 이유로 이 사건 재심청구를 하였고, 이 법원은 형사소송법 제429조 제2호가 정한 재심사유가 있다는 이유로 2012. 12. 7. 재심개시결정을 하였다.

2. 이 법원의 심판범위

가. 경합범 관계에 있는 수개의 범죄사실을 유죄로 인정하여 한 개의 형을 선고한 불가분의 확정판결에서 그 중 일부의 범죄사실에 대하여만 재심청구의 이유가 있는 것으로 인정된 경우에는 형식적으로는 1개의 형이 선고된 판결에 대한 것이어서 그 판결 전부에 대하여 재심개시의 결정을 할 수밖에 없지만, 비상구제수단인 재심제도의 본질상 재심사유가 없는 범죄사실에 대하여는 재심개시결정의 효력이 그 부분을 형식적으로 심판의 대상에 포함시키는데 그치므로 재심법원은 그 부분에 대하여는 이를 다시 심리하여 유죄인정을 파기할 수 없고 다만 그 부분에 관하여 새로이 양형을 하여야 하므로 양형을 위하여 필요한 범위에 한하여만 심리를 할 수 있을 뿐이라고 할 것이다(대법원 1996. 6. 14. 선고 96도477 판결 등 참조).

나. 이 사건 재심대상판결에서 증거로 거시하였으나 이 사건 약식명령에 의하여 허위인 것으로 인정된 위 1. 다.항 기재 서석봉의 법정진술 부분(이하 '서석봉의 법정진술 부분'이라 한다)은 피고인이 JU네트워크 및 제이유백화점 주식회사(이하 'JU백화점'이라 한다)를 운영하면서 피해자들을 기망했는지 여부에 관한 것이어서, 이와 직접 혹은 간접적으로 관련

된 판시 범죄사실 제1의 가.항, 제2의 나.항 기재 각 특정경제범죄가중처벌등에관한법률위반(사기)의 점 및 판시 범죄사실 제1의 나.항, 제2의 다.항 기재 각 방문판매등에관한법률위반의 점에만 재심청구의 이유가 있다고 인정되므로, 나머지 범죄사실에 대하여는 양형을 위하여 필요한 범위 내에서만 심리·판단하기로 한다.

다. 이에 대하여 피고인의 변호인들은, 이 사건 재심대상판결에서 서석봉의 법정진술 부분은 피고인이 JU백화점의 방문판매원등이 되고자 하는 자에게 방문판매원등이 되는 조건으로서 1인당 연간 2만 원 이상의 재화 등을 구매하게 하였다는 내용의 판시 범죄사실 제2의 가.항 기재 방문판매등에관한법률위반의 점에 관하여도 사실인정의 자료로 사용되었으므로, 이 부분에도 재심사유가 있다고 주장한다.

그러나 서석봉의 법정진술 부분은 피고인이 JU네트워크 및 JU백화점을 운영하면서 피해자들을 기망하였는지 여부에 관련된 것일 뿐이므로 위 방문판매등에관한법률위반의 점에 관하여는 재심사유가 있다고 볼 수 없다. 따라서 피고인의 변호인들의 위 주장은 받아들이지 않는다(피고인의 변호인들은, JU백화점의 방문판매원이 되기 위하여는 제이유피닉스 주식회사(이하 'JU피닉스'라 한다)의 회원일 것을 조건으로 하고 있는데 JU피닉스의 회원이 되려면 등록신청서만 작성하면 되므로 JU백화점의 방문판매원이 되기 위하여 별도로 재화 등을 구매하게 하는 의무를 부과한 것은 없다고 주장한다. 그러나 이 법원이 적법하게 채택하여 조사한 증거들에 의하면, JU피닉스에서 디디, 에스디 회원인 사람은 JU백화점의 단순 소비자 회원인 에이엠 회원만 될 수 있을 뿐 JU백화점의 직판 전용 상품을 구입하거나 판매할 수 없으며, JU피닉스에서 1인당 300만 PV의 매출실적을 올리는 에이전트급 이상의 판매원이 되어야만(2006. 3.경부터는 100만 PV의 매출실적을 올려 에스디 이상의 판매원이 되어야만) 비로소 JU백화점의 직판 전용상품을 구입할 수 있는 에이전시급 이상의 방문판매원이 될 수 있는 사실이 인정되는바, 위 인정사실에 비추어 보면, 피고인은 JU백화점의 방문판매원에 관하여 단순히 실적에 따라 후원수당의 지급기준을 달리하는 것에 그치지 않고 일정 수준의 실적을 올리지 않으면 수당의 지급 또는 발생을 원천적으로 봉쇄함으로써 결국 방문판매원등이 되고자 하는 사람들에 대하여 물품을 구매하도록 한 것이고, 이는 방문판매원 등록조건으로 연간 2만 원 이상의 재화 등을 구매하게 하는 등 의무를 부과하게 한 행위에 해당한다고 할 것이다. 따라서, 설령 위 방문판매등에관한법률위반의 점이 이 법원의 심판범위에 포함된다고 보더라도 피고인의 변호인들의 위 주장은 이유 없다).

범 죄 사 실

피고인은 2009. 3. 27. 서울중앙지방법원에서 배임증재죄 등으로 징역 10월을 선고받고 같은 해 12. 10. 그 판결이 확정되었다.

피고인은 다단계판매업체인 JU네트워크의 회장 겸, 방문판매업체인 JU백화점, 다단계판매업체인 JU피닉스 및 에스엘테크 주식회사(이하 '에스엘테크'라고 한다) 등 25개 회사로 구성된 소위 제이유 그룹(이하 'JU그룹'이라 한다)의 회장으로서 그룹 운영의 전반을 총괄 지휘하는 자, 오세원은 JU네트워크의 본점 사업자 운영위원회 고문 겸 속칭 1번 사업자, 윤덕환은 위 업체의 전국 사업자 운영위원회 위원장 겸 속칭 2번 사업자, 이용성은 2005. 4. 1.부터 위 업체의 대표이사로 재직 중인 자, 박홍석, 정종채, 이상규는 각 JU그룹 상임정책위원회 부위원장, 박문태는 피고인의 친구로서 JU백화점의 대표이사로 재직하면서 피고인의 지시를 받아 회사의 영업 및 자금 운영을 총괄하여 지휘하는 자, 정태수는 JU피닉스의 대표이사로 재직하면서 피고인의 지시를 받아 회사의 영업 및 자금 운영을 총괄하여 지휘하는 자, 지용남은 2004. 3.경부터 서울 강남구 신사동 556-26 창석빌딩 1층에서 JU네트워크의 가맹점인 발모촉진제 판매업체 '헤어르본'을 피고인과 동업으로 운영하는 자, 김옥낭은 2004. 7. 20.경부터 서울 강남구 신사동 565-13 여전빌딩 1층에서 JU네트워크의 가맹점인 '노블레스'(현재 상호 '아미코스')라는 상호의 여성용품 및 화장품 판매업체를 운영하는 자, 정생균은 2002. 2. 15.부터 2005. 4. 1.까지 JU네트워크의 대표이사, 2005. 4. 1.부터 2008. 4. 1.까지 JU네트워크의 등기이사, 2004. 3. 25.부터 2005. 4. 1.까지 JU백화점의 대표이사로 각 재

직한 자인바,

1. 피고인은, 오세원, 윤덕환, 이용성, 정생균, 위 업체의 본점 사업자 운영위원회 고문 겸 속칭 최고소득 사업자인 김금순, 위 업체의 본점 사업자 운영위원회 운영위원 겸 속칭 3번 사업자인 유종옥과 공모하여,

    가. 2002년경부터 '일정 금액 이상의 물품을 구입하고 일정(에이전트) 직급의 판매원이 된 후 1점(단위)을 120만 피브이(PV, 이하 PV 라 한다) 및 12만 에스피(SP, 이하 SP라 한다)(2004. 11.경까지는 1점 120만 PV, 그 이후부터는 1점 120만 PV 및 10만 SP, 2005. 11.경부터는 1점 120만 PV 및 12만 SP)로 하여 누적적으로 매출을 하면 물품을 틀림없이 지급하면서 회사 매출액의 35% 이내의 금원을 이용하여 1점 당 300만 원이 될 때까지 계속 마케팅플랜에서 정한 바에 따라 공유수당을 매일 지급해 준다'는 것을 기본으로 한 마케팅 방식으로 JU네트워크를 운영해 오던 중,

    사실은 위 업체는 매출 총액의 35% 이내의 금원을 이용하여 속칭 마케팅플랜에서 정한 바에 따라 수당을 지급하는 것이 아니라 2003년도에는 매출 총액의 약 36%에 해당하는 금원을 이용하여, 2004년도에는 매출 총액의 약 68%에 해당하는 금원을 이용하여 각 피고인이 임의로 조작한 금액으로 수당을 지급해 왔고, 그 결과 2003년도에 약 11억 원의 영업손실이 발생하였고, 2004년도에 약 921억 원의 적자가 발생하였으며, 위 업체의 채무는 2003. 12. 31. 기준 약 3,210억 원으로 총 자산보다 약 4억 원이 초과되었고, 2004. 12. 31. 기준 약 7,904억 원으로 총자산보다 약 901억 원이 초과되었으며, 2004. 12. 31. 기준 위 업체의 판매원들에 대한 미지급 물품이 약 6,250억 원이나 물품재고는 약 139억 원(매입원가 기준), 보유자금은 약 25억 원에 불과한 등 회사의 재정상태가 악화되었고, 위 업체의 판매원들의 누적점수는 2003. 12. 31.경 27만점, 2004. 12. 31.경에는 68만 점에까지 이르러 그에 대한 1점 당 300만 원의 수당을 모두 지급하기 위하여 추가로 약 2조 400억 원의 자금이 필요한 형편이어서, 위 업체의 판매원들인 피해자들

로부터 실질적으로는 수당을 지급받기 위한 투자금의 성격을 갖는
물품구입비 명목으로 금원을 납입받더라도, 이와 같은 방식으로는
판매원들의 누적점수가 계속하여 지속적으로 증가할 수밖에 없고
후순위 납입액이 기하급수적으로 증가하지 않는 한 매일 판매원들
에게 지급되는 공유수당금액이 떨어지게 되고, 그러한 경우 회사
매출도 감소되다가 결국 길지 않은 기간 내에 매출이 중단될 수
밖에 없어 판매원들에게 그에 대한 물품을 제대로 지급하거나 납
입금 1점(1점의 요건이 변한 기간에 따라 평균 약 200만~220만
원)에 대하여 300만 원의 수당을 전부 지급하지 못하게 될 것이
라는 사실을 알고 있으며, 실제로 2005년에도 매출 총액의 약
84%에 해당하는 금원을 이용하여 수당을 지급하면서 영업을 계속
한 결과 2005. 12. 31. 기준 위 업체의 미지급 물품이 약 1조
2,566억 원이나 물품재고는 약 9억 원(매입원가 기준), 보유자금은
약 5억 원에 불과하고 거래처 물품대금 미지급금도 약 617억 원
에 이르는 등 미지급 물품을 지급할 능력이 없고, 2006. 5. 15. 기
준 위 업체의 판매원들의 누적점수도 약 89만 점에까지 이르러
그에 대한 수당을 지급하기 위하여 추가로 약 2조 6,700억 원의
자금이 필요하나 회사 자금은 거의 없어 위 수당을 지급하는 것
이 불가능하며, 세금체납액도 약 683억 원에 이르는 상태가 된 것
이고, 수익사업에 투자한 비율도 총 매출액의 0.7% 미만으로 극
히 미미하며 그로 인하여 발생한 투자수익이 전혀 없고, 피고인의
개인 재산도 2005년 말경 1조원에 이를 수 있는 것이 아니었으며,
대부분의 판매원들이 납입원금에 해당하는 수당도 지급받지 못하
게 되었음에도 불구하고, 영업이 계속될수록 매일 판매원들에게
지급되는 공유수당금액이 떨어지게 되면 마케팅플랜을 변경하여
기존매출자에게는 공유수당금액을 매우 낮게 책정하여 지급하고
신규매출자에게는 공유수당금액을 기존매출자보다 수배 이상 높게
책정하여 지급하는 방법과 신규매출 시 신규매출점수에 상당하는
기존매출점수를 신규매출점수로 이관하여 기존매출점수보다 수배

이상 높은 공유수당금액을 지급해 준다고 하는 속칭 '1대1 프로모션' 등의 방법을 동원하여 피해자들을 현혹하여 신규매출을 계속 유도하여 실질적으로 투자금의 성격을 갖는 물품구입비 명목의 금원을 편취하기로 결의한 후, 상습으로,

2005. 1. 1.경부터 2005. 12. 2.경까지 서울 강남구 신사동 568-23 제이유빌딩 소재 JU네트워크 본사 및 전국 112개 지점에서 위와 같은 사실을 숨긴 채, 피해자 오명석 등 위 업체의 판매원인 피해자들에게 회사 구입가가 판매가의 10~20%에 불과한 물품을 제공하면서 '회사 매출은 영속적으로 발생할 수밖에 없기에 300만 원의 수당을 틀림없이 지급받을 수 있고, 판매원들의 총 누적점수를 일정한 수준으로 유지할 수 있는 능력이 있기에 매일 지급되는 공유수당금액도 떨어지지 아니하여 300만 원의 수당을 전부 지급받을 수 있는 기간도 길어지지 않으며, 위 업체는 항상 회사에 이익이 남는 범위 내에서 수당을 지급하므로 빚이 전혀 없고 막대한 재산을 보유하고 있으며 수익사업에도 투자한 회사이므로 물품도 주고 수당을 지급하여도 영원히 지속될 수 있는 회사이고, 주수도 회장 개인 재산도 2005년 말이면 1조 원에 이르게 될 것이며 이를 전액 헌납하여 주수도평화재단을 설립할 계획을 가지고 있을 정도로 믿을 수 있는 회사이고, 전체 판매원의 20~30%는 성공자로서 1년에 5,000만 원 내지 수십억 원을 벌고, 50%는 매월 100만 원 정도의 생활비를 벌고, 피해자는 전혀 발생하지 아니하는 업체이고, 한국특수판매공제조합에 가입한 합법적인 회사로서 관련 법률을 철저히 준수하여 존속에 전혀 문제가 없다'라고 거짓말하여, 이에 속은 피해자 오명석으로부터 실질적으로는 투자금의 성격을 갖는 물품구입비 명목으로 1억 3,500만 원을 교부받은 것을 포함하여, 별지 범죄일람표(1) 기재와 같이 위 업체의 판매원들인 피해자 총 93,064명으로부터 위와 같은 물품구입비 명목으로 합계 1조 8,441억 5,516만 4,990원을 교부받아 이를 편취하고,

나. 다단계판매자는 허위 또는 과장된 사실을 알리거나 기만적 방법을

사용하여 상대방과의 거래를 유도하여서는 아니됨에도 불구하고,
위 가.항 기재 일시 장소에서, 위 가.항과 같이 허위 또는 과장된
사실을 알리고 기만적 방법을 사용하여, 이에 현혹된 오명석 등
위 업체의 판매원들 총 93,064명으로부터 실질적으로는 투자금의
성격을 갖는 물품구입비 명목으로 위 가.항 기재와 같이 합계 1조
8,441억 5,516만 4,990원을 교부받는 다단계판매업을 하고,

2. 피고인은, 2005. 12. 2.경 한국특수판매공제조합과의 공제계약해지로
인하여 더 이상 공식적으로 JU네트워크의 다단계판매영업을 할 수 없
게 되자 JU백화점 명의로 방문판매방식으로 실질적으로는 제1항과 동
일한 방식으로 영업을 계속하기로 위 오세원, 윤덕환, 김금순, 유종옥
과 공모한 후,

가. 방문판매자는 가입비·판매보조물품·개인할당 판매액·교육비 등
그 명칭 및 형태여하를 불문하고 방문판매원등이 되고자 하는 자
에게 방문판매원등이 되기 위한 조건으로서 1인당 연간 2만 원
이상의 비용 그 밖의 금품을 징수하거나 재화 등을 구매하게 하
는 등 의무를 부과하여서는 아니됨에도 불구하고, 불특정다수인을
상대로 위 업체의 방문판매원을 모집하면서 방문판매원이 되는 요
건으로 회사 구입가가 판매가의 10~20%에 불과한 물품을 제공
하면서 반드시 본인 명의로 계열회사인 JU피닉스에서 1인당 300
만 PV(평균 약 500만 원 상당)의 매출 실적을 올리고 에이전트급
이상의 판매원이 되어야만(2006. 3.경부터는 1인당 100만 PV(평
균 약 167만 원 상당)의 매출 실적을 올리고 에스디 이상의 판매
원이 되어야만) 방문판매업체인 JU백화점에서 취급하는 물품을
구입하고 수당을 받을 수 있는 방문판매원이 될 수 있고, 방문판
매원이 된 후 일정한 매출 또는 하위판매원 모집 실적을 올리면
그에 따라 정해진 수당을 지급받는 등으로 많은 돈을 벌 수 있다
고 설명하여 방문판매업체인 JU백화점의 방문판매원이 되고자 하
는 자로부터 방문판매원 등록조건부 물품구입비 명목의 위와 같은
금원을 교부받기로 결의한 후,

2005. 11.말경부터 2006. 4. 11.경까지 위 제이유빌딩 소재 JU백화
점 본사 및 전국 지점에서 박미영 등을 위와 같은 방법으로 현혹
시켜 박미영 등 위 업체의 방문판매원이 되고자 하는 자들로부터
방문판매원 등록조건부 물품구입비 명목으로 1인당 300만 PV{평
균 약 500만 원, 2006. 3.경부터는 1인당 100만 PV(평균 약 167
만 원)} 상당의 금원을 교부받아 방문판매원등이 되고자 하는 자
에게 방문판매원등이 되기 위한 조건으로서 1인당 연간 2만 원
이상의 재화 등을 구매하게 하는 등 의무를 부과하고,

나. 사실은 JU백화점의 판매원들 중 상당수가 JU네트워크의 판매원이
었기에 JU백화점의 방문판매영업을 하기 위해서는 현실적으로 위
업체의 자금으로 JU네트워크에서 피해를 입은 판매원들에게 수당
을 지급해야 할 필요가 있었고, 실제로 이를 위하여 2005. 11.경부
터 2006. 4.경까지 JU백화점에서 JU네트워크에 합계금 약 1,114
억 원의 자금을 대여하여 JU백화점의 재정상태가 처음부터 어려
운 형편이었고, 위 업체의 판매원인 피해자들로부터 실질적으로는
투자금의 성격을 갖는 물품구입비 명목으로 금원을 납입받더라도
1마일리지(단위, 이하 M이라 한다)를 120만 PV 및 12만 SP(평
균 약 220만 원 상당)에 대하여 300만 원이 될 때까지 매일 수당
을 지급하는 방식으로는 누적 마일리지 점수가 계속하여 지속적으
로 증가할 수밖에 없고 후순위 납입액이 기하급수적으로 증가하지
않는 한 매일 판매원들에게 지급되는 수당금액이 떨어지게 되고
그러한 경우 회사 매출도 감소되다가 결국 길지 않은 기간 내에
매출이 중단될 수밖에 없어 판매원들에게 약정한 수당을 지급하지
못하게 될 것이라는 사실을 알고 있으며, 그 결과 2006. 4. 30. 기
준으로도 판매원들의 누적 마일리지 점수가 11만 M를 초과하기
에 이르러 그에 대한 수당을 지급하기 위하여 추가로 3,300억 원
이상의 자금이 필요하나 회사 자금이 거의 없어 위 수당을 지급
하는 것이 불가능하며, 2006. 11. 15. 기준 위 업체의 세금체납액
도 157억 원에 이르는 상태가 된 것이고, 누적 마일리지 점수를

일정한 수준으로 유지할 수 없어 1M(평균 220만원)에 대하여 매일 지급하는 수당을 12,000원 내지 24,000원에 근접한 수준으로 계속 유지해 줄 의사나 능력이 없었음에도 불구하고, 영업이 계속 될수록 매일 판매원들에게 지급되는 수당금액이 떨어지고 그에 따라 회사 매출도 감소하게 되면 마케팅플랜을 변경하거나 속칭 프로모션을 실시하여 기존매출자에게는 수당금액을 매우 낮게 책정하여 지급하고 신규매출자에게는 수당금액을 기존매출자보다 매우 높게 책정하여 지급하는 기만적 방법을 동원하여 신규매출을 유도하여 실질적으로는 투자금의 성격을 갖는 물품구입비 명목의 금원을 편취하기로 결의한 후, 상습으로,

2005. 11. 말경부터 2006. 6.경까지 제2의 가.항 기재 장소에서 위와 같은 사실을 숨긴 채 피해자 유순종 등 위 업체의 판매원인 피해자들에게 회사 구입가가 판매가의 10~20%에 불과한 물품을 제공하면서 '1M를 120만 PV 및 12만 SP로 하여 누적적으로 돈을 납입하면 물품을 틀림없이 지급하면서 그날 이후의 매출액을 이용하여 300만 원이 될 때까지 수당을 매일 지급해 주는데, 회사 매출은 영속적으로 발생될 수밖에 없기에 300만 원의 수당을 틀림없이 지급받을 수 있고, 판매원들의 누적 마일리지 점수를 일정한 수준으로 유지할 수 있는 능력이 있기에 1M에 대하여 매일 지급하는 수당도 12,000원 내지 24,000원에 근접한 수준으로 계속 유지해 줄 수 있어 300만 원의 수당을 전부 지급받을 수 있는 기간도 길어지지 않으며, 위 업체는 항상 회사에 이익이 남는 범위 내에서 수당을 지급하므로 물품을 주고 수당을 지급하여도 영원히 지속될 수 있는 회사이다.'라고 거짓말하여, 이에 속은 피해자 유순종으로부터 실질적으로는 투자금의 성격을 갖는 물품구입비 명목으로 21,995,600원을 교부받은 것을 포함하여 위 업체의 판매원인 피해자 총 21,545명으로부터 별지 범죄일람표(2) 기재와 같이 위와 같은 물품구입비 명목으로 합계 2,663억 2,487만 140원을 교부받아 이를 편취하고,

다. 방문판매자는 허위 또는 과장된 사실을 알리거나 기만적 방법을
사용하여 거래하여서는 아니됨에도 불구하고,
제2의 나.항 기재 일시 장소에서, 제2의 나.항과 같이 허위 또는
과장된 사실을 알리고 기만적 방법을 사용하여, 이에 현혹된 유순
종 등으로부터 실질적으로는 투자금의 성격을 갖는 물품구입비 명
목으로 제2의 나.항 기재와 같이 합계금 2,663억 2,487만 140원을
교부받는 방문판매업을 하고,

3. JU네트워크는 JU그룹의 대표적인 계열회사로서 제1항 기재와 같이
재정상태가 악화되고, 나아가 다단계판매영업을 위한 법적 의무 사항
인 공제 가입을 위해 한국특수판매공제조합과의 공제계약을 체결하고
영업을 하였지만 공제료 산정의 기초인 매출내역을 허위로 축소 신고
하는 바람에 2005. 7. 18.경 위 조합으로부터 공제료 1,600억 원의 추
가 납부를 통보 받았으나 이를 납부하지 않아 2005. 10. 13.경 위 조합
으로부터 공제거래 일시중지 처분을 당한 후 급기야 2005. 12. 2.경 위
조합으로 공제거래해지를 당해 더 이상 다단계판매영업을 영위할 수
없게 되어, 위 회사는 자력으로 회생할 능력을 완전히 상실하였는바,
이러한 경우 JU백화점과 JU피닉스의 인사 및 영업과 회계, 자금 업무
를 총괄 지휘하고 관리하는 피고인과 박문태, 정태수로서는 위 회사들
및 각 주주들을 위해 자금을 적정하게 관리, 보전해야 할 업무상 임무
가 있으므로 위와 같은 상황에 처한 JU네트워크에 자금을 대여할 경
우 JU네트워크의 자산상태나 담보할 자산을 면밀하게 검토하여 대여금
회수에 대한 안전조치를 강구한 후 적정한 자금을 대여하는 등의 방법
으로 자산을 관리, 보전하여야 함에도 불구하고 그 임무에 위배하여,
가. 피고인은 박문태와 공모하여,
2005. 11. 29. 의정부시 의정부 3동 소재 JU백화점 사무실에서
JU네트워크의 자산상태에 대한 확인이나 대여금에 대한 담보 확
보조치 없이 4억 원을 JU네트워크에 대여해 주어 그 회수를 불가
능하게 한 것을 비롯하여 별지 범죄일람표(JU백화점) 기재와 같
이 그때부터 2006. 4. 28.까지 모두 149회에 걸쳐 위와 같은 방법

으로 합계 1,114억 2,228만 616원을 대여해 줌으로써 JU네트워크
에 동액 상당의 이익을 제공하고 피해자 JU백화점에 동액 상당의
손해를 가하고,

나. 피고인은 정태수와 공모하여

2005. 12. 20. 서울 강남구 신사동 소재 JU피닉스 사무실에서 JU
네트워크의 자산상태에 대한 확인이나 대여금에 대한 담보 확보조
치 없이 5,000만 원을 JU네트워크에 대여해 준 것을 비롯하여 별
지 범죄일람표(JU피닉스) 기재와 같이 그때부터 2006. 2. 14.까지
모두 64회에 걸쳐 위와 같은 방법으로 합계 219억 3,380만 원을
대여해 줌으로써 JU네트워크에게 동액 상당의 이익을 제공하고
피해자 JU피닉스에 동액 상당 손해를 가하고,

4. 피고인은,

가. 2004. 3. 10.경 발모 촉진제인 '생기모' 판매업을 JU네트워크의 가
맹점 형태로 동업으로 운영하되 수익을 반분하기로 지용남과 약정
하고 피고인이 JU네트워크에서 대여하는 형식으로 투자한 10억
원의 자금으로, 지용남의 동서인 박용 명의로 서울 강남구 신사동
556-26 창석빌딩 1층에서 헤어르본을 설립하여 지용남은 생산 부
분을 전담하고, 피고인은 JU네트워크의 다단계판매원을 상대로 판
매하게 하면서 위 제품들에 대해 단기간에 높은 매출이 보장될
정도로 높은 PV를 책정하여 주고 매출액 및 시재금 현황을 피고
인의 비서를 통해 보고 받는 방법으로 헤어르본을 지용남과 공동
으로 운영하던 중 헤어르본의 수익금을 개인적인 용도에 사용할
생각으로, JU네트워크는 헤어르본을 비롯한 가맹점으로부터 판매
금액 중 판매제품의 PV가에 해당하는 금액 상당을 포함한 가맹점
수수료를 수금하여 이를 다시 당해 각 가맹점에서 물건을 구입한
다단계판매원에게 수당으로 지급하여야 하므로 JU네트워크의 운
영, 자금관리 등을 총괄하는 피고인으로서는 헤어르본에 대한 가
맹점수수료 채권을 잘 관리하고 미납된 수수료에 대한 확보 방안
을 강구하여 적절하게 미납 수수료를 회수함으로써 JU네트워크의

자금 사정이 악화되지 않도록 해야 할 업무상 임무가 있음에도
불구하고 그 임무에 위배하여,

위 헤어르본의 매출금 이외에 달리 뚜렷한 재산이 없는 지용남으
로부터 헤어르본의 매출금을 이용하여 거액의 돈을 빌리게 되면
피해자인 JU네트워크가 헤어르본으로부터 가맹점수수료를 지급받
는 것이 사실상 불가능하다는 점을 잘 알면서도 2004. 7. 16.경부
터 2004. 12. 31.경까지 사이에 별지 헤어르본 송금내역 기재와
같이 모두 33회에 걸쳐 위 기간 동안의 헤어르본의 매출금 약 70
억 원 중 45억 원을 빌려 사용하고 위 헤어르본의 가맹점 수수료
가 수금되지 않고 있다는 사실을 알면서도 지용남에게 위 대여금
을 전혀 변제하지 아니함으로써 위 기간 동안 55억 7,770만 원을
피해자에게 가맹점수수료로 납부해야 하는 지용남으로 하여금 가
맹점수수료 납부를 사실상 불가능하게 하는 한편 JU네트워크의
담당 직원에게 헤어르본에 대한 미납 가맹점수수료 납부를 독촉하
지 말도록 지시하여 지용남으로부터 받아야 할 가맹점수수료 55
억 7,770만 원 중 미납된 49억 5,468만 원의 일부로서 위 대여금
상당액인 45억 원의 회수를 현저히 곤란케 함으로써 피해자에게
같은 금액 상당의 재산상 손해를 가하고, 피고인은 같은 금액 상
당의 재산상 이익을 취득하고,

나. 2001년경 김홍랑의 소개로 그녀의 언니인 김옥낭을 알게 된 후
김옥낭에게 부탁하여 그녀에게 급여를 지급하는 대신 피고인이 운
영하는 회사의 명의상 대표이사나 명의상 주주로 등재하게 하고
또 김옥낭의 명의를 빌려 차명 금융거래를 하다가 2004. 7.경 김
옥낭을 내세워 서울 강남구 신사동 565-13 여전빌딩 1층에 JU네
트워크의 가맹점인 '노블레스'(2005. 3.경 아미코스로 상호 변경,
이하 '아미코스'라 한다)를 개설하고 그녀에게 초기 자금 8억 원
을 지원하여 여성용품인 '위드미'라는 제품을(2005. 3.경 상호를
아미코스로 변경하면서부터는 색조화장품 등을) JU네트워크의 다
단계판매원을 상대로 판매하게 하면서 위 제품들에 대해 단기간의

높은 매출이 보장될 정도로 높은 PV를 책정하여 주고 매출액 및 시재금 현황을 피고인의 비서를 통해 보고 받는 방법으로 사실상 아미코스의 운영을 주도하게 되었던바, 아미코스의 수익금을 개인적인 용도에 사용할 생각으로, JU네트워크는 아미코스를 비롯한 가맹점으로부터 판매금액 중 판매제품의 PV가에 해당하는 금액 상당을 포함한 가맹점수수료를 수금하여 이를 다시 당해 각 가맹점에서 물건을 구입한 다단계판매원에게 수당을 지급하여야 하므로 JU네트워크의 운영, 자금관리 등을 총괄하는 피고인으로서는 아미코스에 대한 가맹점수수료 채권을 잘 관리하고 미납된 수수료에 대한 확보 방안을 강구하여 적절하게 미납 수수료를 회수함으로써 JU네트워크의 자금 사정이 악화되지 않도록 해야 할 업무상 임무가 있음에도 불구하고 그 임무에 위배하여,

아미코스의 매출금 이외에 달리 뚜렷한 재산이 없는 김옥낭으로부터 아미코스의 매출금을 이용하여 거액의 돈을 빌리게 되면 피해자인 JU네트워크가 아미코스로부터 가맹점수수료를 지급받는 것이 사실상 불가능하다는 점을 잘 알면서도 2005. 1. 8.경부터 2005. 12. 23.경까지 사이에 별지 아미코스 송금내역 기재와 같이 모두 23회에 걸쳐 김옥낭으로부터 위 기간 동안의 아미코스의 매출금 약 6,579,829,400원 중 51억 2,070만 원을 '대표가수금 반제'라는 항목으로 회계처리 하게 하면서 빌려 사용하고 아미코스의 가맹점수수료가 수금되지 않고 있다는 사실을 알면서도 김옥낭에게 위 대여금을 전혀 변제하지 아니함으로써 위 기간 동안 46억 324만 원을 피해자에게 가맹점수수료로 납부해야 하는 김옥낭으로 하여금 가맹점수수료 납부를 사실상 불가능하게 하는 한편 JU네트워크의 담당 직원에게 아미코스에 대한 미납 가맹점수수료 납부를 독촉하지 말도록 지시하여 피해자 JU네트워크가 김옥낭으로부터 받아야 할 가맹점수수료 46억 324만 원 중 김옥낭이 미납한 42억 3,324만 원을 회수하는 것을 현저히 곤란케 함으로써 피해자에게 동액 상당의 재산상 손해를 가하고, 피고인은 같은 금액 상

당의 재산상 이익을 취득하고,

5. 피고인은,

　가. 2003. 4. 14.경 JU네트워크에 건강식품을 납품하던 주식회사 한미
　　　프랜차이즈 대표이사 김세일로부터 JU네트워크에 납품한 물품대
　　　금 변제를 독촉받게 되자, 자신이 실질적으로 운영하고 있는 주코
　　　개발 주식회사 소유의 제주시 용담1동 248-5에 있는 제주사옥을
　　　담보로 대출을 받아 주코개발 주식회사의 운영자금을 마련하기로
　　　마음먹고, 주코개발 주식회사의 명의로는 대출받기 곤란한 사정이
　　　있자 실제 거래 없이 위 제주사옥에 대하여 매도인 주코개발 주
　　　식회사, 매수인 김세일로 한 매매계약서를 작성하고 일시적으로
　　　김세일에게 소유권이전등기를 마쳐준 다음,

　　　2003. 6. 19. 김세일로 하여금 위 제주사옥을 담보로 주식회사 서
　　　울상호저축은행에서 주식회사 한미프랜차이즈를 채무자로 하여 23
　　　억 원을 대출받게 한 후, 다음날인 2003. 6. 20. 위 대출금 중 17
　　　억 원을 건네받아 피해자 주코개발 주식회사를 위하여 업무상 보
　　　관하던 중, 이를 피고인이 개인적으로 JU네트워크에 대여하는데
　　　임의로 사용함으로써 같은 금액 상당을 횡령하고,

　나. 2004. 6.경 서울지방국세청으로부터 JU그룹 계열사인 JU개발에
　　　대한 세무조사를 받는 과정에서 피고인의 계열사인 JU백화점으로
　　　부터 빌려 사용한 20억 원의 회계처리가 불분명하여 그 행방에
　　　대해 세무조사 담당관으로부터 추궁당하자 이를 모면하기 위해
　　　JU그룹 계열사인 에스엘테크의 자금을 동원하여 피고인의 JU백
　　　화점에 대한 20억 원 채무를 변제하기로 마음먹고 김옥낭과 그녀
　　　의 동생인 김홍랑으로부터 예금계좌의 명의를 빌린 다음,

　　　2004. 6. 30.경 피해자인 에스엘테크의 대표이사이던 신동표로 하
　　　여금 김옥낭 및 김홍랑 명의의 예금계좌로 각 10억 원씩 모두 20
　　　억 원을 송금하게 한 후 그 정을 모르는 JU네트워크의 재경 담당
　　　직원인 이충원으로 하여금 위 예금계좌에서 인출한 20억 원을 피
　　　고인에 대한 채권자인 JU백화점 명의의 예금계좌에 피고인의 채

무 변제 명목으로 입금하게 하는 방법으로 피고인이 피해자 에스엘테크를 위해 업무상 보관하던 피해자의 자금 20억 원을 임의로 자신의 개인 채무 변제 자금으로 사용하여 이를 횡령하고,

다. 2004. 11.경 JU그룹 계열사인 리보피아 주식회사(이하 '리보피아'라 한다)의 주식 중 위 회사 대표이사이던 황성빈이 소유하던 80만 주를 김옥낭 명의로 매수하기로 마음먹고, 같은 달 10.경 JU그룹 계열사인 불스코코 주식회사(이하 '불스코코'라 한다)의 대표이사인 박건수로 하여금 불스코코의 자금으로 황성빈으로부터 리보피아의 주식 80만 주를 대금 9억 원에 김옥낭 명의로 매입하게 한 후,

1) 2004. 12. 6.경 피해자인 JU네트워크로 하여금 4억 원을 피고인 명의의 조흥은행 계좌(541-04-378368)로 송금하게 한 후 다음날인 같은 달 7.경 그 중 1억 원을 불스코코에 주식 매입 자금 변제 명목으로 송금하는 방법으로 피고인이 보관하던 피해자의 자금 1억 원을 임의로 자신의 개인 채무 변제 명목으로 사용함으로써 이를 횡령하고,

2) 2005. 4. 12.경 전항과 같이 피해자인 JU네트워크로 하여금 6억 4,000만 원을 피고인 명의의 위 조흥은행 계좌로 송금하게 한 후 즉시 같은 금액을 불스코코에 주식 매입 자금 변제 명목으로 송금하는 방법으로 피고인이 보관하던 피해자의 자금 6억 4,000만 원을 임의로 자신의 개인 채무 변제 명목으로 사용함으로써 이를 횡령하고,

3) 2005. 4. 21.경 전항과 같이 피해자인 JU네트워크로 하여금 1억 9,000만 원을 피고인 명의의 위 조흥은행 계좌로 송금하게 한 후 즉시 그 중 1억 원을 불스코코에 주식 매입 자금 변제 명목으로 송금하는 방법으로 피고인이 보관하던 피해자의 자금 1억 원을 임의로 자신의 개인 채무 변제 명목으로 사용함으로써 이를 횡령하고,

라. 2005. 5. 31. JU네트워크로 하여금 문성묵이 회장으로 운영하는

알바트로스개발 주식회사(이하 '알바트로스개발'이라 한다)와 사이에, JU네트워크는 알바트로스개발에 자금을 투자하고 알바트로스개발은 그 자금으로 지앤비퍼시픽 주식회사(이하 '지앤비퍼시픽'이라 한다)로부터 제주시 오라 2동 일대의 소위 '제주오라관광지구 골프장 및 리조트 개발사업'(이하 '오라개발사업'이라 한다) 시행사인 로얄워커 주식회사(이하 '로얄워커'라 한다)의 주식 및 사업권을 인수한 후 투자금에 대한 20%의 이익금을 JU네트워크에 지급하기로 하는 내용의 약정을 체결하게 하였고, 알바트로스개발은 위 약정에 따라 지앤비퍼시픽으로부터 로얄워커 주식 및 사업권을 750억 원에 인수하는 작업을 추진하였고 그에 지출될 자금 160억 원 상당을 JU네트워크로부터 투자받았으므로, 로얄워커의 주식은 당연히 알바트로스개발이 인수하여야 하는 것임에도, 피고인은 2005. 6. 9. 알바트로스개발의 주식을 모두 인수하여 1인 주주가 된 후 로얄워커의 주식까지도 알바트로스개발이 아닌 피고인 개인이 인수하기로 마음먹고, 문성묵과 공모하여,

1) 2005. 6. 24.경 피고인은 JU네트워크로 하여금 알바트로스개발의 법인계좌로 로얄워커 주식인수자금 명목으로 20억 원을 송금하게 하고, 문성묵은 위 20억 원을 피해자인 알바트로스개발을 위하여 업무상 보관하던 중, 피고인의 지시에 따라 2005. 7. 4. 위 20억 원을 인출하여 임의로 피고인 개인 명의로 로얄워커 주식을 취득하는데 계약금 명목으로 사용함으로써 이를 횡령하고,

2) 2005. 7. 28.경 피고인은 JU네트워크로 하여금 알바트로스개발의 법인계좌로 로얄워커 주식인수자금 명목으로 40억 원을 송금하게 하고, 문성묵은 위 40억 원을 피해자인 알바트로스개발을 위하여 업무상 보관하던 중, 피고인의 지시에 따라 같은 날 위 40억 원을 인출하여 임의로 피고인 개인 명의로 로얄워커 주식을 취득하는데 잔금 명목으로 사용함으로써 이를 횡령하고,

마. 1996년경 피고인이 다단계판매업체인 일영인터내셔날 주식회사를

운영하면서 사채업을 하던 변노마로부터 7억 원 상당을 빌리고 변노마를 피고인이 운영하던 주식회사 일영씨앤씨라는 업체의 명의상 대표이사로 등재한 후, 변노마의 시동생인 이종화가 소유하는 시가 약 40억 원 상당의 전주시 송천동 소재 토지 2,270평을 금융기관 대출 담보용으로 제공하였다가 위 토지가 경매로 타인에게 매각되고 피고인이 운영하던 일영인터내셔날 주식회사가 1998년경 거액의 부도를 내는 바람에 변노마가 부정수표단속법위반으로 형사처벌을 받는 등 많은 경제적 피해를 입게 되자, 그 피해 변제를 둘러싸고 변노마와 지속적으로 갈등하다 변노마가 2004. 2.경 및 2005. 7.경 수사기관에 피고인을 상대로 두 차례나 사기 혐의로 고소를 하자 이를 무마하기 위해 JU그룹 계열사인 피해자 에스엘테크 명의의 약속어음을 발행하여 변노마에게 교부한 다음 이를 에스엘테크의 자금으로 결제해 주기로 마음먹고,

2005. 10. 4.경 에스엘테크의 대표이사인 신동표로 하여금 피해자 에스엘테크 명의로 액면금 10억 4,500만 원인 약속어음 1장, 액면금 10억 원인 약속어음 1장, 액면금 40억 원인 약속어음 1장 등 약속어음 3장 액면 합계 60억 4,500만 원을 발행하게 하고 피고인이 배서한 후 변노마에게 합의금 명목으로 교부하여 피해자로 하여금 동액 상당의 어음금 지급 채무를 부담하게 함으로써 변노마에게 60억 4,500만 원 상당의 재산상 이익을 취득하게 하고, 피해자에게 같은 금액 상당의 재산상 손해를 가하였다.

증거의 요지

[판시 제1, 2, 3항 사실]

1. 피고인의 일부 법정진술
1. 증인 허완, 이종국, 진교진의 각 법정진술
1. 증인 서석봉의 일부 법정진술
서울동부지방법원 2006고합187호 등 사건의 공판기록 중
1. 1회 공판조서(증거목록 1의 순번 221번, 이하 '증221'의 방식으로 표시

한다) 중 피고인 이용성의 일부 진술기재

1. 2회(증222), 3회(증223) 각 공판조서 중 피고인 오세원, 이용성, 윤덕환, 박홍석, 박문태, 정태수의 각 일부 진술기재

1. 4회(증224) 공판조서 중 증인 이용성의 진술기재

1. 5회(증225), 6회(증227) 각 공판조서 중 증인 이기상, 여택, 김인원의 각 진술기재

1. 7회(증228) 공판조서 중 증인 박미영, 김연호, 손상효의 각 진술기재 및 증인 왕승환의 일부 진술기재

1. 8회(증229) 공판조서 중 증인 홍윤화의 진술기재

1. 10회(증231) 공판조서 중 증인 김윤종의 일부 진술기재

1. 11회(증232) 공판조서 중 증인 조남춘, 전재욱의 각 일부 진술기재

1. 17회(증238) 공판조서 중 피고인 윤덕환, 오세원, 이용성 및 증인 전재욱의 각 일부 진술기재

1. 각 녹취록(증114)

서울고등법원 2007노687호 사건의 공판기록 중

1. 1회(증240), 2회(증241), 3회(증243), 4회(증244), 5회(증245) 각 공판조서 중 피고인 주수도의 진술기재

1. 3회(증243) 공판조서 중 증인 이해열의 일부 진술기재

1. 4회(증244) 공판조서 중 증인 전재욱의 일부 진술기재

1. 6회(증246) 공판조서 중 증인 박동식의 일부 진술기재

1. 강남세무서 회신자료(증215)

1. 공제계약해지무효확인 패소 판결문(증216), 공정거래위원회 의결서(증217), 질의에 대한 회신(공정거래위원회, 증218), 회의자료(특수판매공제조합, 증219), 이사회결의사항 관련 서류 제출(JU네트워크, 증220)

서울동부지방법원 2006고합302호 사건의 공판기록 중

1. 2회(위 사건의 증10) 공판조서 중 피고인 정종채, 이상규의 각 일부 법정진술

서울동부지방법원 2011고합82호 사건의 공판기록 중

1. 1회(위 사건의 증1), 2회(위 사건의 증2) 각 공판조서 중 피고인 정생

균의 일부 진술기재

서울고등법원 2011노1957호 사건의 공판기록 중

1. 1회(위 사건의 증3) 공판조서 중 피고인 정생균의 일부 진술기재

이 사건 재심사건기록 중

1. 접견표 사본 15부(증253), 수사보고(녹취록 작성 보고) 사본(증254), 녹취록 사본 6부(증255)

1. 공범 정생균 1심 판결문(증260), 2심 판결문(증261), 3심 판결문(증262)

서울동부지방검찰청 2006형제29076호 사건의 증거기록 중

1. 오세원, 윤덕환에 대한 각 일부 검찰 피의자신문조서

1. 각 압수조서(증11, 증42, 증43)

1. 최승훈(증20), 왕승환(증23), 홍명기(증26), 이해열(증33), 권호(증52)에 대한 각 검찰 진술조서

1. 오세원(증84), 이용성(증81), 윤덕환(증76, 증77, 증78)의 각 진술서

1. 왕승환(증100), 이충원(증141, 증142)의 각 진술서

1. 윤종훈(증24), 이해열(증25)의 각 확인서

1. 각 수사보고[{(공정위의 과징금 부과에 대한 자료 편철보고) 중 수사관 판단 부분 외 부분, 증2}, (JU네트워크 다단계업체 등록과정, 후원수당산정 및 지급기준 변경된 내역, JU피닉스 후원수당 변경과정, 증4), {(지구지질정보 주식회사 대표이사인 이상구 위성을 통하여 금광을 발견하였다는 부분에 대한 확인 내용) 중 수사관 판단 부분 외 부분, 증8}, {(상품 공급원별 미지급 상품대금 내역) 및 세무조정계산서, 증15}, (JU네트워크 PV상품 주문서, 증16), {(압수한 사업설명교안 등 분석 및 첨부보고) 중 수사관 판단 부분 외 부분, 증21}, (JU네트워크 상품개발팀장 김동군으로부터 제출받은 매출상위 리스트 변경 목록, 증32), {(일자별 PV 집계표 첨부) 및 JU네트워크 제출자료, 증49}, {(잔여 매출점수 현황표 첨부) 및 JU네트워크 제출자료, 증50}, {(마케팅변경 동의 사업자명단 첨부) 및 마케팅변경 동의 사업자 명단, 증51}, ("미지급수당내역" 제목 문건 사본 편철, 증143), (JU네트워크 월

별 매출자료, 증145)]

1. 각 녹취록(증34, 증35, 증36, 증37, 증38, 증39, 증40)

1. JU네트워크에 대한 세금체납내역 조회(증17), 국세체납내역조회에 대
한 회신(증18), JU그룹 사장단 조찬회의 자료(증41), 수당지급금액표
(증47), 수당지급비율표(증48), JU네트워크 2004년 결손금 발생에 대
한 분석 및 대응방안(증69), 자료제출 및 변호인의견서(증92), 메모자
료(증106), 각 공정거래위원회 심사보고서(증108, 증111), 각 공정거래
위원회 의결서(증110, 증113), JU백화점 체납세금 내역(증119), 효력정
지가처분결정문 사본(증139), JU네트워크 매출자료(증144)

서울동부지방검찰청 2006형제32473호 사건의 증거기록 중

1. 백운선에 대한 검찰 진술조서(증151)

1. 백운선의 진술서(증150)

1. 각 수사보고[{(JU백화점 마케팅플랜 첨부) 중 수사관 판단 부분 외 부
분, 증146), (JU피닉스 마케팅플랜 첨부, 증147), (JU백화점 수당금액
첨부, 증155), (JU백화점의 방문판매영업신고증 첨부, 증166), (JU백화
점의 상품대금 미지급 현황, 증167), (범죄일람표 첨부, 증169)]

1. 박홍석 판매 및 수당집계 결과(증162), 김대근에 대한 검찰 진술조서
사본(증168)

서울동부지방검찰청 2006형제29099, 33840호 사건의 증거기록 중

1. 박문태, 정태수에 대한 각 일부 검찰 피의자신문조서

1. 김대근의 진술서(증198)

1. 각 수사보고{(JU피닉스에서 JU네트워크에 자금 대여한 내역 및 약정
서, 증173), (JU네트워크 대표이사 이용성을 체포하면서 소지하고 있
던 JU그룹 사옥, 본사주변 및 지점 임대빌딩 미납내역, 자산 및 부채
현황, 증181), (JU그룹 계열사 현황 자료 사본 편철, 증187), ('계열사
별 상품납품, 매출 지분구조현황' 제목의 서류 사본 편철, 증188), ('계
열사별 납품현황' 제목 문건 사본 편철, 증189), ('상품대금 부채현황'
제목 문건 사본 편철, 증190), ('국세체납내역' 제목 문건 사본 편철,
증191), ('미지급 수당내역' 제목 문건 사본 편철, 증192), (JU백화점에

서 JU네트워크에 대여한 자금내역 약 1,114억 원으로 재확인, 증201), (JU백화점 재경팀에서 제출한 임차건물 현황, 증203), (JU네트워크 전 재경팀장 이해열의 진술조서 사본, 증204), (JU네트워크 재경팀 근무 이충원이 제출한 JU네트워크 2005년 12월 자금지출 내역, 증207)

1. 판시 상습성: 단기간 내에 불특정 다수의 피해자들을 상대로 거액의 금원을 반복적으로 편취한 이 사건 사기 범행의 수법, 범행 횟수, 피해 자들의 수, 피해금액, 범행 후의 정황 및 피고인의 다단계판매업 참여 전력 등에 비추어 볼 때 각 사기의 습벽 인정

[판시 제4항 사실]

서울동부지방법원 2006고합160호 사건의 공판기록 중

1. 1회(위 사건의 증1), 2회(위 사건의 증2) 각 공판조서 중 김옥낭의 일 부 진술기재
1. 3회(위 사건의 증3) 공판조서 중 피고인 주수도, 김옥낭의 각 일부 진 술기재
1. 4회(위 사건의 증4) 공판조서 중 증인 정은지, 오미경의 각 진술기재
1. 5회(위 사건의 증5) 공판조서 중 증인 지용남의 일부 진술기재
1. 6회(위 사건의 증6) 공판조서 중 피고인 김옥낭의 일부 진술기재
1. 8회(위 사건의 증8) 공판조서 중 피고인 김옥낭, 지용남의 각 일부 진 술기재

서울동부지방검찰청 2006형제26700호 사건의 증거기록 중

1. 김옥낭에 대한 각 일부 검찰 피의자신문조서
1. 정은지(위 사건의 증6), 김영호(위 사건의 증7), 김환성(위 사건의 증 12, 증13), 전재욱(위 사건의 증10, 증14)에 대한 각 검찰 진술조서
1. 김원우의 진술서(위 사건의 증8)
1. 각 수사보고{제이유네트워크(주) 가맹점 헤어르본, 아미코스의 수수료 납부 내역 및 미납내역 확인(위 사건의 증1), 김미아 명의 계좌거래내 역서 사본 편철(위 사건의 증2), 아미코스 가맹점 거래계약서 사본 편 철(위 사건의 증3), 김옥낭이 주수도에게 자금지출한 내역표(위 사건의

증9)}

1. 서류 "회장님 출금"(위 사건의 증15), 서류 "자금일보", "지출결의서 "(위 사건의 증16)

서울동부지방검찰청 2006형제40922, 41670호 증거기록 중

1. 피고인에 대한 각 일부 검찰 피의자신문조서

1. 수사보고{아미코스에 대한 압수수색에서 발견된 매출현황 등 지료첨부 보고(위 사건의 증20), 제이유네트워크의 헤어르본에 대한 2004년 가맹점수수료 전표, 세금계산서 사본(위 사건의 증86), 헤어르본에서 2004년 가맹점 수수료 납부한 전표 등 사본(위 사건의 증87), 헤어르본의 폐업사실확인(위 사건의 증89)}

[판시 제5의 가.항 사실]

서울동부지방법원 2006고합160호 등 사건의 공판기록 중

1. 7회(위 사건의 증7) 공판조서 중 피고인 주수도의 진술기재

서울동부지방검찰청 2006형제40692호 증거기록 중

1. 피고인에 대한 각 일부 검찰 피의자신문조서

1. 김세일, 최영진에 대한 각 검찰 진술조서

1. 계정별원장 및 대체전표(위 사건의 증13), 등기부등본(위 사건의 증17), 법인등기부 등본(위 사건의 증18), (주)한미프랜차이즈 통장거래내역(위 사건의 증23), 대체전표(위 사건의 증24), 계정별원장(단기차입금)(위 사건의 증25), (주)한미프랜차이즈 대출금 내역(위 사건의 증26)

1. 각 수사보고{부동산 거래를 통한 피의자의 일부 횡령사실(위 사건의 증21), 압수·수색영장 집행결과보고(위 사건의 증27), 서울상호저축은행 대출관련 자료 첨부(위 사건의 증31), 제주사옥 대출금 정산내역(위 사건의 증32)}

[판시 제5의 나.항 사실]

서울동부지방법원 2006고합160호 등 사건의 공판기록 중

1. 3회(위 사건의 증3) 공판조서 중 피고인 주수도의 일부 진술기재

서울동부지방검찰청 2006형제40922, 41670호 증거기록 중
1. 피고인에 대한 일부 검찰 피의자신문조서(위 사건의 증34)
1. 최영진에 대한 검찰 진술조서(위 사건의 증29)
1. 최영진(위 사건의 증31), 이충원(위 사건의 증35)의 각 진술서
1. 수사보고{에스엘테크(주) 2004년 6월, 7월, 8월 입금 및 출금전표 확인 첨부 보고(위 사건의 증23), 김옥낭, 김홍랑 계좌 추적 보고(위 사건의 증30), 제이유백화점 설립등기신청서 및 첨부물 사본(위 사건의 증32), 제이유백화점 설립자금 사용처 확인(위 사건의 증33)}

[판시 제5의 다.항 사실]

서울동부지방법원 2006고합160호 등 사건의 공판기록 중
1. 3회(위 사건의 증3) 공판조서 중 피고인 주수도의 일부 진술기재
서울동부지방검찰청 2006형제40922, 41670호 증거기록 중
1. 피고인에 대한 일부 검찰 피의자신문조서(위 사건의 증46)
1. 황성빈(위 사건의 증38), 박건수(위 사건의 증39, 증40), 남궁인호(위 사건의 증42)의 각 진술서
1. 각 수사보고{리보피아 주식 등 변동사황명세서 팩스송부자료 첨부보고 (위 사건의 증37), 리보피아 주식양도금에 대한 황성빈의 팩스송부자료 첨부보고(위 사건의 증41), 2004년 리바피아 주식변동과 관련한 자금이동자료 첨부보고(위 사건의 증45)}
1. 포라리스(주) 및 JU개발의 확약서(위 사건의 증83), 2006년 JU네트워크 계정별원장 중 단기대여금 부분 확인 보고(위 사건의 증84), 세신 주가변동 추이 자료(위 사건의 증85)

[판시 제5의 라.항 사실]

서울동부지방법원 2006고합160호 등 공판기록 중
1. 3회(위 사건의 증3) 공판조서 중 피고인 주수도의 일부 진술기재
1. 6회(위 사건의 증5) 공판조서 중 증인 문성묵, 전재욱, 홍서기의 각 일부 진술기재
서울동부지방검찰청 2006형제40693호 증거기록 중

1. 피고인에 대한 일부 검찰 피의자신문조서
1. 문성묵, 홍서기에 대한 각 검찰 피의자신문조서
1. 고혜란, 계훈성에 대한 각 검찰 진술조서, 전재욱에 대한 각 일부 검찰
   진술조서
1. 이충원의 진술서
1. 제이유리조트 경위서, 인·허가 관련서류, 제주리조트사업프로젝트, 각
   주주명부, 거래처원장(단기차입금) 제이유알바트로스 ↔ 제이유네트워
   크, 각 알바트로스개발 법인통장 거래내역, 거래처원장(단기차입금) 제
   이유알바트로스 ↔ 주수도, 제주오라관광단지 골프장약정서, 각 이사회
   의사록, 제주오라관광지구개발사업 매매대금 집행계획서, 법인 양도·
   양수계약서, 주식양수도계약서, 합의서, 주권 19매 사본, 약속어음 사
   본, 지출결의서, 영수증, 각 법인등기부등본, 각 주권 양도양수계약서,
   각 제이유네트워크의 단기대여금 계정별원장, 거래처원장(제이유네트워
   크의 제이유알바트로스에 대한 단기대여금), 각 회계전표, 각 약정서,
   제이유네트워크의 관계회사 대여금 계정별원장, 각 합의서, 각 주식양
   수도계약서 및 영수증, 영수증 및 수표사본,
1. 각 수사보고(알바트로스에 대한 대여금 관련 자료편철, 제이유알바트
   로스 단기차입금명세서 편철, 제이유네트워크의 수정전표 등 편철, 알
   바트로스개발·제이유알바트로스 명의 통장사본, 오라관광지구개발사
   업 인수자금 집행내역, 피의자 주수도의 주식신고 상황보고)

[판시 제5의 마.항 사실]

서울동부지방법원 2006고합160호 등 공판기록 중
1. 3회(위 사건의 증3) 공판조서 중 피고인 주수도의 일부 진술기재
1. 6회(위 사건의 증5) 공판조서 중 증인 신동표의 일부 진술기재
서울동부지방검찰청 2006형제40922, 41670호 증거기록 중
1. 피고인에 대한 일부 검찰 피의자신문조서(위 사건의 증55)
1. 변노마(위 사건의 증52), 신동표, 전재욱(위 사건의 증62)에 대한 각
   검찰 진술조서

1. 신동표의 진술서(위 사건의 증61)
1. 각 수사보고{주수도와 변노마 약속어음 관련 수사보고서 사본 첨부(위 사건의 증47), 주수도와 변노마 관련 합의각서 등 사본 첨부(위 사건의 증48), 주수도 고소사건 사본첨부(위 사건의 증49), 변노마가 제출한 35억 원 약속어음 사본(위 사건의 증53), 주수도가 변노마에게 변제금 명목으로 지급한 약속어음 관련 자료 첨부(위 사건의 증54), 주수도가 변노마에게 개인적으로 지급한 10억 4,500만원권 약속어음 및 10억 원권 약속어음 관련 2005. 11. 17.자 JU네트워크 계정별 원장(선급금) 및 에스에테크 전표보고(위 사건의 증56, 증57), 주수도가 변노마에게 지급하였던 자금출처 확인보고(위 사건의 증59)}

[판시 전과]

1. 판결문(서울고등법원 2009노922, 피고인 제출 증거목록 순번 19)

법령의 적용

1. 범죄사실에 대한 해당법조 및 형의 선택

구 특정경제범죄 가중처벌 등에 관한 법률(2012. 2. 10. 법률 제11304호로 개정되기 전의 것, 이하 같다) 제3조 제1항 제1호, 형법 제351조, 제347조 제1항, 제30조(모두 포괄하여 상습사기의 점, 유기징역형 선택), 구 방문판매 등에 관한 법률(2012. 2. 17. 법률 제11324호로 전부 개정되기 전의 것, 이하 같다) 제52조 제1항 제2호, 제23조 제1항 제2호, 형법 제30조(다단계판매자의 기만적 방법 사용금지의무 위반의 점, 징역형 선택), 구 방문판매 등에 관한 법률 제55조 제2호, 제11조 제1항 제3호, 구 방문판매 등에 관한 법률 시행령(2012. 7. 10. 대통령령 제23947호로 전부 개정되기 전의 것, 이하 같다) 제15조, 형법 제30조(방문판매원 등록조건부 부담부과의 점, 징역형 선택), 구 방문판매 등에 관한 법률 제54조 제1항 제1호, 제11조 제1항 제2호, 형법 제30조(방문판매자의 기만적 방법 사용금지의무 위반의 점, 징역형 선택), 각 구 특정경제범죄 가중처벌 등에 관한 법률 제3조 제1항 제1호, 형법 제356조, 제355조 제2항, 제30조{판시 제3의 가, 나, 제5의 마.항, 각 업무상 배임의 점, 판시 제5의

마.항은 포괄하여(다만 형법 제30조는 제외), 각 유기징역형 선택}, 각 구 특정경제범죄 가중처벌 등에 관한 법률 제3조 제1항 제2호, 형법 제356조, 제355조 제2항(판시 제4항, 각 업무상 배임의 점), 각 구 특정경제범죄 가중처벌 등에 관한법률 제3조 제1항 제2호, 형법 제356조, 제355조 제1항(판시 제5의 가, 나, 다항, 판시 제5의 다.항은 포괄하여, 각 업무상 횡령의 점), 구 특정경제범죄 가중처벌 등에 관한 법률 제3조 제1항 제2호, 형법 제356조, 제355조 제1항, 제30조(판시 제5의 라.항, 포괄하여, 다만 이 부분 공소사실은 구 특정경제범죄 가중처벌 등에 관한 법률 제3조 제1항 제1호에 해당하나 검사가 구 특정경제범죄 가중처벌 등에 관한 법률 제3조 제1항 제2호로 의율하고 있으므로, 이 부분 범죄사실에 대한 해당법조를 위와 같이 적용한다)

1. 경합범처리

　　형법 제37조 후단, 제39조 제1항 전문

1. 경합범가중

　　형법 제37조 전단, 제38조 제1항 제2호, 제50조

쟁점에 관한 판단

[특정경제범죄가중처벌등에관한법률위반(사기)의 점]

1. 주장의 요지

가. 기망행위의 부존재

피고인은 피해자들을 기망한 사실이 없는데, 구체적으로는 다음과 같다.

1) JU네트워크 및 JU백화점의 마케팅 방식은 전혀 불법성이 없는 건전한 마케팅이다.

즉, 수당 지급을 보장하지도 않았고, 판매된 제품의 품질이 우수하고 가격이 품질에 비해 저렴하였으며, 제품들의 실질원가도 다른 다단계업체의 경우와 동일한 수준이므로, 물품 대금을 내고 이러한 우수한 제품을 공급받은 회원들로서는 이를 소비 또는 재판매하면 될 뿐이어서 어떠한 손해를 입었다고 볼 수 없다.

2) JU네트워크의 마케팅 방식은 그 자체로 충분히 지속될 수 있는 것인데, 다만 국정원 허위문건, 편파적인 언론보도와 검찰의 위법수사 등 영업과는 전혀 상관이 없는 외부적인 문제 때문에 영업이 중단된 것이다.

즉, JU네트워크의 유니온마케팅은 종적마케팅으로서 소비생활촉진수당을 지급함과 동시에 횡적마케팅으로서 공유수당을 지급하는 것으로서, JU네트워크는 이러한 유니온 마케팅이 성공하기 위한 세 가지 조건인 ① 특화된 제품이 아닌 생필품으로 구성된 제품군, ② 그 제품을 소비하여 줄 3만 명 이상의 소비자 군단, ③ 온·오프라인을 아우르는 TNM 시스템이 갖추어져 있기 때문에 단순히 마케팅 방식만을 흉내 낸 유사업체들과 달리 그 자체로 충분히 안정적으로 영업을 할 수 있었다.

그러나 예기치 못하게 2004. 11.경 소위 '상품사태'(상품본부장 김영호가 중간상을 통하여 물품을 구입하는 과정에서, 1,700억 원이나 더 소요된 것이 발각되어 축출되자 중간상들이 반발하여 물품공급을 중단하여 물품이 출고되지 못한 것), 2005. 2.경 소위 '전산사태'(전산통폐합을 위하여 용역을 주어 새로운 전산을 적용하였으나, 오류가 일어남으로써 매출과 수당계산 등이 한동안 불가능했던 것) 등이 발생하여 매출이 급격히 감소하게 되었고, 2005. 12. 2. 한국특수판매공제조합으로부터 부당하게 공제계약해지를 당하게 됨으로써 부득이하게 JU네트워크의 영업을 중단하게 되었으며, 계속된 JU백화점의 영업도 2006. 4.경 부당한 언론보도와 2006. 6.경 부당한 검찰 수사를 받게 됨으로써 영업이 불가능하게 된 것일 뿐이다. 또한, 영업 도중에 마케팅플랜의 변경이 있었다고 하여 회사의 존속이 불가능하다고 단정할 수 없다.

3) 피고인은 사실과 다르게 설명을 하거나 설명과 다르게 운영을 한 적이 없다.

즉, 피고인은 회원들에게 적법한 마케팅플랜의 취지를 그대로 설명하여 수당지급에 관하여 어떠한 보장을 해 준 적도 없고, 수익사업이나 피고인의 개인재산으로 수당지급을 책임진다고 약속한 적도 없으며, 회사의 운영방식이나 마케팅 지속의 가능성에 대하여 어떠한 허위의 설명을 한 적도 없고, 개별 사업장에서의 위법행위 발생을 방지하기 위하여 모든 화상회의와 사업설명회를 회원들에게 위성 생중계 및 인터넷으로 시청하도록 하였으며, 아침 화상회의마다 불만사항을 가감 없이 공표하였다.

피고인은 기준에 어긋나 임의로 수당을 지급하지 않았고, 설령 매출액의 35%를 초과하여 수당을 지급하였다거나 PV비율이 높은 상품이 전체 매출액에서 차지하는 비중이 높다고 하더라도 그러한 사정만으로 기망행위가 있었다고 단정할 수 없다.

4) 회사의 재정상태도 건전하여 영업을 지속하는 데 전혀 문제가 없었다.

회사 재정에 관한 각종 회계자료상의 수치가 판시 범죄사실 기재와 같이 집계된 것은 사실이지만, 2004년도 수당지급률 69%는 TNM 매출을 포함하면 44%에 불과하고 이 또한 '상품사태' 때문이었을 뿐만 아니라 매출액의 35%를 초과하는 수당을 지급하였기 때문에 재정상태가 악화되었다고도 볼 수 없고, 연간 1조 원이 넘는 매출을 고려할 때 당기순손실 921억 원(2004년), 2,087억 원(2005년), 채무 3,210억 원(자산에 비하여 4억 원 초과, 2003년), 7,904억 원(901억 원 초과, 2004년), 1조 5,436억 원(2,989억 원 초과, 2005년)은 그리 큰 규모가 아니며, JU네트워크의 미납세액 683억 원은 2002년부터 2005년까지 납부한 2,559억 원(가산세 포함시 2,751억 원)에 비추어 보면 그리 큰 것이 아니고, 2004년의 적자는 '상품사태', 즉 물품을 1,700억 원이나 더 비싸게 매입하여 발생한 것이며, 2005년 적자는 공제계약해지로 인해 12월 영업을 못하여 12월에 예상된 매출 2,500억 원이 안 들어와서 발생한 것이고, 무엇보다도 위 평가에서는 네트워크마케팅사에서 가장 큰 자산인 판매조직을 포함시키지 않은 것이다. 그리고 다단계판매회사에서 판매원들이 물품을 구입하였으나 출고를 하지 않은 경우 판매원들로부터 지급받은 물품대금은 채무인 '선수금'으로, 판매원들의 수당은 채권인 '선급금'으로 정리하였다가 물품이 출고되면 선수금은 수익으로, 선급금은 비용으로 계산하는데 다단계판매회사에서는 선수금이 항상 선급금보다 많아 물품 출고시 수익이 비용을 초과하여 결국 회사는 이익을 남기게 되므로, 위 회계자료 중 선수금은 통상적 의미의 채무라고 볼 수 없다.

한편 JU네트워크는 영업이 종료된 2005. 12. 2. 현재 약 473억 원의 현금 및 단기회수가능 자산과 약 631억 원의 장기회수가능 자산을 보유하고 있었고, 2005. 12. 31. 기준으로 JU네트워크의 단기유동성비율은 11.8개월이고, 당좌비율은 69.3%, 유동비율은 69.4%이지만 외상매출채권의 비율이 매우 작은 점에 비추어 재무적 안정성에 아무런 문제가 없었으므로, 2005. 12. 2.까지 매출한 물품과 그 때까지 발생한 수당을 모두 지급할 능력이 있었다. 그리고 2005. 12. 31. 현재 미지급 수당액이 713억 원이 있었던 것은 회원들의 반품시 지급된 수당을 정산받아야 할 필요성 때문에 임시로 수당을 지급하지 않았기 때문이었다.

이 사건 상습사기 범행이 성립하기 위해서는 JU네트워크가 영업을 지속할 가능성이 낮았다는 점에 대한 입증만으로는 부족하고, 앞서 본 공제계약해지가 없었더라도 JU네트워크가 영업을 지속할 가능성이 없었다는 점이 명백히 입증되어야 하는데, 위와 같은 사정들에 비추어 볼 때 이 사건 발생 당시 JU네트워크가 영업을 지속할 가능성이 없었다는 점이 명백하였다고 볼 수 없다.

나. 고의의 부존재

점수누적의 속도가 점수소멸의 속도보다 빠른 구조적인 문제점이 있다고 해서 매출이 중단되는 사태를 피고인이 예상하고 있었거나 처음부터 피고인에게 기망의 고의가 있었다고 단정할 수 없다. 피고인이 5, 6년간 물품출고, 수당지급을 계속하는 등 JU네트워크를 안정적으로 운영하였던 점, 영업 중단 이후에도 반품대금, 수당, 물품대금을 지급하기 위하여 노력하였던 점, 매출이 투기적인 방향으로 흐르는 것을 막기 위하여 노력하였던 점 등에 비추어 보면 사기의 고의가 인정되지 않는다.

다. 손해액

소비생활점수 1점에 대하여 300만 원의 수당을 지급받은 매출부분은 기망사실이 인정되기 어려우므로 사기 피해금액에서 제외되어야 함에도 소비생활점수 1점에 대하여 300만 원을 지급받은 부분이 여전히 포함되어 있다.

라. 공소사실의 불특정

이 사건 상습사기의 점에 관한 공소사실에는 피해자별로 언제, 어떠한 기망행위가 있었는지 적시되어 있지 않으므로, 공소사실이 특정되지 않았다.

마. 공소장변경의 부적법성

이 사건 상습사기의 점에 관한 기존 공소사실은 2005. 12. 31.을 기준으로 한 JU네트워크의 재정상황을 기술하면서 피해자 119,664명으로부터 7,211억 65,866,061원을 교부받아 편취하였다는 내용이었으나, 변경된 공소사실은 2003. 12. 31.자 및 2004. 12. 31.을 기준으로 한 JU네트워크의 재정상황을 기술하면서 피해자 93,118명으로부터 1조 8,411억 55,164,990원을 편취하였다는 내용인바, 이와 같이 재정상태의 기준시점, 피해자 및 피해금액이 변경된 경우 기본적 사실관계가 동일하다고 볼 수 없어 공소장변경이 허용될 수 없음에도 불구하고, 이 사건 공판절차에서 공소장변경을 허가한 것은 부적법하다.

바. 재심대상사건 공판절차에서의 기타 위법

증인들에 대한 법정신문과정 등 재심대상사건 공판절차진행에서 형사소송법 또는 형사소송규칙 등 법령이 위배되었고, 검사에 의한 증인들에 대한 부당한 압력 또는 증거은닉이 있었다.

2. 판단

가. 기초사실(JU네트워크와 JU백화점의 마케팅플랜과 영업방식)

이 법원이 적법하게 채택하여 조사한 증거들을 종합하면, JU네트워크와 JU백화점의 마케팅플랜과 영업방식에 관하여 아래와 같은 사실들을 인정할 수 있다.

JU네트워크에서는 모든 물품에 대하여 PV(수당을 주는 기준 가격으로서 회원가에서 매입원가, 세금, 관리비, 회사이익 등을 공제하여 정해지는데, 통상 물품의 매입원가에 따라 회원가의 약 6%부터 69%까지 사이에서 정해진다)를 정하여 놓고, 회원은 매출 PV의 실적이 계속적으로 누적되어 그 실적에 따라 DD, SD, AGENT 직급으로 승급할 수 있고(종적조직구도), AGENT 직급부터는 소비생활마케팅을 할 수 있어 1점 120

만 PV(2004. 11.경부터는 1점 120만 PV 및 10만 SP, 2005. 11.경부터는 1점 120만 PV 및 12만 SP, SP는 PV와 거의 동일한 기준으로 정해진다)당 300만 원까지 수당을 받을 수 있는데, 위 소비생활마케팅에서의 수당은 모든 회원에게 동일하게 1점당 발생하는 횡적 수당인 공유수당{일매출 PV 총액의 49.5% 내지 65.8%(이 비율은 마케팅플랜에 발표된 비율로서 기간별로 조금씩 변동하였는데, 2003년경에는 49.5%, 2004년경에는 55.5%, 2005년경에는 65.8%였다)를 회원들의 총 누적점수로 나눈 값}과 종적 수당인 소비생활촉진수당(후원그룹관리수당, 추천그룹관리수당, 주간소비생활수당, 육성관리수당 등)이 수당 발생 후 26일째 되는 날(2005. 4.경 이전에는 21일째 되는 날)에 지급되고, 공유수당이나 소비생활촉진수당을 합하여 300만 원을 지급받으면 1점이 소멸하게 된다. 위 공유수당은 120만 PV(또는 120만 PV 및 10만 내지 12만 SP, 이하 같은 방식이다)를 달성해야 1점에 대한 공유수당이 지급되고, 120만 PV를 달성한 이후 240만 PV에 미달되는 매출은 2점이 될 때까지 1점에 대한 공유수당만 지급된다. 또한, JU네트워크에서는 위와 같이 회원들에게 직접 판매하는 방식(이러한 본래의 모습의 판매방법으로 파는 상품을 소위 '네트워크 전용상품'이라 하였다) 외에도, 백화점, 마트, JU25마트, 가맹점 등 소위 오프라인 매장들과 장터, JU인터넷 쇼핑몰 등 소위 온라인 매장들을 통하여도 판매하였는데{이러한 방식을 TNM(토털네트워크마케팅)이라 한다} 이러한 가맹점 등을 통해 판매하는 물품들은 회원이 아닌 사람도 구입할 수 있었고, 가맹점 등을 통해 물품을 판매하면 JU네트워크가 보통 가맹점 매출의 약 5% 정도에 해당하는 수수료를 가맹점으로부터 지급받고, 회원이 가맹점 등을 통해 판매되는 물품을 구입하는 경우에는 보통 판매가의 약 3%(수수료의 60%) 이내의 PV를 부여받았다.

JU백화점은 방문판매원들에게 직판수당, 추천수당, 월 판매 장려금, 승급수당 등을 지급하는 직판 마케팅을 실시하였는데, 이 중 직판수당(한편 직판수당의 경우에는 정확한 산출방식이 공지되어 있지는 않다)은 JU피닉스의 SA 이상 회원이 1M 120만 PV 및 12만 SP 당 1일 매출에 따라 1일 24,000원 또는 12,000원(후술하는 바와 같이 기간별, 직급별로 차이가 있다) 이하로 발생 후 26일째 되는 날에 지급되는 수당이고, 직판 마케팅의 모든 수당은 1M당 최대 300만 원까지 지급되며, 300만 원을 지급받으면 1M이 소멸되는 방식이었다. 이러한 JU백화점의 영업방식은 JU네트워크에서의 공유수당 대신 직판수당(이하 JU네트워크의 1점당 공유수당금액과 JU백화점의 1M당 직판수당금액을 쉽게 'N값'이라 하기로 한다)을 지급한다는 점 외에는 기본적으로 JU네트워크의 영업방식과 유사하였다.

한편, JU네트워크와 JU백화점에서는 마케팅플랜 등에서 '회사의 매출이 발생되지 않으면 수당을 지급할 수 없고, 300만 원의 수당을 전부 지급받을 수 있는 기간은 정해져 있지 않다. 하지만, 수많은 회원들의 반복적인 소비생활과 판매로 인하여 매출이 끊임없이 일어나기 때문에 그럴 일이 일어날 가능성은 없다.', '회사의 세금, 관리비, 3% 정도의 이익, 원가 등을 모두 공제한 PV를 기준으로만 수당을 주고, PV가의 100%를 다 수당으로 주는 것도 아니기 때문에 상품을 주고 수당도 주어도 회사는 이윤이 남으므로 회사 운영에 전혀 지장이 없다.', 'JU네트워크는 한국특수판매공제조합에 가입한 합법적인 회사로서 관련 법률을 철저히 준수하여 법률위반으로 인하여 존속에 문제가 생기는 일은 없는 회사이다.'고 명시하고, 거의 모든 사업설명회에서 공식적으로 강조하였다.

나. 재심대상사건에서의 서석봉의 증언 중 위증으로 확정된 부분에 관한 판단

앞서 본 바와 같이 재심대상사건에서 서석봉이 위증하였다는 내용의 이 사건 약식명령이 확정되었으나, 이 법원이 적법하게 채택하여 조사한 증거들에 의하여 인정되는 다음과 같은 사정들을 종합하면, 앞서 본 바와 같이 위증으로 확정된 서석봉의 법정진술 부분은 피고인이 판시 범죄사실 기재와 같이 피해자들을 기망하여 금원을 편취하였는지를 판단하는 데 있어 주요 쟁점과 관련된 것이라 볼 수 없고, 결국 서석봉의 법정진술 부분을 제외하고라도 나머지 증거들에 의하여 아래 다.항에서 보는 바와 같이 피고인의 이 사건 상습사기 범행을 충분히 인정할 수 있다.

1) JU네트워크 등의 판매원들이 1점을 달성하는 데 사용한 금액에 관한 부분

이 사건 약식명령에서는 '서석봉이 사실은 1점을 달성하는 데 700~800만 원 이상을 사용하여 1점을 취득한 판매원들이 있었을 뿐만 아니라 한 달에 700~800만 원 이상을 사용하여 1점을 취득한 판매원들을 공개적으로 발표하는 것을 보았기 때문에 그런 사실을 알고 있었음에도, 1점을 달성하는 데 700~800만 원 내지 1,000만 원 이상을 사용하였다는 판매원을 본 적이 없다고 진술하여 기억에 반하는 허위의 증언을 하였다.'고 인정하고 있다.

그러나 1점을 달성하는 데 700~800만 원 이상을 사용한 판매원이 일부 존재한다 하더라도, 아래 다. 1) 다) (2)의 (가)항에서 보는 바와 같이 JU네트워크의 전체 매출 및 총 PV에 비추어 판매원들이 소비생활점수 1점의 취득에 필요한 120만 PV(다만 이후 120만 PV 외에 10만 내지 12만 SP를 추가적으로 요구하였으나 SP취득을 위한 비용은 PV취득을 위한 비용과 크게 다르지 않았던 것으로 보인다)를 달성하는 데 소요되는 평균 비용은 200만 원에 미치지 못하는 사실을 인정할 수 있으므로, 위 약식명령의 인정내용과 같이 1점을 달성하는 데 700~800만 원 이상을 사용한 판매원이 일부 존재한다는 점은 소비생활점수 취득을 위한 전체 판매원들의 평균비용을 인정하는 데 방해가 되지 아니한다(변호인들은 위와 같은 계산을 근거로 소비생활점수 1점을 달성하는 데 지출한 비용을 200만 원이라고 인정하는 것은 최초 1점을 취득하는 데 지출하는 비용 또는 자투리 매출을 고려하지 못한 것이라고 주장한다. 그러나 판시 범죄사실에서 인정한 1점당 평균 비용은 판매원들이 소비생활마케팅에 참여하기 위하여 에이전트 직급을 취득한 이후에 소비생활점수 1점을 취득하는 데 필요한 평균적인 비용을 의미하는 것이고, 소비생활점수를 취득하기 위하여 필요한 PV를 초과하거나 이에 미달한 자투리 매출도 소비생활점수를 취득하기 위하여 이루어진 것으로서 매출이 추가로 이루어져 PV가 증가할 경우 소비생활점수로 전환될 수 있는 것이므로 1점을 달성하는 데 필요한 평균 비용을 계산함에 있어 자투리 매출액 및 이에 대한

PV를 제외할 수는 없다고 할 것이다. 설사 변호인들의 주장과 같이 1점 당 평균 취득비용을 계산함에 있어 자투리매출을 고려한다고 하더라도, 전체 PV 중 소비생활점수로 전환되는 데 사용되지 않은 PV뿐만 아니라, 전체 매출액 중 소비생활점수로 전환되는 데 사용되지 못한 매출액도 함께 제외하고 계산해야 할 것이다. 따라서 변호인들의 위 주장은 받아들이지 아니한다).

2) 촉진 2 마케팅에 관한 피고인의 사업설명 내용에 관한 부분

이 사건 약식명령에서는 '피고인이 촉진 2 마케팅의 경우 목숨 걸고 2만 원 이상의 수당을 틀림없이 지급하겠다는 사업내용을 설명한 적이 없었고 서석봉도 피고인으로부터 그와 같은 사업내용의 설명을 들은 적이 없었음에도, 피고인으로부터 위와 같은 사업설명을 들었다고 진술하여 기억에 반하는 허위의 증언을 하였다.'고 인정하고 있다.

그러나 피고인이 '목숨 걸고 2만 원 이상의 수당을 지급하겠다.'는 설명을 직접적으로 한 사실은 없다 하더라도, 아래 다. 2) 나) (1)의 (나)항에서 보는 바와 같이, 피고인은 사업설명회를 통해 이른바 촉진 2 마케팅이 시행된 2005. 4.경 이후 판매원들에게 적어도 PV의 250%까지의 수당지급을 실질적으로 보장하는 취지의 설명을 하였을 뿐 아니라 그 수당이 전부 지급되는 기간까지도 그리 길지 않을 것처럼 설명한 사실을 인정할 수 있으므로, 위와 같은 약식명령의 내용은 피고인이 판매원들에 실질적으로 수당의 지급을 보장하였다는 점을 인정하는 데 방해가 되지 않는다.

3) 피고인으로부터 수익사업에 대한 설명을 들었는지 여부에 관한 부분

이 사건 약식명령은 '서석봉이 사실은 피고인이 회사 소개 차원에서 수익사업을 언급한 것일 뿐 수익사업을 통해 얻는 수익금으로 판매원들에게 고율의 수당을 지급하겠다고 설명한 적이 없었고 서석봉도 피고인으로부터 그런 내용의 사업설명을 들은 적이 없었음에도, 피고인으로부터 위와 같은 사업설명 내용을 들었다고 진술하여 기억에 반하는 허위의 증언을 하였다.'고 인정하고 있다.

그러나 피고인이 위와 같이 수익사업의 수익금으로 '고율의 수당을 지급하겠다.'고 사업설명을 한 사실은 없다고 하더라도, 2005. 10. 27. 사업

설명 녹취록(화상 중계되는 피고인의 2005. 10. 27.자 사업설명 내용을 녹화한 후 그 내용을 속기한 것. 이하 같은 방식으로 표현하기로 한다)에 "이제 플러스알파마케팅 플러스, 또 여러 가지 제가 준비해 온 게 있습니다. 하나씩 하나씩 11월달부터는 발표되고 진행될 건데, 소멸을 많이 시키게 될 겁니다 … 다음 주 정도면 상당히 많이 숨통이 트여지고, 11월 중순 정도 가면 아주 좋은 일들이 많습니다. 그 동안에 회사가 투자해 놓은 것들 또 내가 추진해 왔던 것들이 엄청난 금액들이 들어오기 시작합니다. 그러면 그때 촉진 2 소멸을 빨리빨리 시킬 수 있도록 해서…다음 주가 되면 많이 해소될 거구요, 11월 중순 정도까지 가면 전부 다 완벽하게 해소되고"라고 기재되어 있는 점(증39) 등에 비추어 피고인이 수익사업을 통해 누적점수를 소멸시켜주겠다는 취지로 사업설명을 한 사실은 인정할 수 있는바, 누적점수의 소멸과 수당지급은 JU네트워크의 재정상태 안정이라는 측면에서 본질적으로 차이가 없는 것이므로, 위와 같은 약식명령의 내용은 피고인이 판시 범죄사실 제1의 가.항 기재와 같이 수익사업의 수익금으로 인하여 수당지급에 문제가 없을 것이라는 취지로 사업설명을 하였다는 점을 인정하는 데 방해가 되지 않는다.

4) 시중품과 비교한 JU네트워크 전용상품의 가격, 구입가격 이상에 제품을 판매하는 것이 가능한지 여부 및 서석봉의 물품출고율 등에 관한 부분

이 사건 약식명령은 'JU네트워크에서 판매하는 속칭 네트워크 전용상품은 일부 동종 시중품에 비하여 비싼 제품도 있으나 비싸지 않거나 동일한 가격의 제품도 있었고, PV값이 높은 건강보조식품, 화장품 등을 구입가격 이상으로 재판매하는 것이 불가능한 것은 아니고 실제로 재판매한 경우가 있으며, 서석봉의 물품출고율은 약 90% 정도였음에도 불구하고, 서석봉은 네트워크 전용상품이 동종 시중품에 비하여 4~5배 정도 비싸다고 생각하고 구입가격 이상으로 재판매하는 것이 불가능하며 서석봉의 물품출고율은 약 50%정도 되는 것으로 기억한다고 진술하여 기억에 반하는 허위의 증언을 하였다.'고 인정하고 있다.

그러나 서석봉도 이 법정에서 '4~5배라는 수치는 임의로 말한 것이지

만 네트워크 전용상품이 동종 시중품에 비하면 비싼 것은 사실이다.'라고 진술하였을 뿐만 아니라, 아래 다. 1) 다)의 (2)항에서 보는 바와 같이, 회원들이 PV가 낮은 생필품보다는 PV가 높은 건강보조식품, 화장품 등을 많이 구매한 사실, 상당수의 회원들이 수억 원 이상의 물품들을 미출고하거나 출고받더라도 이를 무상으로 기부하거나 창고 등에 쌓아두고 있는 사실 등을 인정할 수 있으므로, 위와 같은 약식명령의 내용은 JU네트워크를 통하여 대다수 회원들은 실질적으로는 수당을 받기 위하여 물품대금을 지급한 것이라는 점을 인정하는 데 방해가 되지 않는다.

5) 물품출고가 정상적으로 이루어졌는지 여부

이 사건 약식명령은 '서석봉이 사실은 당시 제조회사의 사정에 따라 물품이 늦게 출고되거나 단종되어 다른 제품으로 교환되었던 것이지 전혀 출고되지 않은 적이 없었고 또 영업이 중단된 2005. 12. 2. 이후에도 무려 6,830억 원 정도의 물품이 출고되었음에도, 판매원들이 2005. 3.경 이후부터는 JU네트워크에서 구입한 물품의 출고를 신청하고도 제품을 출고받지 못하고 있으므로 언제든지 물품을 출고해 줄 수 있다는 피고인의 주장은 거짓이라는 취지로 진술하여 기억에 반하는 허위의 증언을 하였다.'고 인정하고 있다.

그러나 재심대상사건에서 다수의 증인들이 물품출고가 안 되는 문제가 심각해진 시가가 2005년경부터라고 진술하고 있고, 아래 다. 2) 나) (3)의 (마)항에서 보는 바와 같이 JU네트워크의 출고율이 2005년 들어 현격히 낮아진 사실을 인정할 수 있으므로, 위와 같은 약식명령의 내용은 2005년 JU네트워크의 물품출고가 정상적으로 이루어지지 못했다는 점을 인정하는 데 방해가 되지 않는다.

6) 피고인이 주식회사 쿠모를 인수한 시기 및 경위

이 사건 약식명령은 '피고인이 주식회사 쿠모를 인수한 때는 2005. 12. 2.이었고 또 영업중단을 예견하고서 이를 인수한 것도 아니었음에도 서석봉은 피고인이 영업중단을 예견하고 2005. 1.경 주식회사 쿠모를 인수하였다고 진술하여 기억에 반하는 허위의 증언을 하였다.'고 인정하고 있다.

피고인이 주식회사 쿠모를 인수한 때는 2005. 12. 초경이라고 인정되

나, 아래 다.의 3)항 및 다. 4)의 나)항에서 보는 바와 같이, 한국특수판매
공제조합이 2005. 10. 13.경 공제계약이 해지될 수 있음을 통지한 사실,
그 후 피고인이 2005. 12. 초경 주식회사 쿠모를 인수한 후 JU피닉스로
그 상호를 변경하고 JU백화점에서 직판수당을 지급받기 위해서는 JU피
닉스에서의 일정한 매출이 필요하도록 마케팅플랜 등을 마련한 사실 등
을 인정할 수 있으므로, 위와 같은 약식명령의 내용은 피고인이 JU네트
워크의 영업중단을 예견하고 주식회사 쿠모를 인수한 것이라고 인정하는
데 방해가 되지 않는다.

7) 은현수가 훼이컷 주식회사에 참여하였는지 여부

이 사건 약식명령은 '서석봉이 사실은 은현수가 다단계회사인 훼이컷
주식회사에 참여한 사실을 알고 있음에도 불구하고 은현수가 위 회사에
참여한 사실을 모른다고 진술하여 기억에 반하는 허위의 증언을 하였다.'
고 인정하고 있으나, 은현수가 훼이컷 주식회사에 참여하였는지 여부는
이 사건 상습사기 범행의 인정 여부와는 아무런 관련이 없다.

8) 청약철회가 가능하였는지 여부

이 사건 약식명령은 '서석봉이 사실은 JU네트워크에서 청약철회를 못
하게 하거나 이를 막은 적이 없었고 실제로도 청약철회(반품)가 이루어진
경우가 다수 있었음에도 회사가 청약철회를 못하게 한다는 취지로 진술
하여 기억에 반하는 허위의 진술을 하였다.'고 인정하고 있다.

그러나 이 사건 상습사기 범행이 JU네트워크가 판매원들로 하여금 청약
철회를 못하게 하였음을 전제로 하는 것은 아니므로, 위와 같은 약식명령의
내용 또한 이 사건 상습사기 범행을 인정하는 데 방해가 되지 않는다.

다. 기망행위 및 고의의 인정 여부

1) JU네트워크 및 JU백화점 사업 자체의 기망 요소

가) 마케팅플랜 자체에 대한 검토

앞서 인정한 바와 같이 JU네트워크, JU백화점의 마케팅플랜(마케팅플
랜은 회사 마케팅구조와 운영방침에 관한 기본계획으로서, 회사가 영업을
영위하면서 준수하겠다고 스스로 밝히는 사항으로서 마케팅플랜의 골자
인 마케팅 원칙을 포함한다)이 밝히고 있는 '① 회사의 매출이 발생되지

않으면 수당을 지급하지 아니하고, ② 따라서, 1점당 지급하기로 되어 있는 300만 원의 수당을 전액 지급받을 수 있는 기간이 정해져 있지 않아 회사가 회원에게 점수에 따른 수당을 특정기한까지 지급할 의무가 없으며, ③ 회사의 세금, 관리비, 3% 정도의 이익, 원가 등을 모두 공제한 PV를 기준으로만 수당을 주고, PV가의 100%를 모두 수당으로 주지 않는다.'는 마케팅 원칙을 회사가 준수한다면, 회원의 수가 아무리 많이 증가하여 회사가 그들에게 상품을 출고하고 수당을 지급하여도 회사는 항상 이윤이 남거나 손해가 발생하지 아니하며 회원들이 취득하는 점수의 총합도 증가하지 아니하여 마케팅구조 자체는 영속성을 가지게 되기 때문에, '앞서 살핀 JU네트워크와 JU백화점의 마케팅플랜과 영업방식의 골자 그 자체가 기망행위에 해당한다.'라고는 볼 수 없다.

나) 마케팅플랜의 전제조건

그러나 위와 같은 마케팅플랜의 엄격한 준수가 보장되기 위해서는 전체 회원들이 취득하는 점수의 총합이 증가하지 아니하여야 한다. 왜냐하면 점수의 총합이 점차 증가하여 일정 수준 이상이 되는 경우에는, 점수부여가 수반되지 않는 매출이 폭발적으로 증가하지 않는 이상, 일정한 수당액을 지급받는 데에 걸리는 시간이 점차 증가하게 될 것이고, 그렇게 되면 수당을 통상 기대할 수 있는 기간 내에 수령하기를 기대하여 회원들이 매출행위를 하는 다단계판매의 특성에 비추어 그러한 마케팅구조는 점차 매출이 감소하여 기존의 누적된 점수에 따른 수당을 통상 기대하는 기간 내에 지급하지 못하게 되고, 이에 따라 기존 회원들이 매출을 줄이게 되고, 신규 회원들의 가입은 감소하게 되며, 다시 매출의 감소에 따라 수당지급기간이 더 늘어나는 악순환이 반복되면서 그 마케팅구조는 결국은 와해될 것이기 때문이다.

그런데 점수의 총합이 증가하지 않도록 하기 위해서는 매출에 따른 누적점수와 수당지급에 따른 소멸점수가 동일하거나 그 차이가 최소한 위와 같은 악순환이 일어나지 않는 수준으로 유지하여야 하는데, 이를 위해서는 ① 상품별 원가의 정확한 산정, ② 회사의 세금, 관리비 등 제반 비용액, 각 제품별 매출량 또는 전체 매출액에서 해당 제품이 차지하는 매출비율에 대하여 회원들의 소비성향 등에 관한 과학적, 통계학적 분석에 터잡은, 신뢰할 만한 수준의 예측, ③ 영업에 따른 제반 비용과 적정 이윤의 확보를 위한 정확한 제품별 PV가 설정, ④ 점수 발생을 수반하지 않는 매출(120만 PV와 그 각 배수에 미달되는 매출과 초과되는 매출)이 전체 매출에서 차지하는 비율의 신뢰할 만한 수준의 예측 등이 가능한 경영시스템 사전구축이 필수적이다(각 마케팅구조 안에서 판매되는 상품의 구성과 내용, 각 마케팅플랜이 제시하는 수당지급조건과 이에 반응하는 회원들의 소비패턴의 상관관계, 마케팅구조 외부의 시장상황 등은 가변적이기 때문에 단순히 마케팅구조 창설자의 과거 경험이나 다른 마케팅구조의 성공·실패 사례 등만을 감안하여, 철저한 사전 분석 없이 마케팅구조를 만들고 다단계판매 영업을 개시하는 경우에는 적정한 점수 총합의 유지가 힘들 것으로 판단된다).

다) 이 사건에의 적용

(1) 그런데 이 사건의 경우, 앞서 본 증거들에 의하여 인정되는 다음과 같은 사실들 및 사정들에 비추어 보면, 피고인은 전체 회원들 보유 점수의 총합이 증가하는 현상을 방지할 수 있는 경영시스템을 사업초기 또는 그 이후에라도 충분히 구축하지 못하였고, 피고인이 그와 같은 사정을 충분히 인식하고 있었거나, 최소한 미필적으로나마 인식하고 있었음을 넉넉히 인정할 수 있다.

(가) JU네트워크 회원들의 총 누적점수가 2003. 12. 31. 약 27만 점이었으나, 2004. 12. 31. 약 68만 점, 2005. 4. 18. 약 75만 점, 2005. 12. 2. 약 100만 점까지 증가하였다.

(나) JU네트워크의 경우 촉진 2가 시작되기 전인 2005. 4. 17.경 기존 1의 N값은 216원, 기존 2는 608원, 신규 1은 265원, 신규 2는 777원이었고, 촉진 2의 N값도 2005. 7.경까지는 20,000원 정도를 유지하였으나, 이후 점점 줄어들어 2005. 10. 이후에는 10,000원을 넘는 것이 3번에 불과하고, 2005. 11. 4. 이후에는 단 한번도 2,000원을 넘은 적이 없었다. 또한, JU백화점의 경우도 2006. 3.경까지는 N값을 20,000원 가까이 지급하다가 2006. 4. 2. 이후로는 단 한 번도 10,000원 이상 지급하지 못하였다.

위와 같이 1점당 공유수당금액이 지속적으로 감소하였다(증46, 증155)

(다) JU네트워크는 2003. 4. 14. 기존의 소비생활마케팅을 소비생활마케팅 1, 2로 나누어 그날 이후의 신규매출로서 26점 초과부분에 해당하는 것만 소비생활마케팅 2로 인정하고, 2003. 7. 27. 소비생활마케팅 1을 기존 1, 신규 1로 나누어 그날 이후의 신규매출만 신규 1로 인정하였으며, 2004. 5. 17. 소비생활마케팅 2를 기존 2, 신규 2로 나누어 소비생활마케팅 2 중 그날 이후의 신규매출만 신규 2로 인정하고, 2005. 4. 18. 소비생활마케팅 2를 기존 2, 신규 2, 촉진 2로 나누어 그날 이후의 신규매출만 촉진 2로 인정하여, 각 마케팅의 변경시 일부 상위사업자들의 동의만 얻어 새로운 마케팅 시행 이후의 매출액은 대부분 새로운 마케팅에 대한 공유수당금액으로 사용하였고, 촉진 2가 시행된 이후인 2005. 6.경부터는 '1대1 프로모션', '2대1 프로모션' 등을 시행하여 새로운 마케팅에 의하여 올린 매출에 따라 기존 마케팅에서의 점수를 이관해 주는 속칭 '퍼넘기기 마케팅'을 시행하였다.

또한 피고인은 2004. 11.경부터 누적점수 증가로 인한 마케팅플랜의 문제점을 보완하기 위하여 점수소멸을 주목적으로 하는 SP마케팅{PV값의 누적이 없는 SP값 중 25%(시기별로 약간 차이가 있음)는 직접판매수당, 나머지 75%는 소비생활점수 소멸수당으로 사용하는 것}, 플러스알파마케팅(소비생활점수로 제품을 구입할 수 있게 함으로써 점수를 소멸시키는 것) 등을 실시하였다.

(라) 피고인의 2005. 5. 5. 사업설명 녹취록에는 "…점수의 누적보다 소멸이 같아지거나 빨라지도록 만들어 낼 것이다 하고 5년을 버텼는데, 지난 4월 20일에 이렇게 되어가는 마케팅을 완성시켰다."라고 기재되어 있다.

(마) 재심대상사건에 대한 항소심에서의 피고인의 진술 취지에 비추어 볼 때 촉진 2로의 마케팅변경, 플러스알파마케팅 등 점수소멸 프로모션 마케팅도 그 시행으로 점수누적의 문제점이 해소될 것으로 확증된 것이 아니라 충분한 기간 시행해 보아야 그 효과를 알 수 있는 잠정적인 것으로 보인다.

위 항소심에서 피고인의 변호인도 "피고인이 '마케팅이 완성되었다.'고 말한 취지는 점수누적의 문제를 해결할 수 있는 방법을 찾았다는 것이고, 그 방법들이 효과를 얻어서 종국적으로 점수 누적의 문제가 해결되려면 사업자들의 적극적인 협조가 있어야 하고, 또한 상당한 시간도 필요할 것으로 보았습니다."라고 주장하고 있어 결국 점수누적의 문제점을 종국적으로 해결하는 방안은 찾지 못하였음을 뒷받침하고 있다.

(바) 외국 모 다단계판매회사의 경우에는 매출이 매달 또는 매년 단위로 일정한 기준에 이르지 못하면 실적이 소멸하므로, 점수의 총합이 증가하지 않을 여지가 있으나, JU네트워크는 일정기간 내에 개인별 보유점수가 영업 또는 수당지급의 기준이 되는 기준 점수에 이르지 못하더라도 그 미달 또는 초과된 점수가 다음 기준기간으로 이월되어 계속 누적되게 되는 마케팅 원칙을 채택하고 있어 점수 누적이 계속될 가능성이 매우 높다고 판단된다.

(2) 변호인들은 수당의 지급기간이 정해져 있지 않고 매출이 있는 경우 매출액과 회원들의 총 소비생활점수에 따라 계산된 금액을 매일 지급하게 되어 있으므로, 매출액 및 총 소비생활점수가 변화함에 따라 매일 지급받는 금액도 달라질 수 있다는 점이 마케팅플랜에 명시되어 있으므로, 마케팅플랜에 기망적 요소가 있다고 볼 수 없다는 취지로 주장한다.

그러나 이 법원이 적법하게 채택하여 조사한 증거들에 의하여 인정되는 다음과 같은 사실들 및 사정들을 종합하면, JU네트워크를 통하여 대다수 회원들이 물품을 구입한 실질적이고 주된 이유는 실제로 그 물품이 생활에 필요하여 이를 소비하기 위해서거나 마진을 남기고 판매하기 위해서라기보다는 이를 통해 수당을 지급받기 위해서였다고 보인다. 그렇다면 변호인들이 주장하는 위와 같은 내용이 마케팅플랜에 기재되어 있다 하더라도 수당지급이 지연되거나 불가능하게 되는 경우 회원들의 매출이 지속적으로 일어날 것이라고 보기는 어려우므로, 변호인들의 위 주장은 받아들이지 아니한다.

(가) TNM 매출 및 전환매출(현금 수당의 지급이 없는 전산상의 재매출)을 포함하여 2003년부터 2005년까지의 총 매출은 약 5조 2,267억 원

이고(변호인들의 주장 금액), 총 PV는 약 3조 1,434억 PV로서(증49), 결국 300만 원까지 수당을 지급받을 수 있는 120만 PV를 달성하는 데 평균 200만 원이 채 못 되었다. 이에 의하면 회원들이 구매한 물품들의 평균 PV가는 약 60%정도인바, 위 기초사실에서 본 바와 같이 PV가가 회원가의 약 6%에서 69%까지 사이로 정해져 있던 점에 비추어 보면 회원들이 PV가가 높은 제품들을 구매하는 경우가 많았던 것으로 보인다.

(나) 재심대상사건의 공동피고인 이용성은 재심대상사건의 제1회 공판기일에서 '네트워크 전용상품 중 건강보조식품, 화장품 등이 수당지급 기준 가격인 PV가 높고, 생필품의 PV가 낮아, 판매원들은 대부분 PV가가 높은 건강보조식품, 화장품, 기타 기능성 제품을 많이 구입하였다.'는 취지로 진술하였다.

(다) 2003년, 2004년, 2005년의 JU네트워크의 매출액 기준 매출 상위 30개 제품은 주로 생필품이 아닌 화장품, 기능성 제품, 건강보조식품 등이다(증32, 이에 대하여 변호인들은 매출액뿐만 아니라 판매수량을 기준으로도 비교해야 한다고 주장하나, 소비생활점수 계산 시 고려대상은 매출액뿐이고 판매수량은 전혀 고려되지 않으므로, 변호인들의 위 주장은 받아들이지 아니한다).

(라) JU네트워크의 2005년 출고율은 58.87%(TNM 포함 시 61.43%)였고, 상당수의 회원들이 수억 원 이상의 물품들을 미출고 하거나{미출고 상위 500명 명단(증100)에 의하면 미출고 상위 500위 회원의 미출고액이 2억 3,615만 원이다}, 출고받더라도 수억 원 이상의 물품들을 무상으로 기부하거나 처분하지 아니하고 창고 등에 쌓아두고 있었다.

(마) 재심대상사건에서 회원들인 다수의 증인들이 집을 저당잡히고 보험을 해지하고 사채를 끌어서 투자하였다가 손해를 보았고, 수당을 받으면 이자 금액만 빼놓고 재매출을 하여 앞으로 받을 것에 목적을 두기 때문에 정확히 얼마를 받았는지를 모르고 있다는 취지로 진술하였다.

(바) 최저가격 보상제는 JU네트워크가 공급업체들과 네트워크 전용상품에 대한 독점계약을 하여 다른 곳에서는 판매를 할 수 없도록 계약하였으므로 원칙적으로 같은 제품 자체가 판매되는 것을 찾기 어려운데 간혹

공급업체들이 계약에 위반하여 회원가보다 싸게 판매한 경우가 적발된 때에 보상금이 지급된 것으로서 그 건수도 약 4년간 7건에 불과하였다.

(사) 재심대상사건에서 물품을 많이 재판매하여 상품판매 강의를 하기도 하였다는 변호인측 증인들의 경우에도 주로 PV가가 낮은 제품들 또는 네트워크 전용상품이 아닌 제품들을 재판매하였거나, 자신들이 JU네트워크로부터 구매한 가격 이하로 물품을 재판매하였다.

(아) 2005년 JU네트워크 월별 매출자료(증145)에 의하면, 2005. 4.경까지 매출이 계속 줄어들다가, 소위 촉진 2가 시행된 이후 그에 따른 수당이 실제로 지급되기 시작한 2005. 5.경부터 매출이 급격히 늘어났다.

(3) 그렇다면 피고인이 제시한 마케팅플랜 자체에 기망의 요소가 없다고 하여도, 그 마케팅플랜이 엄격하게 준수되기 위한 전제조건이 충족되지 않은 상태에서 영업을 개시하고 계속적으로 회원들을 모집하여 매출을 유도하였으므로, 피고인의 사업 자체에 미필적 기망의 요소가 포함되어 있었다고 판단된다.

2) 마케팅플랜 실현 과정에서의 기망행위

가) 실현 과정에서의 기망행위 성립의 요건

설령 마케팅플랜이 준수되기 위한 전제조건이 충족되어 최초 영업개시 당시나 영업 초기에는 기망이 없었다고 하더라도 마케팅플랜을 실현하는 과정에서의 기망행위, 즉 ① 피고인이 개별 사업자들에게 마케팅플랜에 담겨있는 내용과 다르거나 과장하여 설명하거나, ② 마케팅플랜의 원칙을 벗어나 사업을 시행하거나, ③ 사업과 관련하여 회원들에게 고지·설명하여야 할 사항을 신규 회원 및 기존 회원들에게 회원 신규가입 또는 탈퇴 여부 및 매출 여부의 판단에 고려할 수 있도록 충분히 고지하지 아니하는 행위가 있는 경우에는 마케팅플랜 자체의 기망성 여부와는 관계 없이 그와 같은 기망행위가 존재한 이후부터는 사기죄 구성요건으로서의 기망행위가 인정된다.

나) 이 사건에서 인정되는 사실들

이 법원이 적법하게 채택하여 조사한 증거들에 의하여 인정되는 피고인의 기망행위 해당 행위들 중 주요한 사실 또는 사정을 적시하면 다음과 같다.

(1) 마케팅 플랜에 담겨 있는 내용과 다른 사업설명

(가) JU네트워크와 JU백화점에서는 미래에 지급되는 수당의 액수가 줄어들고 결국에는 지급이 불가능해질 수 있는 가능성이 있음에도 이는 충분히 언급하지 아니하고 공식적으로 '회사는 매출이 안정적이고 지속적으로 발생할 수 있도록 노력하고 있으며 회사가 망하거나 천재지변이 일어나기 전에는 생필품의 소비가 안될 수는 없어, 지구가 멸망하지 않는 한 매출은 멈출 수 없다.'는 취지로 강조하여 설명하였다.

(나) ① 2004. 2. 7. 사업설명 녹취록에 "보장을 하면 유사수신행위로 걸려요. 절대로 보장이란 용어를 쓰면 법을 어기고 있는 겁니다. 설사 최대 250%까지 다 준다 하더라도 보장이란 말을 쓰면 법에 걸린다 이겁니다…법은 단어 따먹기에요, 단어 따먹기. 표현을 이렇게 쓰는 것은 죄가 안 되는데, 이렇게 쓰면 죄가 되고 그런 겁니다…소득금액의 250%가 아니고 PV가의 그것도 120만 PV가 되었을 때만 240만 PV, 360만 PV 당으로 최대 매출액을 대비해서 꾸준히 주는 것이 250%까지 되면 그때까지만 주고, 더 이상은 안 준다. 이렇게 해야지"라고 기재되어 있는 점, ② 2004. 2. 9. 사업설명 녹취록에 "…그런데 영업하는 회사가 최대 250을 상한선을 정해 놓고 상한선 밑으로 나가면 법은 어기지 않지만 이런 회사에서 일하고 싶어, 안 싶어. 안 싶겠죠? 더는 못줄 망정 최대치가 있는 범위까지는 주는 그런 회사가 되어야 신뢰가 되고, 좋은 회사라고 느끼지. 그래요, 안 그래요?… 상한선을 정해놓고 영업하는 사람들의 힘을 빼면 영업이 잘 되겠나. 그러니까 그거는 회사가 알아서 하는 거고, 여러분들 힘 빼는 일은 하라고 해도 안 할 거 아닙니까?"라고 기재되어 있는 점, ③ 2005. 9. 17. 사업설명 녹취록에 "총 매출액 대비 이 짜투리 매출이 미달과 초과되는 매출이 전체 매출의 70~80%를 차지합니다. 이거는 아직까지 달성을 안 했으니까 수당이 안 나가는 겁니다. 그러나 달성된 점수에 대해서는 이 매출까지 합쳐갖고 수당을 지급을 한다…그래서 3만명 이상의 소비자군단이 있어야 된다. 수당을 안 받는 매출이 미달과 초과되는 매출이 전체 매출액의 70~80%가 매일 발생합니다.…그러니까

이 매출은 인류가 멸망하기 전에는 계속 있는 것이다."라고 기재되어 있는 점, ④ 2005. 9. 17. 사업설명 녹취록에 "매달 200만 원 정도 생활비만 계속 쓰면 수당이 가장 적게 나갔을 때를 기준으로 해도 처음에는 한 달에 10만 원, 11개월 되면 한 달에 50만 원, 31개월 되면 한 달에 1백만 원, 3년쯤 가면 한 달에 2백만 원, 7년 8년쯤 가면 1천만 원 받아갖고 2백만 원 쓰고, 나이 80되면 2천만 원 받아갖고 2백만 원 쓰는 무서운 마케팅…소비생활 2는 27점부터인데, 27점대부터는 수당이 10배 쯤 더 나온다. 똑같은 1점인데도. 누적점수가 소멸점수보다 많아질 때 이 마케팅은 성공을 못할 것이라는 게 일반적인 논리이다. 이걸 드디어 5년 만인 2005년 4월 18일날 드디어 100점이 오늘 늘어나면 소멸이 120점 되는 방법을 찾아낸 것이다. 그래서 이제 마케팅이 완성이 된 겁니다."라고 기재되어 있고, 2005. 5. 5. 사업설명 녹취록에는 위와 같은 수당 지급 예시와 함께 "…점수의 누적보다 소멸이 같아지거나 빨라지도록 만들어 낼 것이다 하고 5년을 버텼는데, 지난 4월 20일에 이렇게 되어가는 마케팅을 완성시켰다.…촉진 2는 PV가의 250%까지 받는 것을 2년 3년에 걸쳐가 안 받고, 한 달, 두 달, 석 달 만에 4개월, 5개월 이렇게 6, 7개월 만에 받아 나갈 수 있다.…여기 와 있는 25만 명이 바보들의 대 행진을 하고 있는 게 아니다. 여기에 이미 전직 국회의원, 장차관, 외교관, 공인회계사, 세무사, 변호사 이런 분들이 한 2,000명이 우리 사업에 동참하고 있다."고 기재되어 있으며, 위와 같은 수당 지급 예시는 2005. 3. 28. 사업설명 녹취록 등 2005년에 행해진 여러 번의 사업설명 녹취록에 기재되어 있는 점, ⑤ '디렉터 직급자 의무교육 마케팅플랜'에 '사업자 점수가 너무 많이 누적되면 수당이 적게 나오지 않는가? – 300만 원의 공유수당을 받으면 1점이 소멸되고 공유촉진수당을 받으면 1점이 더 빨리 소멸되고 회사는 마케팅의 정확한 기술적 분석을 통하여 적절한 조치를 취하고 있다(3년 이상 경험을 통해 축적된 노하우를 가지고 있다).'고 기재되어 있고, '기초사업설명회 교안'에도 '공유수당의 개념 – 하위 조직 없이도 본인 매출 실적 점수에 따라 회사의 일일매출 이익금을 공유한다. 소비생활만 열심히 해도 1~2년차가 지나면 생활비가 들어가지 않는다.'고 기재되어 있는 점(증21), ⑥ 재심대상사건의 공동피고인 이용성이 제1회 공판기일에서 "매일 지급되는 수당금액도 시간이 지나도 떨어지지 아니하고, 300만 원의 수당을 전부 지급받을 수 있는 기간도 길어지지 않는다고 사업설명하였다."고 진술한 점 등을 종합하면, 피고인은 공식적으로는 유사수신행위에 해당할 수 있는 수당 지급의 보장이 없음을 강조하여 왔지만, 다양한 방법을 통하여 회원들에게 PV의 250%까지의 수당 지급을 적어도 실질적으로 보장하는 듯한 설명을 하였고, 더구나 이 사건 상습사기 범행의 공소사실에 해당하는 2005년경, 특히 이른바 '촉진 2'가 시행된 2005. 4.경 이후에는 더욱더 확실하게 보장하는 듯한 설명을 하였을 뿐 아니라 그 수당이 전부 지급되는 기간까지도 그리 길지 않을 것처럼 설명하였다고 인정된다.

(다) 충분한 근거도 없이 JU네트워크 판매원의 20~30%가 1년에 5,000만 원 내지 수십억 원을 벌 수 있고, 50%는 매월 100만 원 정도의 생활비를 벌 수 있다고 실제 사실과 다르게 설명하였다.

(2) 마케팅플랜의 원칙을 벗어난 사업 시행

(가) ① 각 공정거래위원회의 의결서(증110, 증113)에 의하면 JU네트워크는 2004년 매출 총액 대비 수당지급률이 68.9%에 이르렀고, 2005년 매출 총액 대비 수당지급률이 약 84.7%에 이르렀던 점, ② 피고인 및 변호인들은 공정거래위원회 의결서(증110)상의 2004년의 수당지급률(이는 JU네트워크의 직접 매출과 가맹점 등으로부터 수수한 수수료를 합산하여 매출 총액으로 보고 계산한 것이다)은 TNM 매출을 포함하지 않은 것이고, TNM 매출을 포함하면 수당지급률이 44%에 '불과'하다고 주장하나, ⅰ) 구 방문판매 등에 관한 법률 시행령(2007. 7. 18. 대통령령 제20177호로 개정되기 전의 것)은 제27조에서 '다단계판매업자가 다단계판매원에게 공급한 재화 등의 가격'을 후원수당 산정의 기준으로 하고 있어, 가맹점 등으로부터 지급받는 수수료가 아닌 가맹점의 매출 전체를 다단계판매업자가 다단계판매원에게 공급한 재화 등의 가격이라 보기 어렵다고 해석될 여지도 있고, ⅱ) 가사 가맹점 매출 전체를 매출액으로 본다 하더라도, 2004년 가맹점의 전체 매출은 4,777억 원에 불과하여 이를 합산하

더라도 전체 매출은 2조 1,067억 원으로 이 중 수당 1조 1,579억 원의 지급비율은 약 55%에 이르므로, TNM 매출을 합할 경우 수당지급률이 44%에 불과하다는 주장은 받아들이기 어려우며, ⅲ) 가사 TNM 매출을 합할 경우 수당지급률이 44%라고 하더라도, 결국 법정한도를 '상당히' 초과했던 점, ③ 피고인과 변호인들은 2005. 12. 2. 이후에는 매출은 더 이상 할 수 없는 상태에서 수당만 지급되었던 것이고, 그 당시 예상되는 12월의 매출이 약 2,500억 원에 달했으므로, 위 2005년의 수당지급률을 인정할 수 없다고 주장하나, JU네트워크의 2005. 월별 매출 자료(증145)에 의하면 2005. 10.경 이후 2005. 11.경에는 회계상 매출이 약 1,500억 원으로 줄어들어 위와 같이 약 2,500억 원의 매출이 일어났을 것으로 보기도 어렵고, JU네트워크의 2005. 12. 1개월분 자금지출내역에 의하면 JU네트워크는 2005. 12.에 수당으로 288억 원을 지출하였을 뿐이었으며(증207), JU네트워크의 미지급수당액(이미 2005. 12. 2.까지 발생한 것으로서 아직 지급되지 않고 있는 것)은 2005. 12. 31.경 약 713억 원, 2006. 6.경 약 454억 원이었던 점에 비추어 위 주장같이 2005. 12.경에 매출은 없었음에도 수당(기존에 발생한 매출을 기준으로 매출일의 25일 이후에 지급될 것)이 '제대로' 지급되었다고 보기도 어려운 점, ④ 2005. 6.경까지 단독으로 수당지급 관련 업무를 하였고, 2005. 7.경까지는 백운선 상무에게 인수인계를 하면서 함께 수당지급 관련 업무를 하였던 홍명기가 재심대상 사건의 제5회, 제6회 공판기일에서 '마케팅플랜 및 사업설명 시에는 일일 매출 PV총액의 49.5% 또는 55.5% 또는 65.8%를 회원들의 총 누적점수로 나눈 금액을 공유수당으로 준다고 하였는데, 실제로는 피고인이 일일 마감보고서에 예시된 마케팅별 5개의 공유수당금액 중 하나를 정해준 것이 아니라, 예시된 공유수당금액의 범위를 벗어나서 임의로 붉은 펜으로 실제 공유수당금액을 적어 주었으며, 이처럼 임의로 결정했던 날의 비율은 약 60%정도 된다.'는 취지로 진술한 점 등을 종합하면, 피고인이 마케팅플랜 등에 의하여 여러 차례 강조한 '법령의 제한 내인 매출 총액의 35%'의 범위를 벗어나서 수당을 지급하도록 지시하여 실제 수당은 마케팅플랜 및 사업설명 내용과는 달리 지급되어 왔다고 인정된다.

(나) 특히 피고인은 누적점수가 증가하더라도 회사의 비용을 제외한 나머지 범위 내에서 수당을 지급하여 영업손실 또는 미지급채무가 없도록 하여야 함에도 수당지급률을 매년 높임으로써 2004년에는 921억 원의 영업적자가 발생하였을 뿐만 아니라 대차대조표상으로도 901억 원의 채무초과상태를 가져오게 하고, 변제기가 지난 물품대금채무까지 발생하도록 하였다{2004년도 회계감사보고서(증3), 재심대상사건의 항소심에서의 증인 전재욱의 증언 등 참조}. 수당이 초과 지급된 정도(2004년 69%, 2005년 84.7%)와 '사업자들의 동기부여 때문에 조금 적을 때 조금 더 준 적이 있다.'는 재심대상사건에서의 피고인의 일부 진술 및 증인 홍명기의 진술(증225, 증227)에 비추어 보면, 수당의 과다 지급은 단순한 과실이나 또는 외부적 요인에 의한 불가피한 선택이 아니고, 피고인이 회원수 증가로 인한 매출액 증대 목적 등 정당화될 수 없는 목표를 달성하기 위하여 마케팅플랜의 원칙을 훼손하며 무리하게 시행한 것으로 보인다.

이에 대하여 피고인 및 변호인들은 수당을 과다지급한 이유로 통합전산시스템이 마련되지 않은 점을 들고 있으나, 그러한 시스템이 마련되지 않은 것 자체가 앞서 살핀 바와 같은 마케팅플랜의 전제조건을 갖추지 못하였음을 자인하는 것이고, 통합전산시스템이 마련될 때까지는 수당지급시기를 늦추는 한이 있더라도 마케팅플랜에서 정하는 범위를 초과하여 지급하지 않아야 함에도 초과하여 지급한 것이므로, 위 주장은 이유 없다.

(3) 회원들에게 충분히 고지하지 아니한 중요사항들

이 법원이 적법하게 채택하여 조사한 증거들에 의하여 인정되는 다음과 같은 사실들 및 사정들을 종합하면, 늦어도 2004. 12. 31. 당시에는 JU네트워크의 마케팅구조가 계속되기 힘들 것으로 예상되었던 상황이었다고 인정됨에도 불구하고, 피고인은 회원들에게 위와 같은 상황을 충분히 고지하지 않았다고 인정된다.

(가) JU네트워크 회원들의 총 누점점수가 2003. 12. 31. 약 27만 점이었던 것이 2005. 12. 2.에는 약 100만 점까지 증가하였다(피고인은 위와 같은 사실을 회원들에게 여러 차례 설명하였다고 주장하나, 그러한 설명은 주로 마케팅플랜 변경의 취지를 설명하면서 언급된 수준에 불과하고

그 객관적 수치 및 마케팅구조에 미치는 영향을 충분히 설명하였다고는
보이지 아니하며, 오히려 여러 증거에 의하면 피고인을 비롯한 극소수의
경영진만이 누적점수에 관한 정확한 상황을 알고 있었던 것으로 보인다).

(나) 2003년(36%), 2004년(69%), 2005년(84.7%)을 거치면서 매출액
대비 수당지급률이 급격히 높아졌다.

(다) JU네트워크의 체납세금이 2005. 12. 2. 기준으로 약 79억 원,
2006. 5. 1. 기준으로 약 683억 원이었고(증18), 강남세무서장이 2005. 4.
28. JU네트워크의 주식회사 현대카드, 주식회사 신한은행, 주식회사 삼성
카드, 주식회사 엘지카드, 주식회사 비씨카드에 대한 보증금 반환채권을
압류하였다(증215).

(라) JU네트워크가 판시 범죄사실 제3의 가.항 기재와 같이 JU백화점
으로부터 자금을 지원받았고 위와 같이 지원받은 자금을 사업자들에 대
한 수당 지급, 반품대금, 세금, 물품대금, 공사비 등으로 사용하였다(증
204).

(마) JU네트워크의 2003년 출고율은 92.41%(TNM 포함 시 92.46%),
2004년 출고율은 90.59%(TNM 포함 시 90.98%)였으나, 2005년 출고율
은 58.87%(TNM 포함 시 61.43%)로 현격히 낮아졌다.

(바) 2005년 상반기에 매출이 급감하여 사채를 월 2.5% 내지 5%로 1
회에 20억 단위씩 여러 차례 차입하였다.

(사) JU네트워크 재경팀 팀장이었던 이해열은 "2004년 당시 회원들에
게 지급한 판매수수료 63억 5,000만 원(수당으로 지급된 것 중 일부내역)
은 이미 집행되었으므로 비용처리 했어야 함에도, 전재욱 전무가 회사의
손실규모를 1,000억 원 이하로 맞추라고 지시하여 재경팀에 대한 대여금
으로 처리하여 비용을 과소계상하였고, 수당 비율이 35%가 넘어가면 법
에 저촉된다는 사실은 공지의 사실이어서 변칙 회계처리에 힘을 썼지만,
그 해 수당을 지급한 것이 너무 많아서 도저히 맞추지를 못했다. 2005년
도에 들어서 자금이 없어 물품대금 결제일을 2~3개월 지연하는 것은 보
통이었으며, 강남세무서에서 신용카드사 보증금 100억 원 이상에 대하여
압류를 함으로써 회원들의 신용카드 매출이 어려워져 매출이 더욱 감소

하여 당시 저 나름대로 이제 회사는 끝났구나 생각하였다."고 진술하였다
(증204).

(아) JU네트워크의 건물 임대보증금 등은 임대료 미납으로 인하여 사
실상 회수가 어렵고, 그 외의 자산들은 이미 국세 체납 등에 의하여 압류
되어 있거나 JU개발 등에 대한 관계사 대여금은 대부분 회수가 어려운
상태에 있는 등의 사정에 비추어 볼 때 변호인들이 주장하는 바와 같이
JU네트워크는 영업이 종료된 2005. 12. 2. 현재 약 473억 원의 현금 및
단기회수가능 자산과 약 631억 원의 장기회수가능 자산을 보유하고 있었
다고 보기 어렵다.

(자) 다단계판매회사에서 판매원들이 물품을 구입하였으나 출고를 하
지 않은 경우 판매원들로부터 지급받은 물품대금은 채무인 '선수금'으로,
판매원들의 수당은 채권인 '선급금'으로 정리하였다가 물품이 출고되면
선수금은 수익으로, 선급금은 비용으로 계산하는 것은 사실이나, 물품 출
고를 위하여 필요한 원가의 존재를 고려하면 재무제표상 선수금과 선급
금의 차액만큼 수익이 발생한다고 볼 수는 없다(증인 허완의 법정진술).

(차) 2005. 12. 31. 기준 재무제표에 의하면 변호인들의 주장과 같이
JU네트워크의 단기유동성비율은 11.8개월이고, 당좌비율은 69.3%, 유동비
율은 69.4%인 사실은 인정된다. 그러나 감사인이 위 재무제표에 대한 감
사보고서에 '재무제표 전반에 대하여 회계감사기준에서 요구하는 충분한
감사절차를 취하지 못하였다는 등의 이유로 재무제표에 대한 의견을 표
명하지 아니한다.'고 기재한 점에 비추어 위 재무제표에 기재된 수치를
기준으로 하여 산정한 단기유동성비율, 당좌비율, 유동비율 등을 근거로
JU네트워크의 재무적 안정성에 문제가 없었다고 판단할 수는 없다(2005.
12. 31. 기준 재무제표에 대한 감사보고서(증24) 및 증인 이종국의 법정
진술).

3) JU백화점 관련 부분

앞서 살펴본 사정들은 대부분 JU네트워크와 JU백화점 영업부분에 공
통된 것이고, 이와 같은 사정들과 이 법원이 적법하게 채택하여 조사한
증거들에 의하여 인정되는 다음과 같은 사실들 및 사정들을 종합하면 JU

네트워크가 영업을 할 수 없게 되자 피고인은 여전히 전체 회원들 보유 점수의 총합이 증가하는 현상을 방지할 수 있는 경영시스템을 충분히 구축하지 못한 상황에서 JU네트워크와 실질적으로 동일한 방식을 이용하여 JU백화점의 영업을 지속하였고, 그 영업과정에서 JU백화점의 마케팅플랜의 내용과 달리 직판수당의 지급을 실질적으로 보장하는 듯한 설명을 한 사실을 충분히 인정할 수 있다.

가) 2005. 10. 15. 사업설명 녹취록에 "그러면 최악의 경우에 소송에서도 지면 어떡하느냐? 소송에서 지면 어떡하느냐? 솔직하게 여러분 중에서도 그런 걱정하는 사람 있죠? 궁금하죠 이미 다단계회사 허가증 두 개 만들어 놨어요. 그러다가 이름 또 바꿔가 제이유 뭐 이래갖고 그 법인으로 또 매출하면 돼요."라고 기재되어 있고, 피고인은 JU네트워크의 영업이 중단될 것을 예견하고 다단계판매업체인 주식회사 쿠모를 2005. 12.초경 인수하였다.

재심대상사건에서의 피고인의 변호인들은 판시 범죄사실 제3항 기재 각 특정경제범죄가중처벌등에관한법률위반(배임)죄에 관하여 'JU피닉스나 JU백화점은 JU네트워크가 다단계판매업을 할 수 없게 된 상태에서 이 분야 사업을 대행하게 하기 위하여 만든 일종의 SPC로서, JU네트워크의 기관과 같은 것이다.'라고 주장하고 있어 JU백화점의 영업은 JU네트워크의 영업이 종료된 이후에도 계속 실질적으로 동일한 방식을 이용하여 매출을 올리기 위한 것이라는 점을 뒷받침하고 있다.

나) 위와 같이 JU네트워크의 영업이 중단될 것을 예견하고 다단계판매업체인 주식회사 쿠모를 2005. 12.초경 인수하였고, 2005. 6. 17.경부터 이미 공제거래해지가 예견된 영업중단 4일 전인 2005. 11. 28.경까지 1대1, 2대1, 3대2 프로모션 등을 동원하여 매출을 계속하게 하였다.

다) JU네트워크의 공유수당과 JU백화점의 직판수당은 일정한 요건을 갖춘 회원들에 대하여 전체 회원들의 매출을 기준으로 회원들에게 일정하게 계산된 수당을 지급하며 수당을 계산하는 방법도 거의 동일하며, 피고인의 변호인들도 'JU백화점의 마케팅플랜이 JU네트워크의 마지막 마케팅플랜을 그대로 받아들였다.'고 주장하고 있다.

라) 피고인도 재심대상사건의 제3회 공판기일에서 "JU백화점에서 마케팅이 거의 누적과 소멸이 같거나 소멸이 빨라지는 마케팅 기법을 개발해 놓았다."고 진술하였다. 또한, 재심대상사건에서의 다수의 증인들이 JU백화점에서도 JU네트워크의 촉진 2와 유사하게 '소멸마케팅 등 판매원들의 누적점수를 일정한 수준으로 유지할 수 있는 능력이 있기에 매출이 일정수준을 유지하는 한 매일 지급되는 수당이 시간이 지나도 떨어지지 아니한다.'는 취지로 사업설명했다고 진술하였다.

마) 2005. 11. 28.경부터 2006. 2. 1.경까지는 1M 120만 PV에 대하여 매일 24,000원 이하에서 회사가 매출액에 따라서 정하는 직판수당을 지급해 준다고 하였고, 2006. 2. 2.경부터 2006. 4. 30.경까지는 매출점수 1～20M까지는 에이전시 1로 규정하여 매일 12,000원 이하에서 회사가 매출액에 따라서 정하는 직판수당을 지급해 주고, 21M 이상에 대하여는 에이전시 2로 규정하여 매일 24,000원 이내에서 회사가 매출액에 따라서 정하는 금액을 직판수당으로 지급하여 300만 원이 될 때까지 지급해 준다고 하였으며, 2006. 5. 1.이후의 매출은 에이전시 3으로 규정하여 매일 6만 원 이내의 금액으로 회사에서 매출액에 따라 정한 금액으로 직판수당을 지급해 준다고 하는 '사업안정화 프로모션'을 시행하였다.

바) 2006. 3.경까지는 N값을 20,000원 가까이 지급하다가 2006. 4. 2. 이후로는 단 한 번도 10,000원 이상 지급하지 못하였고, 누적점수는 계속적으로 증가하여 2006. 4. 30.경에는 115,945M에 이르렀다(증155). 또한 2006. 11. 15. 현재 JU백화점의 세금체납액은 157억 원이다(증119).

사) 앞서 본 바와 같이 JU백화점은 2005. 11. 29.부터 2006. 4. 28.까지 JU네트워크에 1,114억 2,228만 616원을 지원하였고, JU네트워크는 이를 사업자들에 대한 수당 지급, 반품대금, 세금, 물품대금, 공사비 등으로 사용하였다(증204).

4) 외부 요인 주장 관련

가) 상품사태 및 전산사태

이 법원이 적법하게 채택하여 조사한 증거들을 종합하면, 상품사태, 전산사태가 JU네트워크의 경영에 어느 정도의 차질을 가져온 사실은 인정할 수 있으나, 그것이 JU네트워크 마케팅플랜을 실현하고 회사를 경영함에 있어 회복할 수 없는 타격을 가할 정도였다고 보기 어려울 뿐만 아니라, 그와 같은 정도의 돌발상황은 정상적인 회사 경영에 있어서는 어느 정도 예견할 수 있어 미리 대처하거나 상황발생 직후 피해를 최소화하여 회사경영에 큰 장애요인이 되지 않게끔 사후 처리할 수 있었다고 보인다. 따라서 피고인의 이 부분 주장은 이유 없다.

나) 공제계약의 해지

(1) 변호인들은 한국특수판매공제조합과의 공제계약과 관련하여, 판매원의 1인당 보상한도가 3개월 기준으로 신고매출액의 70% 이내로서 500만 원이었으므로 1인당 매출신고를 3개월 기준 715만 원까지만 하면 되는데도, 한국특수판매공제조합의 3대 이사장이 2005년경 갑자기 매출신고를 전체 매출을 기준으로 하여야 한다고 하면서 이에 따른 추가적인 담보제공을 요구하여 JU네트워크가 부당하게 공제계약해지를 당하였다고 주장한다.

(2) 그러나 이 법원이 적법하게 채택하여 조사한 증거들에 의하여 인정되는 다음과 같은 사실들 및 사정들을 종합하면, 한국특수판매공제조합의 위 공제계약해지가 부당한 것으로 보이지 않는다.

(가) ① 위 공제규정 제14조는 "공제계약자는 공제조합의 공시사이트 또는 공제조합이 지정하는 별도의 사이트에 매일 매출액을 입력하고 주문서별 공제보증통지서를 수혜자에게 발급 또는 통지하여야 한다."고 규정하고 있고, 제18조는 "공제계약신청자가 공제거래약정을 체결할 경우에는 공제한도신청액에 상응하는 출자증권 등을 조합에 담보로 제공하여야 한다."고 규정하고 있는바, 이는 매출규모를 통하여 발생할 구매자들의 청약 철회 가능성을 가늠하고 매출액에 상응하는 공제보증통지서 교부를 강제함으로써 다단계판매의 피해자를 보호하려는 것이고, 구매자들의 청약 철회가 구매한 모든 물품에 대하여 발생하는 것이 아니기 때문에 구매자가 임의로 선택하여 청약 철회한 물품들의 합계가 3개월에 500만 원이 되기까지는 한국특수판매공제조합이 이에 대한 공제금지급책임을 질 수 있도록 조합원으로 하여금 신고 매출액에 상응하는 모든 거래에 있어

서 구매자에게 공제보증통지서를 교부하며 그에 상응하는 담보를 제공하도록 한 취지인 것으로 보이는 점, ② 위 공제규정 제2조 제2항이 "본 규정에서 정하는 '매출액'이라 함은 주문액을 말한다."고 규정하고 있는 점 등을 종합하면, JU네트워크는 실제 발생한 총매출액을 기준으로 매출신고·담보제공·공제보증통지서교부의무를 진다고 보는 것이 타당하다. 따라서 JU네트워크가 실제 매출액에 미달하는 금액을 신고하고 이에 해당하는 공제보증통지서만을 교부하면서 그와 같은 규모의 피해보상을 담보하기 위한 담보금만을 납입한 것은 해지사유에 해당한다.

(나) 설사 변호인들의 주장대로 다단계판매원 1인당 3개월에 약 715만 원을 기준으로 한 매출에 대하여만 신고의무가 인정된다고 하더라도, JU네트워크는 2005. 4. 1.부터 2005. 6. 27.까지 한국특수판매공제조합에 합계 1,454억 원이 넘는 금액을 신고했어야 함에도 불구하고, 그 중 24,775,630,892원만을 신고하여 1,200억 원 이상의 매출 신고를 누락하였으므로, 매출누락·담보불제공·공제보증통지서 미교부 등의 해지사유에 해당한다.

(3) 설령 한국특수판매공제조합의 요구가 부당하였더라도, ① 위 공제조합이 2005. 8. 2. JU네트워크에 신고매출액에 따라 납부하여야 할 공제료 및 담보금을 납입하지 않았다는 이유로 매출 신고 누락액에 상응하는 담보금 및 공제보증수수료를 납부할 것을 요구하고, 2005. 8. 8.까지 위 의무이행을 하지 않을 경우 공제거래가 중지될 수 있음을 통지한 점, ② 위 공제조합은 2005. 9. 9. 이사회를 개최하여 '일부 조합원들의 매출 신고 누락을 방지하기 위하여 2005. 9. 12. 이후에도 조합원들이 매출 신고를 누락할 경우 별도의 사전통지 없이 공제거래를 중지하고, 3개월 동안의 매출 신고 누락분에 대하여 담보제공 등을 요구할 것'을 만장일치로 결의한 점, ③ 위 공제조합은 2005. 10. 13. JU네트워크에 대하여 매출신고누락, 담보금 미납 등의 이유로 공제거래를 일시 중지하면서 2005. 11. 30.까지 공제거래 중지 사유가 해소되지 않을 경우 공제계약이 해지될 수 있음을 통지하였던 점 등을 종합하면, 피고인으로서는 영업의 법률상 전제조건인 공제계약이 해지될 수 있는 상황임을 충분히 예상할 수 있었다

고 보인다.

이러한 상황에서는 공제계약 유지를 위하여 공제조합의 요구를 일단 충족시키고 사후에 정해진 불복절차에 따라 다투는 것이 다단계판매 회사를 경영하는 사람들의 정상적인 행태일 것인데, 피고인이 영업의 폐지를 무릅쓰면서까지 공제계약해지라는 극한 상황까지 오게 만든 것은 이해하기 어렵다.

(4) 따라서 변호인들의 위 주장 역시 모두 이유 없다.

다) 기타 사정

변호인들은 부당한 언론보도, 위법한 검찰수사로 인하여 영업이 불가능하게 되었다고 주장하나, 앞서 살핀 바와 같이 JU네트워크 및 JU백화점 마케팅플랜의 전제조건 흠결 또는 시행상의 문제점으로 인하여 그 영업이 중단되었다고 봄이 타당하다. 그 밖에 이 사건 수사 또는 재심대상 사건의 재판 과정에서 압수물처리, 증인신문 등과 관련하여 피고인 및 변호인들이 주장하는 바와 같은 검찰의 위법행위가 있었다고 인정할만한 근거도 없다. 설사 그 중 일부 주장을 받아들인다 하더라도 관련 증거를 제외한 나머지 증거들만으로도 이 사건 사기범행을 유죄로 인정함에 지장이 없으므로, 변호인들의 위 주장도 모두 이유 없다(한편, 변호인들이 검찰의 위법행위와 관련하여 이 사건에 원용되어야 한다고 주장하는 대법원 2002. 10. 8. 선고 2001도3931 판결은 구속된 증인을 거의 매일 소환하여 피고인측 변호인의 접근을 차단한 상태에서 증인을 회유·압박한 사안으로서 이 사건과 사안이 달라 이 사건에 원용하기에 적절하지 아니하다).

5) 소결

앞서 본 사정들을 종합하면, ① 피고인은 2003년경 '마케팅플랜 내용과 같이 마케팅이 제대로 이루어지고 마케팅 원칙이 지켜질 수 있는 전제조건'인 경영시스템을 구축하지 아니한 채, 불완전한 마케팅구조만을 마련하여 놓고 미필적인 사기 범의를 가지고 앞서 살펴 본 바와 같은 마케팅플랜과 영업방식을 시작한 사실, ② 나아가, 그 구체적인 영업방식 및 실제 현상은 여러 가지 측면에서 마케팅플랜에서 정한 원칙을 벗어났

254 • 부 록

던 사실(예컨대, 회원들에게 PV의 250%까지의 수당 지급을 적어도 실질적으로 보장하는 듯한 설명을 다양한 방법과 형태로 해 왔던 사실), ③ 그리고 피고인은 늦어도 2005. 1. 1. 이후에는 '임의적인 과도한 수당 지급과 재정상태의 악화 등으로 인해 더 이상 일정 수준 이상의 수당이나 회원들이 기대하는 수당 전액을 지급하기 어려워 정상적인 매출의 영속이 불가능하다는 사정' 및 '매출에 대한 물품마저도 전부 공급할 능력이 없다는 사정'을 잘 알았거나 적어도 미필적으로 이를 인식하고 있으면서도, 객관적인 사실과 다른 설명을 계속하거나 중요사항에 대하여 충분히 고지하지 아니한 채, 마치 '회원들이 매출을 계속하더라도 통상 기대하는 기간 안에 수당 전액을 지급받는 데 아무런 문제가 없는 것처럼' 회원들을 기망하여, 이에 속은 회원들로부터 매출액 상당의 금원을 편취한 사실을 충분히 인정할 수 있다.

라. 손해액

재물편취를 내용으로 하는 사기죄에 있어서는 기망으로 인한 재물교부가 있으면 그 자체로써 피해자의 재산침해가 되어 이로써 곧 사기죄가 성립하는 것이고, 상당한 대가가 지급되었다거나 피해자의 전체 재산상에 손해가 없다 하여도 사기죄의 성립에는 그 영향이 없으므로 사기죄에 있어서 그 대가가 일부 지급된 경우에도 그 편취액은 피해자로부터 교부된 재물의 가치로부터 그 대가를 공제한 차액이 아니라 교부받은 재물 전부인바(대법원 2000. 7. 7. 선고 2000도1899 판결, 대법원 2007. 1. 25. 선고 2006도7470 판결 등 참조), 앞서 본 바와 같이 피고인이 피해자들을 기망하여 피해자들로부터 물품대금 명목의 돈을 받음으로써 곧 사기죄의 기수에 이르렀다고 할 것이므로, 그 후 피고인이 범행을 계속하는 과정에서 일부 피해자들에게 당초 약속한 수당을 일부 또는 전부 지급하였다 하더라도 사기죄의 성립에는 아무런 영향이 없다고 보는 것이 타당하다.

마. 공소사실의 불특정 여부

공소사실의 기재는 범죄의 일시, 장소와 방법을 명시하여 사실을 특정할 수 있도록 하여야 하는 것이므로, 범죄의 일시는 이중기소나 시효에 저촉되지 않는 정도로 기재하면 되는 것이고, 이와 같은 요소들에 의하여 공소사실의 특정을 요구하는 법의 취지는 피고인의 방어권 행사를 쉽게 해주기 위한 데에 있는 것이므로, 공소사실은 이러한 요소를 종합하여 구성요건 해당사실을 다른 사실과 식별할 수 있는 정도로 기재하면 족하고, 공소장에 범죄의 일시, 장소 등이 구체적으로 적시되지 않았더라도 위의 정도에 반하지 아니하고 더구나 공소범죄의 성격에 비추어 그 개괄적 표시가 부득이하며 또한 그에 대한 피고인의 방어권 행사에 지장이 없다고 보여지는 경우에는 그 공소내용이 특정되지 않았다고 볼 수 없다(대법원 2002. 10. 11. 선고 2002도2939 판결 등 참조). 공소범죄의 성격에 비추어 어느 정도 그 개괄적 표시가 부득이한 이 사건에서 사기범행의 피해자별 피해금액을 각 특정하여 적시한 이상 공소사실이 특정되지 않았다고 볼 수는 없다.

바. 공소장변경의 적법 여부

상습으로 저질러진 수개의 범죄는 포괄일죄에 해당하는바(대법원 2004. 9. 16. 선고 2001도3206 전원합의체 판결 참조), 이 사건 사기범행의 요지는 결국 피고인이 상습으로 기망행위를 통하여 피해자들로부터 금원을 편취하였다는 것이므로 같은 방법의 기망행위에 의한 피해자의 수 및 피해금액이 일부 변경되더라도 공소사실의 동일성이 인정된다. 또한 JU네트워크의 재정상태를 판단하는 기준시점은 결국 수당 및 물품의 지급능력이 없었는지 여부에 관한 구체적 사유에 해당하므로, 이를 변경한다 하더라도 공소사실의 동일성은 인정된다고 보는 것이 타당하다.

[판시 제1의 나.항 기재 방문판매등에관한법률위반의 점]

1. 주장의 요지

구 방문판매 등에 관한 법률 제2조 제5호에서 규정하는 '다단계판매'가 되기 위하여서는 당해 판매업자가 공급하는 재화 등을 구매한 소비자의 전부 또는 일부가 판매원으로 가입할 것을 필요로 한다. 그런데 JU네트워크의 회원은 DD직급부터 시작되는데 DD직급에는 누구나 상품구입과 무관하게 가입할 수 있고, DD회원은 본인의 매출이 없어도 본인이 추천한 회원이 상품을 구매하면 상품 PV의 3% 상당을 수당으로 지급받을 수 있으므로, JU네트워크는 다단계판매자에 해당하지 않는다.

2. 판단

구 방문판매 등에 관한 법률 제2조 제5호가 정하는 다단계판매에 해당하기 위하여는 당해 판매업자가 공급하는 재화 등을 구매한 소비자의 전부 또는 일부가 판매원으로 가입할 것을 필요로 한다(대법원 2009. 4. 9. 선고 2008두17424 판결 등 참조).

이 법원이 적법하게 채택하여 조사한 증거들에 의하면, JU네트워크의 경우 판매원의 직급은 10단계(DD-SD-AGENT-마스터-디렉터-매니저-프린스-크라운-프레지던트-임페리얼)로 나뉘어져 있는 사실, 위 직급 중 최하위단계인 DD회원은 자신이 제3자에게 제품을 구매하도록 중개하는 경우 PV의 3%에 상응하는 'DD수당'만을 받을 뿐 다른 수당을 받지 않는 사실, 하위판매원을 모집하여 후원활동을 하거나 하위판매원들의 판매실적에 따른 후원수당인 공유수당, 소비생활촉진수당 등을 받기 위해서는 적어도 256만 PV 이상의 매출을 발생하게 하여 'AGENT' 이상의 직급을 취득하여야 하는 사실을 인정할 수 있는바, 위 인정사실에 의하면, 비록 회사의 다단계판매조직에 가입한 회원 중 하위판매원들의 판매실적에 따른 후원수당인 공유수당 등을 받지 못하는 DD회원은 구 방문판매 등에 관한 법률이 정하는 다단계판매원이라고 볼 수 없지만, 위와 같은 후원수당을 받을 수 있는 AGENT 이상의 직급에 해당하는 판매원들은 위 법률이 정하는 다단계판매원이라고 할 것이다. 따라서 JU네트워크의 경우 위 회사가 공급한 제품 등을 구매한 소비자의 전부 또는 일부가 JU네트워크의 판매원으로 가입하였고{일정한 금액을 지급하여 물품을 구매하여야만 다단계판매원에 해당하는 AGENT 이상의 판매원이 될 수 있고, 이와 같이 "다단계판매원이 되고자 다단계판매업자로부터 재화 등을 최초로 구매하는 자"도 소비자에 해당하므로(구 방문판매 등에 관한 법률 시행령 제4조 제3호), JU네트워크는 위 법률 소정의 다단계판매원인 AGENT 이상의 판매원을 모집함에 있어 위와 같이 매출을 발행시킨 소비자를 가입하게 하였다고 할 것이다), 나아가 JU네트워크의 판매원 중 AGENT 이상의 판매원 자체가 'AGENT-마스터-디렉터…' 등으로 3단계 이상의 형태를 가지고 있는 이상, JU네트워크는 위 법률 소정의 다단계판매조직에 해당한다고 할 것이다. 따라서 변호인들의 위 주장은 이유 없다.

무죄부분

1. 공소사실의 요지

피고인은 판시 제4의 가.항과 같은 경위와 방법으로 지용남과 헤어르본을 설립하여 공동으로 운영하던 중 헤어르본에 대한 수수료채권을 잘 관리하고 미납된 수수료에 대한 확보방안을 강구하여 적절하게 미납수수료를 회수함으로써 JU네트워크 운영책임자로서 회사의 자금 사정이 악화되지 않게 해야 할 업무상 임무가 있음에도 불구하고 그 임무에 위배하여, 위 헤어르본의 매출금 이외에 달리 뚜렷한 재산이 없는 지용남으로부터 헤어르본의 매출금을 이용하여 거액의 돈을 빌리게 되면 피해자인 JU네트워크가 헤어르본으로부터 가맹점수수료를 수납하는 것이 사실상 불가능하다는 점을 잘 알면서도 2004. 4. 29.경부터 2004. 7. 9.경까지 사이에 아래 표 헤어르본 송금내역 기재와 같이 모두 5회에 걸쳐 위 기간 동안의 위 '헤어르본'의 매출금 중 98,960,910원을 빌려 사용하고 위 '헤어르본'의 가맹점수수료가 지급되지 않고 있다는 사실을 알면서도 지용남에게 대여금을 전혀 변제하지 아니함으로써 2004년도에 55억 7,770만 원을 피해자에게 가맹점 수수료로 납부해야 하는 지용남으로 하여금 가맹점수수료 납부를 사실상 불가능하게 하는 한편 담당 직원에게 '헤어르본'에 대한 미납 가맹점수수료 납부를 독촉하지 말도록 지시하여 지용남으로부터 받아야 할 가맹점수수료 55억 7,770만 원 중 미납된 49억 5,468만 원의 일부로서 위 98,960,910원의 회수를 현저히 곤란케 함으로써 피해자에게 같은 금액 상당의 재산상 손해를 가하고, 피고인은 지용남으로부터 차용한 98,960,910원 상당의 재산상 이익을 취득하였다.

[표] 헤어르본 송금내역

	일시	금액(원)	송금자	비고
1	04. 4. 29.	29,775,000	박용	김미아 국민은행 0898-720호 계좌로
2	04. 6. 3.	19,548,750	박용	상동
3	04. 6. 19.	26,623,750	박용	상동
4	04. 7. 8.	18,013,410	박용	상동
5	04. 7. 9.	5,000,000	박용	상동
합계		98,960,910		

2. 판단

살피건대, 서울동부지방법원 2006고합160호 등 사건의 제3회 공판조서 중 피고인의 일부 진술기재, 위 사건의 제5회 공판조서 중 지용남의 일부 진술기재, 수사보고(박용 명의 국민은행 계좌 거래내역서 편철, 김미아 명의 계좌 거래내역서 편철)의 각 기재에 의하면, 지용남이 피고인이 관리하던 김미아의 계좌로 위와 같이 돈을 송금한 사실은 인정된다.

그러나 피고인에게 업무상배임죄가 성립하려면 피고인이 위와 같이 개인 계좌로 돈을 송금받음으로 인하여 피해자 JU네트워크에 재산상 손해를 가한 사실이 인정되어야 할 것인바, 서울동부지방법원 2006고합160호 등 사건의 제4회 공판조서 중 최유철의 진술기재에 의하면 JU네트워크가 가맹점으로부터 가맹점수수료를 지급받는 방식은 매월 말 가맹점에서 올린 월간 매출금을 정산, 수수료를 계산하여 청구용 세금계산서를 발행해 준 다음 가맹점수수료를 지급받는 방식이고, 지용남의 검찰 및 재심대상 사건에서의 각 진술은 지용남이 각 해당 월의 가맹점수수료를 각 그 다음달 5일 내지 10일경 사이에 지급하는 방식이라는 것인데, JU네트워크의 거래처 원장의 기재에 의하면, JU네트워크의 헤어르본에 대한 가맹점수수료를 최초로 월말 정산하여 청구한 시기와 그 가맹점수수료 금액은 2004. 7. 31. 481,882,500원(이는 2004. 7.분 가맹점수수료로 보인다)으로 기재되어 있고, 오미경 작성의 2005. 4. 7.자 헤어르본 거래내역의 기재에 의하더라도 JU네트워크의 헤어르본에 대한 2004년 미지급 가맹점수수료는 6월까지는 0원이었다가 7월에서야 481,882,500원이 되는 것으로 기재되어 있는바, 위 각 증거들에 의할 때 적어도 2004. 4. 29.부터 2004. 6. 19.까지 송금받은 75,947,500원에 대하여는 피해자 JU네트워크에 대하여 위 금액 상당의 가맹점수수료 손해가 발생하였다고 볼 수는 없고, 2004. 7. 8. 및 2004. 7. 9. 송금받은 합계 23,013,410원도 그것이 JU네트워크가 지급받아야 할 가맹점수수료라고 쉽사리 단정하기 곤란하며, 달리 이를 인정할 만한 아무런 증거가 없다.

따라서 이 부분 공소사실은 범죄의 증명이 없는 때에 해당하여 형사소송법 제325조 후단에 의하여 무죄가 선고되어야 할 것이나, 이와 포괄일죄로 공소제기된 판시 제4의 가.항 기재 특정경제범죄가중처벌등에관한법률위반(배임)죄을 유죄로 인정한 이상 이 부분에 관하여 따로 주문에서 무죄를 선고하지 아니한다.

양형의 이유

이 사건의 주된 범죄사실인 이 사건 상습사기 범행은, 피고인이 JU네트워크, JU백화점 등을 운영하면서 실질적으로 수당의 지급을 보장하였고, 그 과정에서 다단계판매원들에 대한 과중한 수당지급 및 회원점수의 누적에 따른 회사 재정의 악화가 불가피하여 일정 기간이 지나면 더 이상 판매원에게 수당을 지급할 수 없게 되고 그에 따라 매출도 지속적으로 발생할 수 없어 결국 판매원들에게 수당 및 물품을 지급할 수 없다는 사정을 잘 알면서도 영업을 계속함으로써 수많은 피해자들로부터 약 2조 1천억 원에 이르는 막대한 액수의 돈을 편취하였다는 것으로, 그 피해규모가 막대하고 단순히 개인에 대한 재산적 피해를 넘어서 사회적 생활관계를 파괴하고 나아가 사회공동체 구성원 사이의 기본적 신뢰관계까지 훼손할 정도로 심각한 사회적 파장과 부작용을 초래하였다는 점에서 죄질이 좋지 않고, 비난가능성도 매우 크다. 더욱이 피고인은 방문판매등에관한법률위반죄로 처벌받은 전력이 있음에도 불구하고 자숙은커녕 그 전

력을 악용하여 JU네트워크의 대표자로서 이 사건 상습사기 범행을 계획
하고 지휘하는 등 주도적인 역할을 하였을 뿐만 아니라, JU그룹을 운영
하면서 계열회사의 자금을 개인적인 채무 변제, 사업확장 등의 용도에 사
용하는 등의 방법으로 JU그룹의 계열회사에 250여 억 원의 손해를 가하
기도 하였다. 한편, 일부 피해자들이 재심대상사건 및 이 사건의 재판과
정에서 피고인의 선처를 탄원하고 있는데 이는 '피고인이 석방되면 피해
회복의 가능성이 높아지지 않을까'라는 기대감에 따른 것으로 보인다. 그
러나 피고인은 재심대상사건이 확정된 후 6년 이상이 경과한 현재까지도
일부 피해자들에게 피해를 배상하겠다는 합의서만을 작성해주었을 뿐 실
질적으로 피해를 배상한 바 없다. 또한 피고인은 수감생활이 끝나면 국내
의 제조회사를 인수하여 중국 회사인 '금사력가우'에 수출을 함으로써 피
해자들에게 보상을 할 계획을 가지고 있다고 밝히고는 있으나, 피고인이
어떠한 재원을 가지고 어떤 기업을 인수하여 수익을 남기겠다는 것인지
등에 관하여 믿을만한 소명자료를 전혀 제시하지 못하고 있다. 또한 이
사건 재심이 개시된 경위, 즉 이 사건 재심대상판결이 확정된 후 피고인
이 재심대상사건에서 증언하였던 서석봉, 피해자 단체의 대표인 은현수
등과 교도소 내 접견 등을 통해 피고인의 재심 및 위증고소 등에 관하여
논의한 다음 서석봉을 위증으로 고소하고 서석봉이 위증사실을 모두 자
백함에 따라 발령된 약식명령에 기하여 재심이 개시된 점 및 피고인이
이 법정에서 재심대상사건에서와 마찬가지로 이 사건 상습사기 범행을
부인하면서 모든 책임을 한국특수판매공제조합 등 타에 전가하고 있는
점 등에 비추어 피고인은 여전히 자신의 잘못을 반성하지 않고 있는 것
으로 보인다.

위와 같은 불리한 정상과 함께, 이 사건 상습사기 범행의 피해금액 중
상당 부분이 수당 등으로 보전되어 실제 피해액이 판시 액수보다는 적은
것으로 보이는 점, 위 사기 범행은 쉽게 돈을 벌고자 했던 피해자들의 경
솔한 태도도 그 발생원인 중의 하나로 볼 여지가 있는 점 등을 피고인에
게 유리한 정상으로 참작한다. 그 밖에 피고인의 연령, 성행, 가족관계, 범
행의 동기, 수단과 결과, 범죄로 얻은 경제적 이익의 유무 및 정도를 비롯

하여 이 사건은 2009. 12. 10. 판결이 확정된 판시 배임증재죄 등과 형법
제37조 후단의 경합범 관계에 있으나 판시 배임증재죄 등에 관한 양형과
정에서 이 사건 재심대상판결과 동시에 판결할 경우와의 형평이 이미 고
려된 점 등 모든 양형조건들을 종합하여 주문과 같이 형을 정한다.

       재판장　판사　　최승욱　＿＿＿＿＿＿＿＿＿＿＿＿

              판사　　황병호　＿＿＿＿＿＿＿＿＿＿＿＿

              판사　　이승일　＿＿＿＿＿＿＿＿＿＿＿＿

[저자 소개]

■ 변호사 박 지 훈

· 대원외고, 서울대 영문학과 졸업
· 제45회 사법시험 합격, 사법연수원 수료(35기)
· 전, 법무법인 지평
　　　법무법인 광장
· 현, 사단법인 스포츠문화연구소 사무국장
　　　사단법인 헬프시리아 사무국장
　　　법무법인 태웅

송시열, 그대의 목에는 칼이 안 들어간답니까?

2016년 7월 15일 초판 인쇄
2016년 7월 20일 초판 발행

저　자　박　　　지　　　훈

발 행 인　배　　　효　　　선

발행처　도서
　　　　출판　　法　文　社

주　소　10881 경기도 파주시 회동길 37-29
등　록　1957년 12월 12일 / 제2-76호 (윤)
전　화　(031)955-6500~6 FAX (031)955-6525
E-mail　(영업) bms@bobmunsa.co.kr
　　　　(편집) edit66@bobmunsa.co.kr
홈페이지　http://www.bobmunsa.co.kr
조　판　법　문　사　전　산　실

정가 15,000원　　　　ISBN 978-89-18-09049-8